主编：卢卫

HOW SHARING ECONOMY RESHAPES THE FUTURE

分享经济重构未来

中国互联网协会 ◎ 编著

电子工业出版社
Publishing House of Electronics Industry
北京·BEIJING

| 编委会 |

主　　编：卢　卫

副 主 编：石现升　杨一心　李建华

执行主编：赵亚利　王　欣

编　　委：苗　权　西京京　刘叶馨
　　　　　韩兴霞　叶如诗　李　玲

序言 1

工业和信息化部信息化和软件服务业司司长　谢少锋

贯彻落实"创新、协调、绿色、开放、共享"的发展理念，大力发展分享经济，是实现"制造强国"和"网络强国"的现实需要。

分享经济是通过云计算、大数据、移动互联网等新兴技术手段，在不改变物品所有权的情况下，将使用权在一定条件下让渡他人，帮助消费者更加便捷、高效、廉价地获得所需要生产和生活的资源，为闲置的资源创造了市场价值，实现了全社会资源的最大化利用。

同时，分享经济将熟人之间的分享关系扩大到陌生人的群体，提升了社会成员的互信水平，推动生产方式由大规模生产向个性化定制方式转变。

分享经济的这些特性使其迅速在商业领域被付诸实践，滴滴打车、猪八戒网、春雨医生等一批分享经济平台已经如雨后春笋般快速发展，为数以亿计的用户提供精准服务，越来越多的企业也正在采取不同的策略，适应并积极参与分享经济，获得新的竞争优势。

根据中国互联网协会去年发布的《中国分享经济发展报告》显示，近两年，分享经济领域从业人员年均增长速度在 50%以上，参与分享经济的总人数超过 5 亿人。美国就业者协会有一个统计，现在美国自由职业者超过 4500 万人，这个数字还在不断地发展，正是因为互联网时代促进了整个分享经济的快速发展。预计未来 5 年，分享经济年均增长速度在 40%以上。到 2020 年，分享经济的整个规模要占到 GDP 比重的 10%。

当前，我国政府也正大力支持分享经济的发展。因为在新常态下，我国经济正面临着三个方面的深刻变化。第一，速度的变化，从过去的高速到中高速的发展；第二，产业结构的变化，业界需要调整经济结构，转型经济的发展方式；第三，发展动力的变化，从传统的要素驱动向创新驱动转变。前途就在"互联网+"，传统产业与互联网的融合创新势必将催生一场新的工业革命。

在此过程中，虽然面临着监管、供给、利益、调整等多方面的挑战，分享经济仍可以作为推进供给侧结构性改革的有利抓手，为产业增长提供新的动能，为绿色发展、可持续发展提供有利的条件，可以实质性地推动产业结构调整，有效地促进大众创业和万众创新。实际上，它也正以蓬勃发展的势头在加速向生产领域融合渗透，彰显出巨大的发展潜力和创新活力，本书"实践篇"中就收录了多个分享经济在制造业融合创新的案例。

在制造业与互联网融合的发展过程中，推动分享经济有利发挥我国制造业门类齐全、规模庞大、体系完整以及互联网创新活跃、产业领先、资源富裕的优势。我们国家既是制造业大国，又是互联网大国，还是人口大国，这"三大"优势通过发展分享经济将形成叠加效应、聚合效应和倍增效应，将更加有力地推动制造业的结构性改革，去库存，去产能，去成本，补短板。

分享经济方兴未艾，未来将呈现出百花齐放的局面。中国互联网协会发挥行业协会的平台作用，收集、整理了诸多资料形成本书，对当前分享经济的发展情况进行了梳理，与读者一起探讨分享经济的新理念、新业态和新模式，是非常有意义的。我们期盼看到越来越多的力量来参与、探索和实践分享经济，尤其是在制造业领域，更多地利用共享技术和资源，推动传统产业创新发展、转型升级，早日实现我们"制造强国"的中国梦！

|序言2|

中国互联网协会秘书长、教授级高级工程师　卢卫

分享经济是伴随着物联网、云计算、大数据、移动互联网等信息通信技术的创新应用而兴起的，以生产资料和生活资源的使用而非拥有为产权基础，通过以租代买等模式创新，实现互通有无、人人参与、协同消费，充分利用知识资产与闲置资源的新型经济形态。当前，借助网络平台共享各种资源正日益成为人们新的生活方式。房屋租赁、交通出行、家政、酒店、餐饮等多个领域的创新企业如雨后春笋般在中国出现。

分享经济的发展得到党和政府的高度重视和大力扶持。习近平总书记在第二届世界互联网大会开幕式上指出，我国将发展分享经济，支持基于互联网的各类创新，提高发展质量和效益。李克强总理在2015年夏季达沃斯论坛上指出，分享经济是拉动经济增长的新路子。党的十八届五中全会指出，要实施"互联网+"行动计划，发展分享经济。

2017年7月，国家发改委、国家网信办、工信部等八部门印发《关于促进分享经济发展的指导性意见》，从宏观层面进行顶层设计，提供了原则性、框架性、导向性的政策指导，这将有助于增强各类市场主体参与分享经济的信心。

分享经济契合"创新、协调、绿色、开放、共享"的发展新理念。大力发展分享经济，有利于提高资源利用率和经济发展质量，有利于激发创新创业活力和拓展就业空间，对于推进供给侧结构性改革，深入实施创新驱动发展战略，促进大众创业、万众创新，培育经济发展新动能和改造提升传统动能，具有重要意义。

但另一方面，分享经济在高速发展的同时，也面临着资本投入、用户体验、市场环境、信用建设等不同层面的挑战。例如，分享经济发展的一个重要前提是基于社会信用、陌生人之间的信任，如何确保交易双方的安全，构建社会信用与信任体系？分享经济如何从生活服务领域向生产领域延展，促进实体经济的发展？分享经济将给就业市场、社会保障制度、监管模式带来变化，我们需要一个怎样的解决方案？如何营造公平的竞争环境、如何健全相关的法律法规、如何保障消费者权益？……这些问题值得进一步研究。

借分享经济之东风，我们编辑出版《分享经济重构未来》一书，特邀来自业界、学界的专家学者一同探讨分享经济的发展经验，对比中外分享经济的差异，思考分享经济的未来趋势，从理论和实践等层面对分享经济有一个全景式的描述和分析。希望这本书能对读者有所启发，对中国分享经济的发展有所裨益。中国互联网协会期待与业界同仁一道，共同推动行业的积极健康发展！

|序言3|

中国正全方位引领全球分享经济发展

滴滴出行首席发展官　李建华

分享经济的概念最早是由两位美国社会学家提出的，有一定规模的分享经济实践也最早出现在美国，例如 Zipcar、Uber、Airbnb 等，都是美国的企业。但是，在今天的分享经济实践中，中国走在了世界前列，世界上最大规模的分享经济实践正在中国进行着，表现最活跃，内容最精彩，发展最快速，资本最看好，最有爆发力，最有发展潜力。中国国家信息中心研究报告显示，2016 年中国分享经济市场交易额约为 34 520 亿元，比上年增长 103%。交通出行、生活服务、生产能力、知识技能、房屋租赁等重点领域的分享经济交易规模达 13 660 亿元。参与分享经济的人数达 6 亿人，比上年增加 1 亿人左右。研究报告预测，未来分享经济将保持年均 40% 左右的高速增长，到 2020 年，中国分享经济交易规模占 GDP 的比重将超过 10%。

分享经济是以人民为中心的新经济形态，它应人民群众对美好生活的向往而生，以不断满足人民日益增长的物质文化需要而存在和发展起来，呈现出巨大的生命力和价值。

分享经济是数字经济和实体经济的深度融合，是推动经济社会发展的生力军。今天中国经济新常态的一个重要表现是，大数据、云计算、数字化、智能化等技术的发展应用正在不断改进提升传统产业，催生出各种新的生产、消费方式和商业模式，创造新的市场需求。目前，滴滴每天接收、处理着全球最庞大也最复杂的路面交通数据，在努力满足每一个出行需求的同时，平台大数据的积累，为推动城市智慧交通、新能源汽车普及和汽车产业变革提供了可能，未来分享经济平台将成为城市新的"数字基础设施"。

分享经济实践引领着新时代"大众创业，万众创新"的浪潮，是今天中国最大的就业和创业平台。仅滴滴出行平台2016年就创造了1750万个灵活工作机会，滴滴每天为超过200万名司机提供人均160元以上的收入，相关上下游产业应运而生、蓬勃发展。

分享经济是中国推进可持续发展的必由之路，创造了生活新文明。分享经济使民众的大量需求以更低的社会成本被满足，消费升级不以损耗资源、污染环境为代价。未来，城市、家庭和个人的生活都可以轻资产。人们无须购买自行车也可随时使用，无须购买私家车也能便捷舒适地出行，城市拥有的车辆或许可以减少一半，今天的停车场可以改为绿地或广场，电动车在滴滴平台普及还能有效地减少汽车尾气排放。分享经济可以解决工业时代人人拥有汽车这一不可持续的消费方式。

分享经济在推动生产力发展的同时也推动了生产关系的变革，为公共事务的管理向社会共治方向发展创造了条件。对于分享经济的监管创新，中国也走在世界前列。7月3日，国家发改委、中央网信办、工信部等八部门联合印发《关于促进分享经济发展的指导性意见》（以下简称《意见》）。中国是第一个在国家层面承认网约车合法的国家，此次发布的《意见》也是全球罕见的促进分享经济发展的国家文件，是引领全球分享经济持续健康发展的顶层制度创新。

分享经济为何能够在中国如此快速发展？第一，中国人口多，巨大市场需求亟须满足；第二，勤俭节约、乡邻互助、乐于分享是中国人的传统美德，互联网使得时空限制被进一步打破，人人共享资源、基于大数据的诚信制度体系，使得年轻人可以传承美德，同时提升生活品质；第三，中国互联网基础设施发达，有较高的互联网渗透率和较好的互联网应用条件，有全球领先的互联网企业，"互联网+"快速发展；第四，中国社会处于寻求突破性发展的历史时期，有一个政府、公众、商界、舆论都支持变革创新的好氛围。由此，分享经济企业在衣食住行各个领域不断涌现，为人们提供低成本、高品质、环保健康的生活服务。

放眼全球，分享经济引发世界范围内投资、生产、消费、服务及城市基础设施的改变，中国的经验可以为全球借鉴，许多国家也正在邀请滴滴进入，通过高新技术创造经济社会价值。

分享经济同时也面临着挑战：一是中国分享经济的实践已经远远突破了传统分享经济的理论框架，分享经济的概念需要升级，需要重新定义；二是平台多是以国界划分，监管方式、政策法规尚未做相应调整，在全球一张大网的背景下，各国政府和企业应共同参与，推动全球合作和规则制定，推动形成互联互通的全球共用的分享经济平台；三是分享经济作为一种全新的服务形态，能够推动传统行业转型升级，如何在新业态发展的同时兼顾传统企业的迭代升级，是政府和企业需要共同探索的问题。

最后，我希望本书的出版，能够引发人们对分享经济更深入的思考和更富创意的实践，特别是能够基于绚丽多彩、不断创新的中国分享经济的丰富实践，大胆突破西方对分享经济的传统定义，尽快找到"政府指导、企业自治、行业自律、人民受益"的分享经济社会共治模式，因为这是今天中国分享经济持续发展最迫切需要的。

| 目录 |

CHAPTER 01
政策篇

分享经济的政治经济学及其政策含义 ———————— 姜奇平 / 002
分享经济理论与政策研究动态 ———————— 刘奕　夏杰长 / 013

CHAPTER 02
治理篇

分享经济平台治理向何处去 ———————— 胡拥军　于凤霞 / 038
新经济呼唤新治理 ———————— 李建华 / 047
加快构建适应分享经济发展的价值衡量体系 ———— 张新红　高太山 / 058
推动分享经济发展的几点思考
——基于对国内外互联网"专车"的调研与反思 ———— 丁元竹 / 064

CHAPTER 03
理论篇

分享经济若干统计问题研究
———————— 统计科学研究所分享经济统计研究小组 / 082
分享经济的混合体制特征剖析 ———————— 丁元竹 / 090
分享经济的形成与特点 ———————— 赵道致　张进昌　郝家芹 / 108

分享经济促进就业创业的全球观瞻与中国印象 ———— 胡拥军/126
把握分享经济快速发展的"机会窗口" ———— 张新红 高太山/134
美国分享经济发展模式及对中国的建议
　　———————— 阿鲁·萨丹拉彻（Arun Sundararajan）/141
分享经济：城市、政策与中国可向世界借鉴的经验
　　———————— 埃普丽尔·林奈（April Rinne）/155

CHAPTER 04

实践篇

行业热点

网约车如何重塑出租车服务市场 ———————— 王　军/164
构建智能汽车与互联网、交通、分享经济融合新业态 ———— 何　霞/173
电信运营商借力分享经济实现数字化创新 ———— 单　寅　褚　婧/180
即将二次爆发的付费内容市场的精细切割与融合大趋势 ———— 崔书馨/185
美国分享经济考察调研报告 ———————— 西京京　叶如诗/191

生活类

滴滴出行：大数据驱动分享出行 ———————————— /198
摩拜单车：建设"物联网+"智慧城市，服务民生需求
　"最后一公里" ———————————————————— /204
丁丁停车：从智能硬件切入停车分享经济 ———————— /211
途家：旅途中的家 ———————————————————— /217
住百家：一居一世界　百家百色彩 ———————————— /224
回家吃饭：创造新的生活方式 ———————————————— /230

生产类

猪八戒网：一站式企业全生命周期服务平台 /237
迈迪网：实现工业互联，分享制造资源 /244
海创汇：开放的分享式创业平台 /251
硬蛋：以分享经济模式让创新回归制造 /257
运满满：分享经济改变传统物流 /264
京东达达：本地即时众包物流信息服务平台 /269
优客工场：分享经济推动大众创业、万众创新 /275

民生类

春雨医生：医疗分享的机遇与挑战 /281
阿姨来了：阿姨资源最大化和谐化交互利用 /287
芝麻信用：信用助力分享经济发展 /293
在行&分答：通过链接人高效链接知识 /303
WiFi万能钥匙：抓住分享经济的机遇成就9亿用户 /310
人人实验：资源共享让科研更简单 /315

CHAPTER 05
趋势篇

全球分享经济发展态势　　　　　　　　于凤霞　徐清源/322
分享经济：当前与未来　　　　　　　　　　　　何　霞/331
我国分享经济发展与展望　　　　　　　　　　　张影强/337

附录 /354

HOW SHARING ECONOMY RESHAPES THE FUTURE

政策篇

CHAPTER 01

分享经济的政治经济学及其政策含义

中国社会科学院信息化研究中心　姜奇平

当前分享经济的实践与理论中,有一奇异偏向。其表现是,只强调"闲置资源利用"这一含义,而对"使用而非拥有"这一本义闪烁其词。这不是偶然的。同是利用(使用),闲置资源利用主要涉及资源配置,而"使用而非拥有"可能涉及利益分配。二者分别正好是新古典经济学与政治经济学(包括制度经济学)的重心,前者的切入点是客体,后者的切入点是主体。本文着重探讨分享经济的政治经济学含义,即它对主体利益的影响,进一步推论,按照分享发展理念发展分享经济,对中国(而不是美国)实现利益包容应有什么样的政策指向。

一、分享经济议题设置的问题意识

经济学的问题意识,按其侧重点的不同,可以分为资源配置与利益分配两类。前者可称为斯密问题,后者可称为李嘉图问题。以斯密问题为出发点形成的是新古典经济学，以李嘉图问题为出发点形成的是政治经济学（包括新、旧制度经济学）。对分享经济来说，闲置资源利用，主要是一个斯密问题（配置问题，即主体与客体关系问题），最关心的是资源如何能够实现最优配置；使用而非拥有，主要是一个李嘉图问题（利益问题，即主体与主体关系问题），最关心的则可能是谁能从分享中得到最大利益。

从利益关系角度认识分享经济，首先应回到这个问题的理论出发点，即李嘉图问题。李嘉图认为，利益分配是政治经济学（区别于斯密）的核心问题。劳动价值论在其古典含义中，含有人与人的关系决定价值，而不是资源配置决定价值的意味。

在政治经济学的传统中（包括古典政治经济学、马克思主义政治经济学、旧制度经济学、新制度经济学、新政治经济学，甚至新古典政治经济学），无论左右，在这一点上都相对一致。例如，科斯的新制度经济学，从根本上否定效用函数这一概念。理由与传统政治经济学一样，都在诟病效用函数表现不出经济主体之间的利益矛盾（往轻里说叫利益博弈，往重里说叫阶级斗争）。因为效用最大化，没指明生产方中哪个要素主体获得利益多，哪个获得利益少。分享，表面上是资源分配，背后却是利益分享。

对利益的改变，如果没有一个基础的说法，遇到实际问题，生产关系、经济基础，甚至上层建筑，都会出现不适。比如，对专车治理来说，有政府部门可能就会认为，只有顺风车才算分享，而约租车因为有利益回报，因此不算分享。可见这个问题不是凭空提出的，而是由现实问题引起的，与具体规制对应的制度经济学利益理论就无法讲通。再比如，按大陆法系的物权法，"使用而非拥有"不能成立，因为资源归属于我，利用还是不利用（甚至浪费），拥有者具有随意支配权（滥用权），滥用资源并不违法。分享经济虽然提高资源配置效率，但于法无依，等等。可见，提出这个问题，不是为了学究兴趣，而是为了解决实际问题。

二、分享经济的政治经济学解

（一）分享经济的价值论

1. 对应"按使用收费"的使用价值

利益的基础是价值，因此利益理论的起点应是价值论。"使用而非拥有"在价值上对应的是什么？"使用而非拥有"直接的意思是转移使用权，而不转移拥有权。可以认为，拥有对应的是（交换）价值，使用对应的是使用价值。价值与使用价值的二重性，正好是政治经济学中商品的二重性。只有政治经济学区分价值与使用价值，而新古典经济学并不区分二者。但在政治经济学中，价值与使用价值的价格是同一个价格。

从这里开始，分享经济就不一样了。因为"使用而非拥有"对应的技术和经济现象都把价值与使用价值分开了。在技术上，云计算模式讲软件即服务（SaaS）时，不是按软件的价值收费，而是按使用收费，即按使用价值收费。在经济上，云服务模式，讲产品免费、服务收费。服务也是指使用。

为什么会出现这种"怪异"的情况？我认为这是由生产力决定的。工业生产力与信息生产力最大的不同在于，工业生产力下的产品在使用上，不可复制（指不可非排他性使用、非竞争性使用）；信息生产力下的产品在使用上，可以复制（技术上可以非排他性使用、非竞争性使用）。在工业生产力条件下，实物资产只能使用一次（如实体房子），如果出让使用权，只能收一次租金；在信息生产力条件下，无形资产（如苹果、百度的开发工具），可以让无数人同时反复使用，可以从不同的使用者（如 APP 开发者）那里收取租金。租金就是使用费，如果在同一时空条件下，租金只能收一次，价值的现期收益与使用价值的现期收益是对等的；如果租金可以反复收，价值的现期收益与使用价值的现期收益就不再对等，反复使用这种意义上的分享，就会带来大于价值的现期收益。因此，分享的价值论与不分享的价值论就产生了不同。

可以这样理解其中的机理。与拥有对应的价值，是一系列使用权利束的总和。比如，一幢房子使用期限是 70 年，假设总收益是 70 年租金的总和。每一年的租金（使用费），我们称为一个使用权利束，房子拥有权的收益就等于 70 个使用权利束的收益。但在分享经济下不是这样算的。使用权利束是可伸缩的。比如，阿里巴巴的虚拟商铺与柜台，有多少人使用它，就有多少使用权利束。但这个权利束集合，不是一个定数。可以是 70 万人使用、700 万人使用，也可以是 7000 万人使用，使用的权利束是可伸缩的。相当于 70 年产权的房子，使用的当期收益，可以乘以 70 万倍、700 万倍、7000 万倍不等。这意味着使用价值的现期收益，由于非排他性的复制，而变得与价值的总收益不再对称。

2. "按使用收费"对应体验

在政治经济学中,价值对应抽象劳动,使用价值对应具体劳动。抽象劳动创造价值,具体劳动创造使用价值。如果使用由于复制而具有非排他性,具体劳动创造的使用价值的现期收益,就不再与价值的总收益对称。

具体劳动,在分享经济中,对应的是 APP 们具有创造性的个性化劳动,这种劳动创造的效用,在于消费者的个性化体验。这部分对应的价值,可以是一种相对于交换价值的溢价。交换价值(如 $P=MC$)与其溢价($AC-MC$),不同于简单劳动与复杂劳动的关系,是创造性具体劳动的结果。

分享经济可能使劳动者除了提供对应(无创造力的)劳动力的具体劳动外,还可能提供对应(有创造力的)劳动者的具体劳动。劳动者创造性的发挥,为在利益上分成打下了基础。

3. 分享使用的价值论

当把分享使用资源这一客体角度转向主体角度后,我们会发现,分享经济将来带来的最大改变,是具体劳动、抽象劳动到更高的具体劳动(俗称创新)的演进。

借助创新,分享经济中会出现使用价值和具体劳动的否定之否定。在定量上,就表现为差异化服务带来的溢价。例如,在 APP 中,对生产资料的多次复用、多元化使用,带来创造性价值的发挥。

（二）分享经济的产权论

政治经济学研究利益的进一步的框架是权利框架。例如，制度经济学可以认为是为权利制定的游戏规则的大杂烩。

1. 所有权内核二分

把价值与使用价值这种从商品客体角度归纳的二元特征，转化为权利的二重性，就是归属权与利用权二重性。"使用而非拥有"中的拥有，对应的是支配权（Ownership，归属权）；使用对应的是使用权（Accese，利用权）。

工业时代的产权论，往往把拥有权（支配权）与使用权合并为一个权利，通称为所有权（常常把支配权称为所有权）。有的理论把使用权当作拥有权的一个子集，我们应认识到，这里没有明言的一个预设前提是，二种权利的当期收益对称。使用权的问题，被当作租赁权的问题。

刚才讲过，在分享经济中，拥有的当期收益（不分享，只供自己使用一次）与使用的当期收益，是不对称的。与传统租赁权相比，按使用收费出现了分化，一次性使用（排他性使用），是按使用收费，其特点是不管使用效果如何，都要向拥有者付使用费（例如，向小贩租实体的房子，不管小贩赚不赚钱，都要收租）；而复用式使用（非排他性使用，如网商使用阿里平台，不影响其他网商同时使用），将可以发展为按使用效果收费（例如，苹果对APP的策略是，不赚钱的不收租金，赚钱的才收租金）。后者的不同在于，相当于小贩租住后，视其效果（是否赚钱）来决定是否收取使用费。

2. 资本与劳动关系的逆转

如果说，协同消费意义上的分享经济还只是交换关系，那么，像苹果、阿里巴巴这类分享平台、工具等生产资料（而非闲置资源）的分享经济，就应深入到生产关系，特别是生产关系中资本与劳动之间的新型关系来看待了。

在传统经济中，无论是资本主义还是社会主义，资本专用性决定了生产资料只能在产权主体内部使用，而分享经济由于生产资料（如开发工具）可以非排他性使用，因此生产资料可以分享给不同的产权主体使用。例如 APP 开发者与苹果公司不是同一个产权主体，但可以分享使用苹果公司的平台与开发工具。

资本可复制，从利益关系看，会导致资本稀缺性的流失，导致资本及其主义的地位下降。《零边际成本社会》作者杰里米·里夫金预言，"到 2050 年，协同分享很可能在全球大范围内成为主导性的经济体制"，"资本主义体制将丧失在经济中的主导地位"，"资本主义的没落并非由'敌对势力'所致"，而是由于资本主义"内部架构"中存在的矛盾，"加速了它的灭亡"。

资本可复制，从经济角度讲，首先是其具有同质性、通用性，适合各个不同的 APP 劳动者使用。但劳动却难以复制，因为更高的具体劳动（创新）在一对一条件下，复制它并没有多大意义。一对一的劳动复制起来缺乏意义，这就好比，孩子出于习惯，喜欢吃母亲做的菜，复制这位母亲的菜，并不能使吃惯自家菜的别人家孩子认同同样的口味。资本可复制，而劳动不可复制，从长远看，将导致二者地位的此消彼长。以物质资本投资为导向的经济，不仅仅是由于生产过剩而使资本陷入流动性陷阱，更会因为稀缺性的流失而雪上加霜。新兴的知识经济也不仅仅是由于技术上的原因而成为新的方向，更是由于知识与劳动的结合，形成更贴近消费者的个人知识，而在个性化时代成为财富权力的主要来源。

3．分享经济将导致分成制：在一次分配中实现风险与收益共担的公平

在传统政治经济学里，拥有者与使用者一般是雇佣关系，使用者只是拿工资的劳动力。但分享经济中的拥有者与使用者是分成关系。使用者在拿到相当于工资的劳动力报酬之外，还可以获得对应剩余的分成。例如，苹果商店模式中，劳资分成比例中七三分成，APP开发者得大头。

劳动者作为生产资料的使用者，之所以在一次分配中就可以参与分成，对分享经济来说，有两种情况。

一是20世纪80年代国内外提出的分享经济理论，包括私有制下的分享经济和公有制下的分享经济。共同特点是就分配谈分配。威茨曼的分成制，仅适用于滞胀条件下，一旦经济复苏，资本重新变得稀缺，分成就不再具有条件。除本分成制虽然符合分享经济发展理念，但其分成缺乏先进生产力和创新作为基础，因此容易流于空想。

二是当前互联网条件下的分享经济中的分成。它的分成不是从分配角度，而是直接从生产角度提出的。分成是因为拥有者提供平

台，使用者提供创造性劳动（利用人力资本提供增值应用服务），二者都具有资本的地位而形成的。我过去提出的知本家，就是指具有知识"资本"的劳动者。在互联网分享经济中，一线劳动者比拥有者更接近顾客，在利润和溢价中形成的地位与作用不断提高，其具有的个人知识成为分成的现实基础。

产权的拥有与使用二分，非常适合高风险、高收益条件下的拥有者与使用者之间的利益协调。因为产权的拥有方一旦分享生产资料的使用权，在平台与应用分离的新业态下，可以同使用者谈判分担风险与收益。这也是分成得以成立的条件。

三、分享经济的政策指向

分享经济从闲置资产利用角度，可以导出对绿色发展、协调发展，以至于供给侧改革的政策支持，但这不是侧重政治经济学分析的本文分析的重点。我们重点从利益角度，分析一下分享经济的政策指向。

（一）分享经济发展有利于实现分享发展理念发展

分享经济不仅仅有利于资源节约，更重大的意义在于有利于促进分享发展。分享有别于分享，在于分享不是一种慈善行为，而是一种商业行为。认为只有不以赢利为目的才算分享经济，是不符合实际的。作为以租代买的分享经济，按使用效果收费的租，毕竟也是商业性的。但是，与传统商业不同，分享经济必须以分享资源为手段，因此它客观上与分享发展具有相同的方向。

（二）发展分享经济有利于先富与共富的统一

第一，分享经济通过平台免费和增值收费，在一定程度上可以将普遍服务与商业竞争结合起来。虽然分享经济提供类似普遍服务的功能，如免费提供生产资料、开发工具等，主观上不是为了公益，而是为了赚钱，但毕竟在客观上为劳动者提供了共同富裕的机会。或者说，分享经济与传统经济的不同在于，它必须以提供共同富裕的条件作为自己获益的条件，这在很大程度上已优于唯利是图、损人利己的模式。

第二，分享经济强调"使用而非拥有"，不必凡事都要问姓社姓资（非要问谁拥有），而把重点放在谁能实际利用资产，非常符合中国特色实践。中国古代的租佃分成制、农村家庭联产承包制，都是"使用而非拥有"的典范，互联网使中国古代和当代的"使用而非拥有"传统在新的历史条件下得以发扬光大，有利于先富与后富矛盾的统一。

第三，应当引导国有企业以提高知识资产占比，推动生产资料分享使用，支持大众创业、万众创新，分散经营风险为切入点，实现普遍服务与商业竞争的结合，在高风险、高收益条件下实现保值增值。在这一点上，值得实行普遍服务与商业竞争分类管理的中央企业学习借鉴。

（三）发展分享经济有助于双创和中国梦的实现

第一，促进大众创业、万众创新。通过分享、协作方式搞创业创新，门槛更低、成本更小、速度更快。通过生产资料（知识工具或闲置资产）分享，更多的人获得分享重资产，从而参与轻资产运作的机会，大大提高了创业和创新的节奏和频率。

第二，有利于经济包容。拓展我国分享经济的新领域，让更多的人参与进来，有利于增加经济的包容性，促进机会公平、社会流动。特别是分享机会有利于在一次分配中实现公平，大大减轻了国家二次分配的负担。随着互联网的日益普及，中国社会加速走向城市化，公民收入差异越来越大。协同分享有利于极大缩小收入差距，有利于经济社会稳定协调地发展。

第三，有利于人的自由而全面的发展。一方面，分享经济中，拥有者与使用者是分成关系，劳动者通过分成，改变了劳动力单纯获取工资的地位，转而加入到剩余价值的分配中来；另一方面，劳动者作为使用者，分成靠的是创造性劳动而不是转移支付、二次分配，更有利于自豪感和主人翁精神的养成，有助于创造条件实现人的自由而全面的发展。

本文丝毫不涉及分享经济在提高资源配置效率方面的作用，并不代表这个方面不重要，只是想以此说明，现在许多流行的分享经济说法，是有偏颇的。发展分享经济，也可以从分享发展理念这个不同角度来理解，两者结合在一起，才更加全面。

分享经济理论与政策研究动态

中国社会科学院财经战略研究院　刘　奕　夏杰长

过去的十几年间，基于互联网的平台经济获得了飞速发展；而最近五年，以 Airbnb 和 Uber 为代表的商业模式在全球范围内的成功和扩散，无疑是该领域的最大亮点。它不仅拉开了一切物质和人力的、时间和空间的、有形和无形的、商业和非商业的资源进行分享的序幕，更是宣告了分享经济的崛起（Zervas et al., 2014）。然而，在实践不断丰富和深入的同时，关于分享经济的企业监管、税收及不正当竞争方面的争议也愈演愈烈，政策制定者和学术界对于这一新生事物尚缺乏准备，国内外相关理论研究远远落后于实例应用，解释这一重要经济社会现象的理论框架尚未建立。本文在回顾分享经济相关国外文献的基础上，总结了解释分享经济现象主要适用的三个理论分析框架，并综合已有理论和实证研究，指出未来在分享经济研究领域需要重点关注的六个问题，最后对我国分享经济发展提出政策建议。

一、理解分享经济的三个理论视角

（一）交易成本理论

分享经济现象最直观的解释来自交易成本理论（Coase，1937）。分享经济的价值在于在拥有某项资源（资产或技能）的消费者与需要这种资源的消费者之间，对某一时间以可接受的交易成本创建一个匹配（Dervojeda et al.，2013）。正如 Airbnb 对于住宿供需双方、Uber 对于交通服务的提供方和购买方而言，数字化平台的存在帮助降低了交易成本，包括搜寻成本、联系成本和签约成本等；在分享平台产生之前，这些交易因为过高的交易成本而根本无法发生。以分享交通服务为例，在其出现之前，乘客在需要乘车时找到空驶车辆往往较为困难，同时为避免空驶，出租车司机则倾向于集中在酒店和机场这些需求量较高的地段。如此，出租车服务具有高的搜寻成本和低的有效供给，并将最终降低有效需求。Uber 的出现基本上消灭了搜寻成本，并极大降低了服务的不确定性，还可以为出租车司机进入和退出市场的时机给予合理化建议，从而创造了一个真正由供给和需求决定的有效市场（Rogers，2015）。此外，分享经济在消除信息不对称方面也成效卓越，信息技术使得消费者能够非常容易查看到关于服务质量和价格的历史记录；而服务提供方也由于评价与其收入挂钩而产生了优质服务的激励（Golovin，2014）。一些研究试图综合相对交易成本和动机分析，将可分享的产品定义为容量冗余的产品，且对这些产品中过剩的容量通过分享关系加以利用要优于在二手市场上进行交易（Benkler，2004）。由此，交易成本的存在使得私人住宿市场、私人用车市场和中介市场得以产生和发展起来，不仅造就了巨型的平台企业，而且形成了对原来市场的互补或者替代。两种产品及两种市场之间的互补性和替代性，是运用交易成本理论理解分享经济产生和发展的关键问题。

市场组织模式和分享经济在交易成本上的系统性差异，具体体现在信息成本和执行成本两方面。在信息成本上，市场综合使用价格体系、管理层级报告以及命令流来管理信息、配置资源，分享经济则使用对所有参与者都开放的社会关系来实现上述目的，而并不明确指定参与者的行动。在执行成本方面，市场更多地依赖（但不限于）正式的强制手段，而分享经济所依赖的社会关系则主要依靠对社会规范的非正式执行机制和互惠机制来解决执行成本问题（Henten & Windekilde，2015）。从整体上看，这一理论分析框架至今并未被较好地运用到分享经济的案例分析中。

（二）协同消费理论

协同消费是分享经济的另一理论根源（Hamari et al.，2015）。协同消费的概念早在 1978 年就被提出，Felson & Spaeth（1978）将其定义为多人在共同参与活动中消费商品或服务的事件。在此后的近 30 年间，极少有研究运用协同消费理论解释分享行为，直至约克大学教授 Russel Belk 发表了一系列文章，基于该理论对分享概念进行了深入解释。Belk（2007）认为，分享指的是将我们的东西分配给他人使用，或者从他人处获得物品或服务为我所用的行为和过程。协同消费涉及捐助、转售、交易、借贷、租赁、赠予和交换等广泛内容（PWC，2015），并通过协调资源的获取和分配来收取费用及其他形式的报酬（Belk，2014）；交换和消费行为建立在个人与个人的关系上而非已有的市场主体上，无须发生所有权的转移（Lovelock & Gummesson，2004）；在此过程中，人与物、人与人之间的关系也将被重新定义（Chen，2009）。一些研究指出，消费者在不拥有某种物品甚至仅仅触摸它时，也会产生"自觉所有权"（Perceived Ownership）的体验（Peck & Shu，2009），故此，需求双方通过分享行为也能延伸扩展自我价值，分享经济因而消弭了人与人之间同物质和财产等相关联的等级和界限（Belk，2010）。

如果说分享这种现象古而有之，协同消费和分享经济的现象则发端于互联网时代。分享经济的存在，使得所有权不再是消费者欲望的最终表达形式（Marx，2011），预示着我们可能已经进入了一个"后所有权时代"（Belk，2014），Rifkin（2014）将其称作"零边际成本社会"。Botsman & Rogers 更是在其著作《我的就是你的：协同消费如何改变世界》（2010）中，直接将协同消费定义为超越所有权获得产品和服务的活动，而通过部分所有权享受产品和服务，且免于永久所有权风险和麻烦的消费者则被称为变革的消费者（Transumers）（Lawson，2010）。协同消费跨越价值链，在个体消费者和小的服务提供商之间实现了财富的重新分配，而不再依赖"中间人"（Schor & Fitzmaurice，2015）；故此，美国《时代周刊》2011 年将协同消费评选为"改变世界的十大创意之一"。

（三）多边平台理论

多边平台理论 MSP 其实是对 Rochet & Tirole（2006）双边市场概念的延伸和补充。在 Hagiu & Wright（2011）的文章中，多边平台被描述成在不同消费群体间进行直接交易的平台。在分享经济的例子中，分享经济平台公司作为服务提供方和使用者之间直接交易的组织者，形成了最初的双边市场，帮助更有效地使用从前未被充分利用的资源，增加市场竞争，同时为消费者提供更多的选择（Golovin，2014）。随着第三方支付机构、广告商等其他利益相关者的加入，多边市场平台逐渐形成，比如 Viewswagen 就在 Uber 和 Lyft 平台上搭建了自己基于 GPS 位置信息的商业模式，如通过司机座位后背的屏幕投放广告等。同传统双边市场相似的是，分享经济商业模式同样具有网络外部性，即市场的每一方均受益于其他人的存在；与此同时，由于非专业服务提供商的加入，分享经济市场更易受到个体异常行为的影响（Della Vigna，2009），向价值链末端转移风险的能力也更强，因而更加趋于低效。

Li et al.（2015）在双边平台框架下建立了一个简约模型，对以 Airbnb 为代表的非专业服务提供者和传统酒店的定价行为进行了分析。通过对 Airbnb 挂牌酒店价格数据的收集，在控制了资产和市场异质性后，文章首先发现在运营和财务表现方面，专业服务提供者的日赢利水平、入住率分别高于业余服务 16.9 个和 15.5 个百分点；业余住宿服务在半年间的市场退出比例达 49%，而同期仅有 13.6% 的专业服务退出市场；非专业住宿提供者较少因季节、节日和需求原因对价格进行动态调整，即分享经济平台存在定价低效问题。进一步的理论模型分析显示，为达至利润最大化，双边市场平台运营方应对非专业服务提供者收取低价格，或者帮助非专业服务提供者进行更科学的定价决策，比如 Uber 为司机提供的热度地图；

而城市管理部门在对专业和非专业服务的规制和收费上则应一视同仁。

一些研究将分享行为与服务创新中"共创"（Co-creation）的概念联系在一起（Prahalad & Ramaswamy，2004），认为分享经济的实质是供需双方共同创造新市场和新的商业运营商；一些学者用P2P、临时工经济、开放获取式经济、网格、协作经济、接入为基础的消费等词汇来描述分享经济，上述称谓从不同角度反映了分享经济的某方面特征，如点对点的交流方式、兼职、开放、互相连接、沟通及共同使用、无所有权转移等。总体上看，它具有以下五方面特征：建立在网络技术发展之上；将人与物的分布式网络相连接；在不发生所有权转移的前提下，将一切有形和无形资产的闲置容量加以利用；在陌生人之间形成信任和互动机制；开放、包容和互惠的价值理念。对于消费者来说，分享经济将为其提供差异化的创新性服务，从而带来更多的选择、更好的价格和更高的质量；对于服务提供者而言，分享经济通过对其闲置资产的有效利用和对企业家精神的激发，使其进入到传统上由大企业垄断的服务市场，进而创造财富，促进经济增长。

总体而言，分享经济可以通过以下五种方式为消费者和服务提供者创造价值：①通过给予其他人使用闲置资产的机会，使得"死资本"能够得到更有效的利用（Rothschild，2014）；②通过汇集多个卖家和买家，使得市场中的供给方和需求方更有竞争力，并带来更广泛的专业化；③通过降低搜寻成本、讨价还价和过程监控，使得交易成本降低、交易范围扩大；④通过将过去消费者和服务提供者的评论呈现给新的市场参与者,使得供需双方的信息不对称问题得以显著降低;⑤通过模式创新,弥补传统行业低效与供不应求的缺陷,增进消费者福利(Koopman et al.,2015)。

二、分享经济的几个重要问题

(一)分享经济的驱动因素

在分享经济增长的驱动力中,宏观经济因素占据了重要地位,其中起决定性作用的当然是互联网的发展。数字技术使得人们以点对点的方式连接,并在交易过程中产生交互,从而提升了服务的可及性,降低了分享的交易成本,使消费者具备了服务生产者的特征,使得闲置资产成为了提供服务的工具,同时帮助克服了信任、声誉等一系列制约分享行为的障碍(Schor et al.,2015)。还有一些研究将分享经济归结为金融危机的结果。协同消费取得了里程碑式的进展,恰是源于全球金融危机后产生的大量失业和消费替代。欧洲经济和社会协会 EESC(2014)的报告显示,对于汽车、房间等资产的协同消费,反映了危机时期消费者对于低花费和新的收入机会的追求。消费者选择分享更多源于经济原因即省钱、便利及高质量服务,而并不十分考虑政治因素及环保等(Bardhi & Eckhardt,2012)。对社群意识的认同和增加社会联系的渴望,是分享经济产生的另一个重要原因(Owyang,2014);但一些实证研究表明,消费者很难通过分享平台获得可持续的社会联系。Dubois et al.(2014)对于银行的案例分析表明,绝大多数消费者对于通过平台建立的社会联系感到失望。Fenton（2013）基于远程访问技术的研究更是指出，交易的双方通常再也不会碰面。此外，对环保的重视也是驱动分享经济的主要因素；分享经济是实现可持续发展的新路径（Heinrichs，2013）。基于斯德哥尔摩数据的分析显示，分享交通节约了 3%的里程并减少了 5%的汽车使用量，因而有助于环境保护（Uber，2015）；对北美的实证研究也显示，分享交通可以显著减少行驶里程、汽油消耗和汽车购买需求（Cervero et al.，2007），参与分享交通实践的家庭，平均汽车拥有量下降了 50%（Martin et al.，2010）；分享经济实践对于温室气体排放产生了显著的负影响（Martin & Shaheen，2010）。但总体上看，分享经济在节约单位消费排放量的同时极大增加了消费规模，加上消费者的异质性极强，使得新商业模式在多大程度上影响资源强度和排放，还缺乏结论性的研究成果。而市场定位和组织方式，连同其交易的货币化特征则是决定分享经济平台属性的最重要特征（Schor & Fitzmaurice，2015）。

（二）非营利性分享与营利性分享

分享的初衷在于与陌生人交流和互相帮助所带来的新鲜体验（Gorenflo，2013）。然而，随着协同消费行为日趋主流，一些研究认为，分享也因为商业化渗透而经历严峻挑战。在 Uber 的例子中，Uber 将汽车合用（Car-pooling）这样的一种非营利性行为变成成功的组织化商业模式的同时，分享行为也更多转化成一种租用和买卖行为，其过程违背了分享的简单初衷（Griffith，2013）。另外，正如 Belk（2014）对协同消费的定义中指出的，虽然以营利为目的的分享可能会带来坏的行为，但这些建立在技术进步基础上的营利性分享行为，却能在客观上成为将 P2P 便利化的有力工具，并将极大推动全社会在生产与消费商品和服务过程中进行分享和合作的社会实践（Schor，2014）。非营利性分享，其服务创新必然缺乏市场及资金的支持，即便存在保护使用者遭遇危险的良好愿望，其提供的服务也很难做到专业和有效；这也是营利性分享经济企业会在大多数情况下超过非营利性同行、取得成功的关键原因之一。杜绝坏的行为，并不在于赢利与否，关键在于平台的所有权和治理模式的有效性（Henten & Windekilde，2015）。

（三）分享经济的影响评估

分享经济模式的兴起，改变了一些行业的竞争格局，也激发了政府和传统服务运营商对于公平竞争环境、服务提供者利益维护和消费者权益保护等问题的担忧。分享平台的成功究竟是源于基于网络的技术创新还是因为钻了监管政策的漏洞，仍然有很多争议，是否应该对传统服务运营商及其从业者出台保护政策，对于欧洲及美国的政策制定者都是不小的挑战——欧盟、英国等地已开始与智库机构合作，全面评估分享经济带来的法律、社会、经济和环境影响（European Parliament，2015）。分享经济由于标准化程度不高，多数消费者在接受服务之前对服务提供方的情况缺乏了解，采取多种措施保障消费者权益就显得更为重要。故此，欧盟委员会近来发起了两项研究，分别针对欧盟传统出租车和分享交通以及分享经济中的消费者问题进行全面深入的研究和调查（European Commission，2015）；除了法律手段之外，分享经济基于互联网的特性，将通过声誉反馈机制的作用尽可能地解决消费者和服务提供者之间的信息不对称问题，消费者总能从在线服务评价和其他信息分享工具中找到更多更好的选择，从而避免形成柠檬市场（Thierer et al.，2015）。然而，针对分享平台为促进信任而进行的一些市场设计，不少研究也指出，其将对老年人等不会使用互联网的群体产生选择性歧视，而Edelman et al.（2016）对于不同种族人群在 Airbnb 预定行为的随机实验则进一步表明，公开买家和卖家真实姓名的市场设计将使得具有非洲裔美国人姓名特征的群体比拥有白色人种姓名特征的群体预定成功的比例降低 16%左右，且这种种族歧视的结果不因房主的种族、性别、有无其他房客和房间的价格而有所变化，这样的歧视行为将导致房主成功找到房客的概率降低 65%。也就是说，信息在提升透明度、促进交易产生的同时，也为歧视创造了更加便利的条件。

  Rogers（2015）将关注点置于信息技术影响下低收入工作中就业规则与分配公平之间的关系，从安全、隐私、歧视的角度对 Uber 的社会成本进行了全面分析，并指出 Uber 对于就业规则的长期影响依然是不确定的，但在未来却可能使得越来越多的工作被拉入低收入岗位行列。Rosenblat & Stark（2015）则关注到了分享经济中就业者，通过对 Uber 司机论坛的长期跟踪和对司机的访谈，探讨了分享平台企业基于数字和算法的灵活就业系统对于从业者的监视和控制及其形成的信息不对称现象。Uber 的系统、算法、客户服务代表、乘客和半自动绩效评估和评级体系，都直接构成了对司机的管理和控制，而远程工作管理和责任分配则加剧了分享平台同受雇方的权利不对称。

在分享经济的社会效益层面，一些研究则关注到了 Uber 对降低与醉酒驾车相关的交通事故死亡率的影响及其机理。Uber（2014）最早关注到了这个问题，并通过实证研究得出，西雅图每日因酒后驾车被捕的人数因 Uber 的进入而降低了 10%，但其研究因方法的严谨性（单一的城市估计）及城市人口、酒吧情况和更严格执法等因素的影响而受到质疑。Greenwood & Wattal（2015）通过双差法对 2009 年和 2014 年 Uber X 服务进入加利福尼亚市场进行了随机试验分析，并给出了更加稳健的结果。研究显示，Uber 这样的分享交通平台增加了服务的可及性并减少了成本，使得每季度醉酒驾车导致的交通事故死亡率降低了 3.6%~5.6%；但在价格浪涌时段，消费者出于成本考虑将较少考虑使用分享服务，因而这种负影响并不显著。Fraiberger & Sundararajan（2015）通过构建一个基于 P2P 耐用品租赁市场的动态模型，论证了分享经济对不同收入阶层消费者产生的福利效应。模型假设消费者可以选择将其耐用品在分享平台上租赁或者是在二级市场上销售，交易成本和折旧率会随着使用强度、消费者的价格敏感度、资产利用率等异质性变化，通过使用美国汽车工业数据和两年间 Getaround 汽车市场交易数据，对稳态均衡状态下福利和分配效应进行了校准分析。实证研究表明，P2P 市场对耐用品分配产生了显著的影响，减少了二级市场的交易行为，降低了市场价格并增加了消费者剩余，具体到汽车市场会产生 0.8%~6.6% 的消费者剩余。进一步分析指出，同高于中等收入的消费者相比，低于中等收入的消费者所贡献的分享服务需求是前者的两倍；通过分享经济消费转移效应实现福利提升的最主要获益群体是低于中等收入的消费者，他们同时也是分享经济服务提供的主力军。

Golovin（2014）则评估了分享经济对引入竞争、拉低传统出租车行业牌照价格的作用。许多城市都对出租车行业制定了严格的配额和准入政策，这不仅造成了服务提供者对消费者的剥夺、效率扭曲和经济损失（OECD，2015），而且人口的增长与牌照供应停滞之间的矛盾也引发了大城市牌照价格的暴涨，比如 2013 年纽约和芝加哥单一出租车牌照价格已经涨到了 70 万美元和 100 万美元，约是 1970 年的 5 倍以上，如果想成为出租车司机必须从退休的老司机处购买牌照；小型出租车队牌照上涨幅度更大（NYC Taxi & Limousine Commission，2014）。分享平台的进入，显著稀释了牌照作为一种资产的价值，使得执照的持有者利益受损。对此，都柏林的反应是解除对出租车市场的数量管制（价格维持调节），同时由爱尔兰政府成立"艰难基金"，支付高达 15 000 欧元以缓解由资产贬值引发的损失。但普遍的认识是，政府没有义务赔偿出租车行业的损失。

（四）分享服务与传统服务的异同

既有行业提供的服务与以分享经济形式提供的服务，可以在多大程度上实现替代，也是相关文献讨论的热点话题。比如 Henten & Windekilde（2015）的研究指出，传统服务与基于分享经济的新业态在价值层面上具有很大程度的相似性，但也有许多不同点。比如，传统酒店服务会以已知标准提供私密性较强的房间和住宿服务，而

Airbnb 提供的房间和住宿服务标准更加多元和不确定，但具有结交新朋友、体验另一种生活的机会。分享交通服务的使用者更多的是受过良好教育、无车的年轻人，他们对快捷、灵活和方便有着更高的要求；服务更多用于休闲或社交用途，而且通常比传统出租车拥有更短的行程和更高的车辆使用率（Rayle et al.，2014）。

此外，声誉与消费者评价也是窥见二者异同的一个角度。虽然羊群效应及自我选择效应的存在，加之在双边审查平台上消费者会一定程度低估负面评价，且被评分企业出于战略考虑伪造一部分评论等因素都将导致消费者评价结果产生一定偏差（Fradkin et al.，2015），但 70%以上的消费者依然对已有评价抱有依赖和信任，并可为高评分的企业和平台带来可观的效益。Zervas et al.（2015）用大数据方法，首先对消费者评价行为进行了前瞻性研究。文章通过 Airbnb 和 TripAdvisor 这两个平台，收集了 60 万分享住宿和 50 万传统酒店行业的顾客评价，对比发现顾客对分享住宿的评分远高于传统酒店，95%以上的 Airbnb 挂牌住宿评分都在 4.5~5 分，没有住宿低于 3.5 分的评价；而传统酒店平均只有 3.8 分，从评价内容看差异也更大，只有度假酒店类的评分与分享住宿相当。由此推断，同传统酒店员工相比，分享平台会给予服务提供者更大的激励，促使其为消费者提供五星级体验的服务。与此相反，Ert et al.（2016）通过对 Airbnb 数据的社会科学实验分析，则揭示了增加直观的视觉信息对消费者行为的重要影响。具体到在网站上张贴房主照片这个可视化信息来看，房主的照片越是值得信任，其房屋的挂牌价格就会越高，被预订的可能性也越大；同传统电子商务网站不同，在

Airbnb 这样的分享平台中，服务提供者的声誉，特别是对其所做的在线评论和评分对消费者决策的影响，远比照片这样的视觉信任系统影响小得多。

（五）新兴业态的冲击与传统服务行业模式创新

分享经济平台不但创造了新的服务需求模式，而且改变了作为供给方的传统服务行业，激发其与新业态或相互取代、或错位竞争、或融合发展、或不断创新，但新的商业模式想要在未来完全取代旧的商业模式几乎是不可能的。Rogers（2015）分析了 Uber 的创造性破坏过程对传统出租车行业的影响，指出为规避与就业相关的成本和税收，国外出租车行业通常存在租赁经营权、管理权和司机三方分离的纵向碎片化现象，类似于我国目前在专车行业出现的"四方协议"[1]。分享交通平台通过直接与司机签订合同的形式减少了纵向碎片化，同时通过市场份额的扩张促进了行业的水平一体化。Rifkin（2014）解释了新商业模式何以通过较小的市场份额（比如 10%）就迅速占领市场，因为一些服务行业的边际成本非常低，丢掉一点市场份额就会导致整个市场格局反转。一旦一个相对稳定的分工结构动摇了一个行业，就会扩散到周边产业并对其产生影响。然而，也有研究指出，除了替代，新的商业模式对旧有模式在供给和需求上的补充作用同样不容忽视，分享经济平台会使得之前一些完全不使用相关服务的消费者加入进来，一些已有的服务运营商也会选择

---

[1] 我国专车公司在吸引私家车加盟时多采用"四方协议"的形式，即专车平台先将私家车挂靠在租赁公司名下，再通过一家劳务派遣公司聘用车主，从而签订一份由软件平台、汽车租赁公司、劳务派遣公司和司机共同签订的"四方协议"，这样就绕开了汽车租赁不得配备驾驶人员的管理规定，进而规避风险。

在新的平台上提供服务。

在房屋分享案例中，Airbnb 采取了错位发展策略，由于没有将业务扩张到商务和豪华酒店服务领域，2015 年仅有 10%的客户是商务旅客，因而 Airbnb 并未被传统酒店行业视作直接威胁。Zervas et al.（2014）对美国得克萨斯州酒店业的实证研究表明，Airbnb 挂牌房间每增加 1%，当地酒店业的季度利润将下降 0.05%；Airbnb 对各个层次的酒店影响是不平衡的，对低端酒店和服务于非商务旅客的酒店影响最为明显。由于 Airbnb 无须雇佣劳动力，整体的社会失业率将有可能因为 Airbnb 对低端酒店的挤压而提高。Fang et al.（2016）通过收集美国爱达荷州 Airbnb 的挂牌信息，从宏观层面分析了分享住宿对地方旅游业发展的影响。实证研究表明，分享经济降低了住宿成本，增加了游客需求，这将帮助当地产生更多的工作岗位；但随着对低端酒店替代效应的显现，边际效应呈现递减。从旅游业整体看，将 Airbnb 作为住宿选择的观光客的旅行时间会更长，从而有利于整个旅游业规模和产值的提升（Airbnb，2014）。但从趋势上看，随着越来越多的小酒店和豪华酒店加入平台，分享住宿与传统酒店行业的正面竞争已不可避免（见表 1.1）。为应对分享住宿行业的冲击，传统连锁酒店业应将分享经济理念纳入其商业模式，通过发展或购买自己的品牌市场平台延伸其品牌价值，使平台得到连锁酒店品牌、资源、专业知识的支持，使消费者得到更可靠、更稳定、更高质量的体验，而不是与 P2P 租赁平台正面竞争（Sigala，2015）；而品牌平台战略是否会稀释品牌价值，是否会对核心的连锁酒店品牌形成互补，是否会对 P2P 住宿的个性化产生反作用，未来均需要做进一步的研究（Richard & Cleveland，2016）。

对于 Uber，传统出租车行业则对与其在不同的安全、隐私和收费约束下进行同场竞技更为敏感，出台相关政策的呼声也日趋激烈。根据 Salomon（2013）的研究，如果可以让司机在服务于出租车队或分享经济企业二者之间自由选择，长期来看 Uber 将提升司机的收入；市场竞争越激烈，对司机收入的提升效果则越显著。然而，分享经济对传统服务业在短期内的冲击将不可避免，并将改变传统出租车行业的就业和工资结构。作为 Uber、Lyft 等分享交通平台企业总部所在地，旧金山交通管理局的数据显示，2012 年出租车行业每月有 1424 次服务记录，到 2014 年 7 月已经骤减为 504 次，降幅达到了 65%以上（Agency，2014）；该市最大的拥有 530 个牌照的出租车公司 Yellow Cab Co-op 已于 2016 年 1 月申请破产保护。鉴于 2050 年全世界将有 70%的人口生活在城市，有研究指出，为解决日益严峻的拥堵问题，对出租车行业和分享交通行业在政策上还是应该共同放松管制（Beyer，2015）。Golovin（2014）的实证研究表明，对出租车行业放松管制，使得爱尔兰都柏林的消费者获益良多——出租车数量大幅增加，等待时间减少到最低限度，服务质量也有了显著的改进。

表 1.1　Airbnb 与各大酒店集团拥有房间数对比

企业名称	现有酒店数（家）	拥有房间数（间）	正在建设的房间数（间）
洲际酒店集团	4840	710 295	193 772
希尔顿酒店集团	4278	708 268	230 000
万豪国际酒店集团	4044	692 801	240 000

续表

企业名称	现有酒店数（家）	拥有房间数（间）	正在建设的房间数（间）
威德汉姆酒店集团	7645	660 826	117 000
Airbnb		1000 000	

资料来源：The 2015 Big Brands Report, http://www.hotelnewsnow.com。

（六）分享经济企业商业模式分析

在已有关于分享经济的文献中，对分享经济企业特别是 Airbnb 和 Uber 的商业模式分析占据了最大比例。比如，对于分享交通企业 Zipcar 的案例分析中，一些研究注意到了分享经济平台企业对于交易双方信息和活动的全面监控及管理以及对于维持系统正常运转的重要性（Bardhi & Eckhardt，2012）；在这些例子中，消费者心甘情愿与平台企业合作并受到其监视，这也被称为协同监控（Pridmore，2013）。

在对分享经济企业的定价策略的相关研究中，一些文献关注到了 Airbnb 正在研发的独特的预测定价算法，即其综合考虑房屋类型、产权类型、评论数量、容量、位置、季节、陈设、与周边酒店和机场的相对位置，甚至包括目的地的气温变化情况，以给予房屋出租者科学的指导价（Henten and Windekilde，2015）；还有一些研究关注到了 Uber 的任务导向定价结构，特别是针对周末晚上供需不平衡而制定的浪涌定价（Surge Pricing）策略及其算法，以及该策略对刺激供给、控制需求所产生的效果（Gurley，2014）。

三、政策启示

虽然分享经济在许多产品和服务领域仍处于发展的初级阶段，但其经济合理性、对技术基础设施充分利用的特性，及其蕴含的协作、权利分散、对等和赋权等理想主义色彩的文化显示出的越来越强的吸引力，都促进了其在未来十年迅速增长。从全球范围来看，分享经济的发展并未过多依赖政府监管，而是依靠人们的自我监督和彼此信任的机制。应该看到，分享经济的发展在我国还面临着政府政策限制、市场诚信体系缺失、消费者分享意识不够、既得利益集团阻挠、社会文化氛围不利等诸多问题，因此，需要政府出台相关政策措施，促进分享经济健康发展。

（一）对分享经济抱宽容态度，消除发展的政策风险

对于分享经济这个全新的商业模式，政府主管部门要积极研究、主动接触，对从业者所做的业务深入调研，对其发展抱宽容态度，重视正当的市场需求和权益诉求，争取将其归入现有的监管框架之内。对于各类私车分享平台来说，可能涉及运营许可、社会安全、冲击现有的出租车业务等诸多问题；对这些问题要深入研究，出台相应的政策加以解决。分享经济平台涉及面广，发展初期难免发生问题；政策层面应表现出最大宽容，避免动辄叫停的政策风险。比如经营个人间租车业务的 Relay Rides 就曾因为被纽约州监管当局判定所提供的保险"非法且数额不足"，停止了其在该州的运营；而加州的监管当局则改变了发布"停止令"的做法，为使拼车合法化，要求拼车司机在必须遵守与出租公司相似的安全法规之外，还

应考取一种特殊驾驶证（阿普里尔·丹博斯基等，2013）。

（二）创新监管理念，坚持底线思维

在如何制定新的监管制度区别对待传统和分享商业模式方面，政府会面对极大的挑战和压力。传统经济时代监管的三大法宝——设机构、筑门槛和立法，对于分享经济不一定适用。在制定相关政策时，政府应积极从使用者和销售者处收集意见，找准障碍因素，界定哪些过时了、需要改进以符合新商业模式的规则。比如，加州公共事业委员会规定，对于提供拼车服务的驾驶者，除了基本检查外，还要附加 16 项车辆检验；为了跨越私家车无法购买商业保险的障碍，要求分享交通企业为搜寻乘客中的司机、服务进行中的司机和乘客分别提供 20 万美元和 100 万美元的私人保险。对于饱受诟病的逃税问题，Airbnb 也已与加州政府达成和解，替政府代为收取相关税费（主要包括资产占用税、观光税、酒店税等种类的地方税以及增值税等）。反面的例子是，法国规定 Uber 司机必须等待 15 分钟才能进行一次服务，这个规定后来被取消了，取而代之的是一个禁止 Uber 司机分享 GPS 位置的规定，从而在减少竞争的同时剥夺了消费者的选择权。在政策制定时应坚持底线思维，一旦分享的事物涉及安全隐患、个人隐私、价格排斥和市场垄断，应着力于如何解决信息泄露、歧视和不公的问题，而不是否定相关的商业模式。比如华盛顿特区正考虑推行阻止乘客使用指定目的地的出租车服务的规则。在监管中也应具体问题具体分析，比如，对于短期工作或小零工平台企业（如 Task Rabbit），世界各地政府更多地将其提供的服务视作一种降低失业率的举措，因而很少涉及监管问题。

（三）制定相应的适用法规和基本服务标准，鼓励通过市场机制解决分享中的风险问题

目前，各国的法律体系中均没有适用分享经济的法规条款，比如，欧盟的二级立法体系中就未囊括分享交通的内容，法律在支持分享经济发展方面较为滞后；但现实中遇到的问题正在改变这样的情况，比如巴塞罗那一名法官已经要求欧盟法院对将 Uber 归为运输服务公司还是网络平台提供商（网络科技公司）做出初步裁定。故此，应以地方法规的形式切入，在民法、商法、合同法等有关法律条款中增加对分享经济提供方的资质、P2P 交易模式带来的分享物品征税问题、分享物品及服务的基本质量做出相应规定，规范分享经济过程中供需双方的行为。鉴于大部分分享经济的产品或服务都是非专业人士提供的，服务质量水平肯定参差不齐，政府有必要根据各类产品与服务的特征制定基本的标准，包括强制性的安全标准与推荐性的产品标准或服务标准，使分享经济更好更快地发展。例如针对住宿分享，监管需要跟上规模扩张的速度，对房东提供的设施和服务设置最低的健康和安全标准；对于分享交通，为了与出租车行业明确划清界限，需要通过技术手段，明确分享行为并非以运营和营利为主要目的；对于二手物品分享，应在所有权归属、质量责任划分、税费等方面建立政策体系。此外，对于涉及的消费者权益保护问题，更应鼓励通过市场机制和模式创新解决，如鼓励保险公司开发各类与分享相关的保险产品等。比如 EatWith 就与第三方机构合作，提供 100 万美元的保险，免去旅客对于食物中毒等问题的忧虑；Airbnb 在出现房屋被洗劫一空的现象后，也开始向房东提供免费最高达 100 万美元

的财产保险等。

（四）积极推进诚信体系建设，建立分享经济网上信用平台

对于分享经济平台而言，评级系统和互信机制非常重要。政府在对分享经济平台在信用数据积累、分享、使用等方面做出规定的同时，更应建立和分享支撑分享经济发展的各类公共信息平台，同时积极发挥行业协会的信息平台功能。特别是，各大互联网公司在这些年的发展中，某种程度上已经在线上建立了一套用户信用体系，政府应督促现有企业通过第三方信用评价服务或与政府分享信用记录信息等形式，将大数据变为活数据，从而在开展分享经济实践时降低信用成本。比如，为了降低分享企业在前期资质核查中遇到的高门槛、耗时长、高费用问题，英国政府已着手采用 GOV.UK Verify 等认证系统，并开放电子化犯罪记录检查。其次，还应大力培育专业的第三方信用服务企业，通过收集网络中散落的用户点评及分享双方对于服务评价的记录，用以提供专业的交易信用评级服务。例如，TrusCloud 这样的专业的信用服务公司就是通过跟踪用户在 Facebook、LinkedIn 等社交网站及 TripAdvisor 等点评网站的数据记录，为分享经济平台提供第三方客户信用评级服务的。此外，还应积极推进分享经济行业自律。按照国际惯例，分享经济平台应自觉对发生的所有交易、支付行为和通信互动进行监控，并依靠客户反馈和举报，对服务提供者可能发生的错误行为进行提前预防、劝诫及纠正。

（五）加大对分享经济创新的支持力度，形成有利于其发展的良好环境

在加大扶持力度方面，首要的是创造一切条件，支持政府和分享经济业界之间的沟通和相互借鉴。英国政府在相关调查报告中提出，除了为分享服务企业提供资金支持、促进行业交流，还应在政府支持下成立由私人投资的创新实验室（张滨阳，2015）。应促进公共资源的开放分享，推动中央政府及地方政府出台更有效地利用资源及推进地方合作的相关政策。比如规定城市规划部门对分享设施建设申请应优先受理，对于社区或企业共建的全民分享性基础设施应给予财政补贴（刘建军等，2013）。其次，应形成全社会倡导资源节约、激励分享的政策环境，在民众中培育分享的文化。如借鉴国外经验，建立鼓励私人汽车分享的正向与负向双重激励机制，包括建立"分享汽车专用道"、专用停靠点；对高峰时段空驶汽车加征税费，如加收10%的空座费等；支持建立创意分享与知识分享的各类非营利性基金；树立互惠互利、节约绿色的消费观念，在全社会形成有利于分享经济发展的氛围等。再次，应依据分享经济的特点，更新政府采购架构并给予适当倾斜。比如，英国政府提出，可将拼车及短租房等分享服务形式一并纳入政府采购架构中；特别地，针对我国"四方协议"导致分享交通服务中既包括租赁费又包括代驾劳务费的情形，如何开具发票、如何纳入公共财政报销范围，也是亟待解决的重要问题。而公共部门也需认真研究向公众分享其用房、公车、场地等公共资源的可能性，并探讨公共资源可否用分享经济的资源进行代替。此外，还应在简化税制的基础上相应制定

分享经济纳税的指导意见,立足分享经济的互惠特性及可持续发展的价值,通过提高起征点、低税率设计及先征后退等形式,对分享经济实施税收优惠。比如,英国政府提出,为分享经济提供网上专用税务计算器,以帮助业者更简便地计算纳税额。在欧盟、瑞士、挪威、冰岛和南非,Airbnb 会对于使用者(包括服务需求方和提供方)代为征收增值税;在美国和荷兰的某些地区,Airbnb 则就收取或适当减轻出租者所适用的地方税收已经同政府达成了相关协议。由于绝大多数分享型企业是真正的中介平台,而不是直接提供服务,因而也应以中介的标准被监管;如果被当做传统服务企业来监管,将产生更高的税率和更多的要求,因而将形成不利于分享经济发展的环境。

HOW SHARING ECONOMY RESHAPES THE FUTURE

治 理 篇
CHAPTER 02

分享经济平台治理向何处去

国家信息中心信息化研究部　胡拥军　于凤霞

随着分享经济的快速发展，平台治理的重要性日益凸显。消费端和生产端专家认为，平台是分享经济的载体，完善平台治理是分享经济发展的保障。平台与分享经济相当于重工业与轻工业的关系，重视服务业有可能成为分享经济发展的重要支撑。尽管目前分享经济领域看到的都是消费现象，但当未来分享经济领域出现越来越多的生产现象，那么就意味着分享经济的主力军团来了。平台治理不仅要考虑现在的消费级的问题，还要考虑未来的生产级的问题。平台发展对推动产业持续创新、引领新兴经济增长、加快制造业服务化转型具有显著作用。在全球最大的 100 家企业中，有 60 家企业的大部分收入来自于平台类业务。"平台驱动"对信息经济、分享经济发展的作用引起了越来越广泛的重视。

一、平台治理具有高度的复杂性、特殊性，加上分享经济及其平台的法律界定不明晰，影响了平台治理的推进

互联网在生产生活各个领域的深入渗透，也衍生了一些亟待解决的问题，如网络借贷平台的跑路平台问题、社交媒体的低俗虚假信息与传销、电子商务平台的假货现象以及个人信息被侵犯等。中国电子商务协会政策法律委员会副主任阿拉木斯认为，这些问题的出现和存在与互联网发展的复杂性、特殊性是分不开的，它们对平台治理提出了巨大的挑战。一是虚拟环境，平台治理需要面对虚拟的主体、客体、权限与证据，这是与线下的实体平台治理完全不同的环境。二是快速变化，互联网在生产生活应用中的模式、领域、群体快速变化，不同群体在不同阶段对互联网应用的需求也差异巨大，因此平台治理需要转变"慢思维"、适应"快变量"，切忌刻舟求剑、盲人摸象。三是海量信息，以电商为例，平台治理面对的是海量网商、网货与交易，其治理难度更大，按照传统治理模式几乎是无法想象的。四是个性形态，平台治理更多面对的是非标准化的商品与服务，面对的是千人千面的个性化需求与分布式供给。五是跨界融合，互联网应用是跨区域、跨国境的，具有打破行业条块分割的天然特性，对已有的按行业、行政区域管理的模式提出了巨大挑战。六是复杂关系，平台治理面对的是非简单商业关系、非点到点关系，具有模糊化、非确定性、多边化等特征，为平台治理增加了难度。实际上，上述六个难点往往是交织在一起的，完善平台治理需要对上述难点有清晰认识，妥善应对六大难点并提出可行的解决方案。

由于互联网发展的复杂性、特殊性，分享经济及其平台的法律界定不明晰，这严重阻碍了平台治理的推进。中国政法大学传播法中心研究员朱巍认为，分享经济及其平台的法律界定问题主要有如下三个方面：一是传统意义的物权已经无法解释分享经济的产生。在物权法上分享的基础要么基于合同、要么基于共有，共有又可以分为按份共有和共同共有，而分享经济绝对不是简单的共有，也不是简单的租赁，分享经济的法律基础亟须探索新的物权形式。二是传统意义的物权法很难解释分享经济平台的责任。当平台出现违约或不诚信行为，平台应该承担什么责任？是不是要承担担保法中说的保证人责任？是否履行先行赔偿的保证责任？先行赔偿的资金从哪里来，是否可以建立资金池等？上述一系列问题都是亟待从法律上破解的问题。三是传统意义的自我决定权如何不触碰分享经济发展底线的问题。尽管从法理上看，自我决定权的商事化使用是说得通的，但是在实际生活中要受到限制。现在分享经济出现了一个现象，可以决定一些本来不应当由自我决定的东西，那么参与分享经济的底线是什么，能不能将合同自由等同于自我决定权自由？实际上，法律没有规定底线，只有"公序良俗"维系对分享行为的评判，因此自我决定权天然与分享经济平台存在打架的问题。阿拉木斯认为，由于没有从法律法规层面明确平台的责任，包括工商、税收、海关、质检、知识产权保护、消费者权益保护、个人信息保护、信息披露等，因此在平台治理上就无法建立起一套对违法违规、欺诈失信等行为的制约、处理机制。

二、平台治理要发挥网络配置资源的作用，并从制度演化、治理主体、成本收益等出发明确三大规则

市场的无形之手与政府的有形之手有效配置资源，是完善社会主义市场经济制度的重大命题，而互联网平台的发展为海量资源的精准配置提供了新思路。

中国社会科学院信息化研究中心秘书长姜奇平认为，平台治理要处理好市场和政府的关系，在发挥市场配置资源决定性作用的同时，要支持发挥网络配置资源的作用。具体来看，平台治理要站在中央的角度、站在全局的角度看，强调"三个有利于"导向。一是要有利于全面推进市场化的生产资料分享，助力双创而避免搭便车，尽管十八大提出了"全面推进生产化市场资料分享"，但这个目标尚未破题。二是要有利于通过分享经济建立公共资源出让收益合理分享机制，一方面将公共资源的收益出让出去，另一方面要通过分享机制合理地收回来，这恰恰是传统经济难以做到、分享经济做起来最顺手的地方。北京大学国家发展研究院教授薛兆丰也指出，分享经济不是共产经济。三是要有利于以平台支撑方式推进分享经济，平台治理的最终效果是把中国分享经济做大做强，因此要重视信息化的平台作用，鼓励世界级的支撑服务平台发展，推进分享经济；推动国有企业，以互联网行业平台形式，向公众开放可数字化的国有资产使用权；推动平台服务型政府，开放数据，分享资源，面向社会、个人开放服务应用。

尽管不同领域的分享经济千差万别，分享经济平台的参与主体

各有不同,但北京大学国家发展研究院教授薛兆丰认为,平台治理需要从制度演化、治理主体、成本收益等角度明确一些共性的原则。一是制定平台治理规则最重要的是看它能否存活下去。根据经济学家阿尔钦 1950 年写的《不确定性、进化和经济理论》,对于任何社会制度与规则而言,最重要的不是它符合不符合公平正义,而是它能不能被大多数人所遵守、能不能行之有效地存续下去。在制定平台治理规则时,任何一个规则的出台在法学家看来是为平台治理问题画上一个句号,在经济学家看来只是画上一个冒号,因为平台的利益相关主体会有相应的对策,规则制定后的最终结果是不是事与愿违,还需要继续观察。二是探索平台治理模式要着眼于政府与平台合作、平台与平台竞争的理念。根据哈耶克 1945 年写的《知识在社会中的应用》,即使最简单的产品,其生产所需要的知识也不可能被所有人拥有。对于平台治理而言,它所需的知识信息并不完全为单个政府官员、权威人士、专家学者等所拥有,因此政府管平台、平台管个体是平台治理的基本模式,需要认真贯彻下去。另外,凡是复杂的群体都是通过多中心进行治理的,不可能通过一个自上而下的完美的系统来进行管理。由于分享经济领域的变化日新月异,平台治理需要参照学习英美的所谓习惯法系,以问题为中心治理,不同平台根据各自面临的不同问题形成许多相互竞争的治理中心。三是明晰平台治理策略要从汉德公式出发、比较、权衡推进平台治理的成本收益。所谓汉德公式,是在美国政府诉卡罗尔拖轮公司一案中,由法官汉德(LearnedHand)提出的公式 $B<P\times L$,其中 B 表示预防事故的成本,L 表示事故一旦发生所造成的实际损失,P 表示事故发生的概率,它意味着只有在潜在的致害者预防未来事

故的成本小于预期事故的可能性乘以预期事故损失时，才负过失侵权责任。根据汉德公式，平台到底承担什么责任，可能和它需要付出的治理成本、可能带来的损害相关，只有当平台付出的治理成本远远低于治理可以避免的损失时，采取合理的治理策略才是平台应尽的责任。从汉德公式出发，由于政府不具备相应的知识信息，全盘接管平台治理的成本太高，由政府单独治理是不切实际的，同样由平台全部承担治理责任也不符合汉德公式的逻辑，因此政府与平台合作是平台治理策略的方向。

三、平台治理需要借鉴发达国家的经验，营造宽松制度环境，打造平台治理的四大支柱

分享经济发展已经成为一种不可阻挡的全球趋势，分享经济平台的治理在各国引起了广泛关注，给各国法律法规、制度政策等带来了深远的影响。姜奇平认为，美英等国的分享经济平台治理对中国具有重要的借鉴意义，英国强调建立分享经济全球中心，重视推动分享城市试点、建立分享经济统计制度、加快政府数据开放、完善信用体系、明确政府采购支持；美国强调市场先行、政策启动，鼓励地方试点，允许分享经济平台运行，但同时划定底线，在平台损害消费者利益时予以干预。对于中国分享经济平台治理而言，一是不能头痛医头、脚痛医脚，需要从全局来思考，二是不能用旧制度、旧政策、旧监管模式简单套用新生的分享经济，也不能撒手不管，需要根据分享经济的发展趋势来考虑。

具体来看，姜奇平认为，一是要降低分享经济的市场准入门槛，从工业革命实践来看，先行工业化国家都把所有的治理问题归结到一个最简化的问题：对于代表先进生产力的事物，给它设置高门槛就进不去，给它降低门槛就进去了。现在高门槛是分享经济面临的现实困难，要着眼于从提高国家竞争力的高度来降低分享经济发展的市场准入门槛，在守好底线的情况下要鼓励在有条件的行业和地区先行先试，推进改革创新。二是要明确平台企业的治理主体地位，在现有的平台治理体系中，没有明确平台企业的治理地位与功能，一旦在平台上发生不诚信行为，往往倾向于把这些不诚信行为与平台绑在一起，而没有把平台作为政府治理的对象。实际上，平台作为治理主体可以发挥更大的作用，可以作为信用体系建设主体与政府共同打击欺诈、失信行为，可以作为行业自组织自协调主体完善行业自律。三是要兼顾普遍服务与商业竞争结合的治理特点，分享经济平台既有作为企业追求效率的一面，又有主动承担社会责任的一面，分享经济平台的治理要考虑公平与效率的统一，不能简单照搬以往对企业治理的传统办法，需要根据企业承担社会责任（就业、民生、诚信）的情况分类治理，鼓励平台支撑大众创业、万众创新。

分享经济平台本身是一个复杂系统，其平台治理相应地也是一个系统工程，需要杜绝简单化思维，需要从多个维度去把握。阿拉木斯认为，法律法规、行政管理、网规治理、社会治理构成平台治理的四大支柱，目前行政管理与网规治理发挥的作用最为突出。各个业务主管部门依照职权范围制定部门规章或者政策文件，以此参与平台治理。未来，政府部门参与平台治理需要进一步在如下领域改善：一是要摒弃家长心态，承认变化并为此进行必要的改变，深刻认识互联网带来的量变到质变；二是对全国大市场和全球买卖进行必要的认识和机制上的调整，对网络自组织性以及生态化治理、柔性化治理、软件和算法治理、大数据治理等予以足够重视；三是摒弃秩序强迫症，要把混沌当成一种特殊的秩序看待；四是对互联网创新应用持包容态度，对包容性监管、创新性监管予以必要的宽容。

随着互联网应用的不断深入，网规治理的重要性不断凸显，网规治理已成为平台治理的重要支柱。阿拉木斯认为，网规治理的内在逻辑、思路原则、手段方法与法律既有相似之处，又有巨大差别，是一个独立的治理形态和独立的治理规则体系，新浪微博的专家评判制度、腾讯实施的平台开放系列措施、京东商城在中国消费者协会设置的消保基金等都是网规的具体表现。网规又可以分为狭义和广义两大部分，以淘宝为例，狭义的网规就是2012年2月版《淘宝规则》，共计129条；广义的网规在《淘宝规则》基础上还包括行业市场规则、特色业务规则、营销活动规则以及临时公告等共计100多部。网规具有如下鲜明的特点：一是它从产品的角度产生、运用规则，强调程序化、用户体验、可用性等；二是它的导向是规范与发展兼顾，实施最小干预；三是网规制定者很多不懂法，尤其是在平台发展初期，网规的制定完全从需求出发，边试边改，有深刻的企业文化印记；四是可以形成闭环，实施前可以测试、量化结果，随时调整修改；五是实行多元化治理，采用多角度、多手段验证网规适用性；六是采用技术治理、软件和大数据治理，针对某个问题设计一个程序解决，具体的治理程序 99%靠系统或软件完成，只有 1%靠人工完成；七是遵循治理成本最小化，所有问题网上解决，别人能做就发动大家解决。阿拉木斯认为，网规体系具有现有法律体系缺乏的东西，与法律体系具有较好的互补性。未来，需要进一步根据平台发展动态完善网规体系。

新经济呼唤新治理

滴滴出行首席发展官、政治学博士　李建华

新经济快速发展是近两年我国经济发展中的亮点。维护和发展这种势能，当前迫切需要建立新的治理体系，包括治理主体、方式、过程和手段等方面的一系列转变。

在移动互联、大数据、云计算等技术蓬勃发展和日益广泛应用的背景下，我国经济发展和产业结构出现了一些新变化。李克强总理在今年的《政府工作报告》中提出，当前我国发展"必须培育壮大新动能，加快发展新经济"。这是对我国经济发展状况的精准把握。

新经济快速发展是近两年我国经济发展中的亮点。维护和发展新经济的这种势能，对于我国经济持续快速发展和结构改造升级有重要意义。而发展新经济，当前最迫切需要的是政府建立新的治理体系。

一、新经济发展的特点

"新经济"主要是指信息技术革命所引发的新产业和新发展模式。在我国,依托信息技术蓬勃兴起的"新经济",最突出的特征表现在几方面:

(一)出现新的基础设施

"云、网、端"新信息基础设施叠加于原有农业、工业和交通能源的基础设施之上,发挥着重要作用,成为新经济发展的基础。

(二)出现新的商业模式

现代信息技术推动了生产、管理和营销模式的变革,产业链、供应链、价值链开始重塑。"羊毛出在猪身上、让狗埋单"成为新商业模式的经典段子。"大数据"作为新的生产要素,开始与资本、劳动力、土地、能源等传统生产要素相并列,帮助企业和行业实现质的飞跃。

(三)所有制结构发生变化

新经济的本质特点之一是所有制结构发生了变化,由所有制经济向非所有制经济转变。阿里巴巴是世界最大电商平台,但不拥有商品和售货员;滴滴出行是世界最大出行服务平台,但不拥有车辆和驾驶员;Airbnb是世界最大的住宿平台,但不拥有旅店和服务员。其中,"平台经济"是基础,"分享经济"是实质,"微经济"是土壤,三者紧密联系,构成中国新经济的基本形态。

（四）生产结构"去中心化"、"去中介化"、"去金字塔式"

新经济改变了传统生产关系和组织结构。工业化时代无所不在的"金字塔"结构正在被新经济改变，例如，微博、微信和 BBS 改变了传统由通讯社、报社、杂志社、读者构成的新闻生产"金字塔"结构，如今人人都是记者、人人都能发布信息；电商特别是淘宝的诞生，改变了由生产商、地区经销商、城市经销商、零售店、消费者构成的传统"金字塔"结构，逐步消灭了商品流通的中间环节；移动出行平台聚合了无数出行服务提供者和出行需求者，解决了传统出租车行业供需不匹配、效率低的问题。

（五）新旧业态融合与冲突并行

新经济是对传统产业的改造升级，其深入发展必然打破既有利益分配格局，产生"总体有利，局部阵痛"的再分配效应。以移动出行行业为例，一方面，出租车通过打车软件实现了互联网化，新旧业态实现融合；另一方面，基于打车软件发展起来的专车业态，尽管学界和百姓普遍欢迎，但也引发了部分出租车司机罢运，这是新旧业态的冲突。

（六）中国优势日益显现

新经济起源于美国，却在中国获得了更大的发展空间，中国在新经济的各个细分领域，如电子商务、互联网金融、云计算、大数据应用、出行、分享经济等，都具备了与国际巨头一争高下的优势。

以滴滴出行为例，公司 2012 年创立时以 80 万元人民币起家，4 年时间便达到 1800 亿元人民币的估值，这种发展速度是十分罕见的，充分证明了新经济的巨大能量。以"互联网+"为支撑，以"平台经济"、"分享经济"和"微经济"为显著特征的新经济，正为中国民族产业"弯道超车"提供了难得机遇，这也将弥补中国错过前三次工业革命的历史遗憾。

（七）立法与管理滞后于技术和商业

面对新商业、新组织、新业态纷纷涌现的态势，各国的政府管理和立法都普遍滞后。新生事物定位不清（例如，搜索排名算不算广告）、政府态度出现摇摆（对于互联网金融的态度）、新业态管理套用旧的管理办法（"羊毛出在猪身上"是否算低于成本价的不正当竞争）、主管部门与民间舆论各执一词……这些现象都反映了目前政府监管的困境。因此，转变治理方式、构建新治理体系是今后发展新经济的重要任务。

（八）新经济进一步实现了"人的解放"

新经济在人文价值方面也有特殊意义。例如，网约专车提供了比较好的服务环境，司乘关系相对平等，司乘沟通交流有良好的话语环境，降低了人们以前乘出租车容易发生不愉快经历的可能性。另外，专车司机的工作方式和工作时间灵活自由，无须直接面对管理者，尊重了每一个劳动者个体的多样性选择，适应了当前多元化社会自主自由、个性张扬的时代特点。

二、构建新治理体系的基本原则

（一）坚持人民群众标准

发展新经济的目的是为了更好地满足人民群众的需求，因此，政府在构建新治理体系时，需要正确处理产业与消费者、局部与全体、眼前与长远、旧业态与新业态等多种关系。

以出租车行业改革为例，改革涉及公众、驾驶员、出租车公司、新兴移动互联网平台等多个主体，如何正确处理相互关系是个难题。简单地在多方主体之间寻求"最大公约数"，是不符合马克思主义基本观点的。事实上，无论是司机还是企业，无论是传统出租车企业还是新兴移动互联网平台，其重要性都不可与广大人民群众的利益在同一维度和水平来评断。因此，在构建新的出租车行业治理体系时，首先应该把有利于满足广大人民群众的出行需求作为评判准则，更根本的是，改革的结果要以人民群众是否满意作为最高标准。

对新生事物的认定和评判，必须坚持是否有利于人民群众这一衡量标准，而不是以旧有的条条框框为依据。与现行制度不完全相符但却有利于人民群众的，政府都应该多一分包容，并在法规制度、产业政策、财税政策等方面予以扶持。

（二）坚持市场化方向

中共十八届三中全会提出了"市场在资源配置中起决定性作用"的科学论断，构建新治理结构的过程，要始终坚持市场化方向，敢于以极大的政治勇气和政治智慧简政放权、减少干预，让市场配置资源的作用真正落到实处。

以出租车改革为例，过去对出租车采取特许经营的逻辑是：由于道路资源稀缺、消费不可选择、交易的一次性和服务的无后效性等特点，造成了出租车领域总体"市场失灵"，因此，需要政府这只"有形之手"对出租车数量、价格、服务质量和从业人员等进行管制。但随着现代信息技术的发展，"互联网+"消除了以往司机与乘客的信息不对称；智能手机的普及降低了交易成本；乘客的后评价让司机服务相互竞争；电子地图的出现降低了从业门槛。这一系列变化的结果是，通过市场配置出行资源的时机已经渐渐成熟。

（三）坚持稳定发展底线

在构建新治理体系时，要正确处理发展、改革与稳定的关系，既反对牺牲发展单纯追求稳定，也反对不顾现实的"休克式"转变。

从历史原因看，由于稀缺及市场需求难以满足，出租车牌照的价格曾经一路攀升，部分地方政府还通过拍卖方式发放牌照。在许多城市，出租车牌照价格在 60 万元以上，部分城市更是达到了上百万元，这正是构建新治理体系的困难所在。从建设诚信政府和维护社会稳定的角度，由于出租车经营者之前付出了高昂成本，取消政府对数量的管制，需要牌照退出机制相配套，可以考虑的方法，包括由政府出资通过"回购"等方式给予牌照拥有者合理补偿。

三、构建社会新治理体系的基本路径

（一）治理主体：从"一元"到"多元"

长期以来，我国实行"大政府"管理体制，即由政府包办一切。"大政府"在一定阶段产生了积极效应，但今天，已越来越不适应新经济的发展要求。政府首先需要转变思维，放弃过去的"全能思维"和"包办思维"，实现治理主体从"一元"到"多元"的转变。

实现治理主体的转变，需要激发多元主体的活力。一方面，新经济的发展导致社会需求多样、变化加速，新事物、新模式、新问题不断涌现，不同类型的主体有不同的特点和不同的擅长，实现社会治理主体的多元化，可有效提高整个社会的效率；另一方面，在进入新的发展时期后，公民维权意识明显上升，各种挑战时有出现，多元主体共同治理有利于避免社会治理危机，是坚持稳定发展底线的重要体现。

例如，在出租车治理方面，过去的市场准入与退出、服务质量监督、纠纷处理、交通违法行为处罚、"黑车"查处等诸多事务，都由政府"包办"。出行平台出现前后的服务质量对比表明，单纯依靠政府监督，难以解决出租车的服务质量问题，出行平台的出现，让出租车司机提升服务质量有了内在动力。平台经济的涌现是新经济的显著特征，对于一些问题的治理，平台比政府更有动力，也更有技术手段和方法。因此，今后除了政府监督之外，应该更多依靠平台治理，探索形成"政府管平台、平台管个体"的治理格局。

此外，还应该发挥行业协会、新闻媒体和 NGO 等不同主体治理的优势。

（二）治理风格：从发号施令到平等对话

传统管理，政府往往靠发号施令实行治理，习惯于扮演"全能型选手"。构建新治理体系，需要通过构建公开协商机制，使多元主体之间形成密切、平等的合作关系。特别是在法律法规、部门规章的制定过程中，需要构建多元主体参与的公开协商机制。

例如，交通运输部制定《网络约租车管理办法》部门规章自2015年10月开始，向社会公开征求意见、倾听企业声音，这是主管部门采纳企业意见、实现社会共治的重要举措，期望这项工作能取得各方满意的结果。

平等对话是公共参与的基本前提。在法律框架内，只有当开放与平等成为现实，政府与社会之间才能形成良性互动。某一领域的立法不应该被相关行政部门看成"自家事"，而是需要政企之间通力合作、平等对话，这样才能制定出符合生产力发展方向、符合现实要求的"良法"。

（三）治理方式：从粗放型到精细化

新经济的发展诞生了一大批"微经济"主体和参与"分享经济"的个体，如果在治理方式上继续实行"一刀切"，把过去对规模型企业的管理方式强加于"微经济"主体和"分享经济"个体上，将会提高门槛，损害社会活力。新经济的发展需要抓大放小、分类管理和精细化治理。

以电商为例，如果十年前淘宝的小店主因为没有营业执照或者不能开发票而被政策清理，那就不会有今天的阿里巴巴。

专车管理也是类似道理。据滴滴出行的数据统计，平台上绝大部分司机是兼职司机，即每天利用上下班的路途时间或闲暇时间，接4单及以下。如果对这部分兼职司机也采用对专职司机的管理方式，将造成很多兼职司机退出平台。如果分类管理，对兼职司机采取更加宽松的管理政策，既可为出租车"渐进式"改革赢得时间和空间，又可最大程度实现社会车辆的分享，有利于节约社会资源、环保、激发社会活力。

中国国土面积大，东中西部差异大，对于一些区域性特征明显的地方事务，要实现精细化治理，更需要调动地方的积极性、创造性，中央层面应该慎出全国性"一刀切"的制度或政策。即使万不得已要出全国性制度，也要尽量出《指导意见》，慎出《管理办法》；尽量出宏观原则，慎出操作细则。

（四）治理过程：从侧重事前到强化事中事后

在传统治理过程中，政府为维护市场秩序，通常会设置一系列的事前审批。这种做法一定程度上维护了市场秩序与稳定，但也牺牲了效率与活力。随着新经济发展，其中的弊端日益凸显。政府把商事制度改革作为简政放权、转变职能的"先手棋"，大大激发了市场活力，与民间新一轮的创业创新潮、与迅速崛起的新经济遥相呼应。

互联网的发展深刻改变了信息传播的广度、深度和速度。企业一旦有违法行为，付出的代价大大提高，目前多部委联合制定了"一处违法、处处受限"的联合惩戒制度，企业自我约束的内在动力大大增强。物联网、云计算、大数据等现代技术的发展，依托于互联网开展的市场行为都可以实现后台记录，为政府强化事中事后监管提供了新抓手。

以出租车领域为例，以往政府为保证服务质量，对车辆与司机均颁发许可，服务价格也由政府严格管制。由于政府对出租车事中事后的监管一直缺乏有效抓手，出租车司机一旦进入市场就能"坐享"管制红利，提高服务没有动力，服务水平不尽如人意。现代信息技术打破了信息不对称，消费者对出租车司机服务的评价能在后台记录并分析，使事中事后监管成为可能。

（五）治理手段：从人工治理到大数据治理

物联网、大数据、云计算等现代信息技术的发展，为构建新治理体系提供了新手段。新经济的发展诞生了数量众多的"微经济"主体，政府如果仍按传统的监管方式，不仅将付出巨大的行政成本，也容易出现"权力寻租"等腐败。探索大数据治理方式是一条可行之路。

就专车治理而言，大数据可有效甄别全职运营行为和兼职分享行为。由于城市交通的潮汐特点，如果按照波峰时段的需求量来设置出租车数量，将造成在波谷时段的巨大浪费，因此，专职司机与兼职司机共存的格局是城市交通的最优选择。过去由于监管手段的局限性，监管时无法甄别全职营运、兼职分享和顺风车业态，现在通过移动互联和大数据技术，可以通过司机的接单数实现智能甄别，因此对兼职司机与专职司机进行分别审批与监管成为可能。

加快构建适应分享经济发展的价值衡量体系

国家信息中心信息化研究部　张新红　高太山

分享经济是指利用互联网等现代信息技术整合、分享海量的分散化闲置资源，满足多样化需求的经济活动总和。分享经济不仅是一种新的经济现象和经济形态，还是加速要素流动、实现供需高效匹配的新型资源配置方式，更是一种新的消费理念和发展观。分享经济的作用绝不仅仅局限于经济总量的增减，而需要从其结构以及消费、就业、分配、创新等多个角度构建分享经济的价值衡量体系。

一、分享经济发展带来的影响作用

金融危机后，全球分享经济快速发展，分享领域不断拓展，市场规模高速增长，对经济社会发展的方方面面产生了诸多影响。

一是助力创新创业。创新是生产要素的重新组合，通过分享、协作的方式搞创业创新，门槛更低、成本更小、速度更快，能够让更多的人参与进来。分享经济的发展使得生产要素的社会化使用更为便利，企业和个人可以按需租用设备、厂房及闲置生产能力，在更大范围内实现生产要素与生产条件的最优组合，让创新变得更容易，也降低了创新创业的风险。

二是打造新增长点。分享经济通过刺激消费、提升生产效率、提高个人创新与创业能力，对于经济增长和社会福利都有积极作用。比如，Airbnb 在旧金山的一项调查显示，房屋分享带来了 14% 的新客户；在中国，2015 年分享经济市场规模约为 19 560 亿元，预计到 2020 年分享经济规模占 GDP 比重将达到 10% 以上。正如李克强总理在 2015 年夏季达沃斯论坛上所强调的："目前全球分享经济呈快速发展态势，是拉动经济增长的新路子。"

三是扩大有效供给。在传统模式下，企业无法准确把握消费者需求，产能过剩、库存高压普遍存在，而在分享经济模式下凡是"下单"的都是有需求的，需求变得清晰可见。同时，分享经济可以快速调动各类社会资源，提高供给的弹性和灵活度，能够较好地适应不断变化的消费需求。基于网络的互动评价系统可以及时反映供需双方的意见和要求，有利于提高供给的有效性。

四是激发创新活力。分享经济使得人们可以在边际成本趋于零的条件下通过协作进行生产、消费和分享自己的商品和服务，带来经济生活组织方式的新变化。在分享经济模式下，越来越多的个体可以通过平台直接对接用户，不必再依附于传统专业机构。越来越多的企业、机构也在通过众包、众创等方式组织整合社会资源，提升创新效率和降低成本。比如，截至 2015 年，猪八戒网旗下的虚拟产业园注册公司超过 300 家，已成功孵化入驻企业 1500 余家。

五是实现低碳生存。分享经济对于环境保护的作用越来越被人们所认知。以汽车分享为例,美国分享经济协会数据显示,每分享1辆汽车,可以减少13辆汽车的购买行为。滴滴出行发布的《中国智能出行 2015 大数据报告》显示,仅快车拼车和顺风车两个产品一年下来能节省 5.1 亿升汽油燃烧,减少 1355 万吨碳排放,相当于多种 11.3 亿棵树的生态补偿量。

六是促进灵活就业。分享经济打破了传统的"全时雇佣"关系,给富有创造力的个人提供了一种全新的谋生方式,人们不必依托组织即可供应自己的劳动力和知识技能,使得拥有弹性工作时间的个人和缺乏弹性劳动力的企业、机构均能实现利益最大化。同时,分享经济也增加了就业渠道与岗位。截至目前,仅接入滴滴出行平台的司机人数已接近 1500 万,注册用户数超过 3 亿。全新的就业方式为缓解新常态下的就业压力提供了思路。

七是推动社会治理转型。分享经济的发展对创新治理体系提出了新要求,如出行、住宿、网络金融、在线教育等领域的分享实践面临诸多制度空白或制约,原有的法律法规和政策需要进一步修改完善。同时,分享经济也为构建新的治理体系提供了经验和支撑。分享平台在发展过程中也逐步建立起基于大数据的治理机制,在保证平台正常运行的同时,也为社会治理积累了宝贵经验,为推动社会治理向多元化、开放性协同治理转型创造了良好条件。

二、分享经济统计体系存在的不足

近期，在党的十八届五中全会明确提出发展分享经济的背景下，政府部门积极鼓励引导分享经济发展，越来越多的互联网企业、风险投资者、消费者等也对参与分享经济寄予厚望。但是与分享经济实践相匹配的统计监测体系尚未建立，现有统计体系难以界定和衡量分享经济的真实价值和数量关系，一定程度上将对宏观决策产生影响。

一是缺乏与分享经济相适应的行业分类。一般而言，分享经济活动具有参与者分布广泛、分散，业态跨界融合，组织边界模糊，就业灵活、非正式等特点。但是，现有的国民经济行业分类无法按照行业、领域、法人（机构）与分享经济现象一一对应，自然也很难对分享经济活动进行精确统计。

二是缺乏一套标准的统计指标体系。虽然分享经济仍处于产业发展初期，但已经迅速渗透到多个领域，既有汽车、房屋、办公空间、衣服等实体物品的分享，也有知识、经验、技能等虚拟物品的分享。虽然平台企业拥有完整的交易数据，但由于行业差异性较大，统计口径多样，很难形成一套标准的统计指标体系，传统的数据收集和抽样办法也不能完全适应新业态的发展。

三是容易忽略分享经济对经济质量的提升。目前国内生产总值（GDP）的核算方式虽然可以按照常规的实体企业统计方法，反映分享经济平台发展的数据，但仍十分有限。由于 GDP 只测度去除通胀因素后的最终产品或劳务的市场价值，这就使得分享经济带来的闲置资源的充分利用、经济运行效率的提升、产业结构升级以及创新能力的提升都无法得到充分、如实地衡量。用户通过参与分享而降低的消费成本及赚取的收入也不能得到有效体现，这些交易数据也被排除在消费者价格指数之外，并不能反映真实的经济运行状态。

三、相关建议

准确把握分享经济的发展情况对监管部门的政策制定具有极为重要的意义，有必要加快探索构建一套可相对定量描述分享经济发展，但又区别于现有统计调查方法和指标的价值衡量体系。为此，提出以下建议：

一是加强理论研究。重点围绕分享经济活动的边界、分享经济发展的社会财富效应、对社会就业总量和结构的影响、相关宏观制度设计以及衡量体系的构建等问题展开研究。

二是将分享经济纳入国民经济统计体系。探索科学反映分享经济发展特点的统计调查方法，加强对分享经济统计口径、分类目录的研究，加大分享经济活动的统计调查力度，在现有统计调查基础上，增加对个人参与分享经济活动的调查，如参与的活动类型、频次、节约的成本、收益及其占家庭收入的比重等。

三是创新数据采集方法。广泛应用现代信息技术特别是大数据、云计算等技术手段实现交易数据的实时统计监测，使传统调查数据、行政记录、大数据共同构成分享经济统计调查基础资料来源，逐步实现分享经济统计从数据采集、处理、传输、存储和发布全流程的现代化。

四是加强合作。现代意义上的分享经济活动都是在互联网平台上实现的，平台企业不仅有完整的交易记录，其本身也具备强大的数据加工和分析能力。所以，统计监测部门与平台企业合作开展统计调查，有利于推动指标体系构建和数据采集工作。

推动分享经济发展的几点思考
——基于对国内外互联网"专车"的调研与反思

国家行政学院　丁元竹

2013年以来，围绕互联网"专车"引发的出租车罢运事件引起有关部门的高度重视。出租车司机利益受损是这一轮罢运的主要原因。交通部门从维护社会稳定大局出发，试图通过借鉴出租车经营权和经营模式的经验，对互联网"专车"进行规范，并制定了相关文件初稿。这些意图都是好的。但必须认识到，互联网"专车"作为分享经济的一种具体形式，可能会从根本上颠覆出租车经营权和出租车公司的实体性质，对此，有关部门必须早有心理准备。

而且，作为一种新型经济业态，分享经济有可能会成为帮助当前经济发展走出低谷的一个助推器。"从理论上讲，分享经济可以解决经济发展中过度投资、产能过剩、低水平重复建设、不公平招商引资政策等一系列问题。"[1]从已有的实践看，Airbnb 和滴滴打车

---

1 曹磊.Uber——开启"分享经济"时代[M]. 北京：机械工业出版社，2015.181, 31, 105.

等已经把大量的闲置资源重新配置,既满足了公众的需求,也大大提高了资源利用效率。本文尝试以出租车行业改革为切入点,深入研究分享经济,以期为推动我国经济转型升级和健康发展提供一些理论和实例支持。

一、分享经济的两个颠覆性特征

(一)互联网"专车"将颠覆出租汽车行业垄断的基础——经营权

从已经发展比较成规模的滴滴打车和为人们提供住宿的Airbnb等分享经济模式看,分享经济的特点是不求拥有,但求使用,它将传统意义上的所有权分离为支配权和使用权,车主对车辆拥有支配权,成千上万的消费者通过互联网可以获得使用权,这就改变了传统意义上的所有权概念。最终,它将颠覆传统意义上的出租车经营权体制。面对这种新型商业模式和新型经济业态,出租车管理要跳出出租车看出租车,更不能用出租车的概念来界定互联网"专车",尤其不能把互联网"专车"纳入出租车管理体制,否则会犯削足适履的错误。限于分享经济是一个新的领域,发达国家也是只有少数实践者和学者在试验和探索,一些部门目前不能从新的视角来认识出租车改革与创新还情有可原,但是,纵观世界大势,建立学习型政府的理念必须落实到行动中。面对错综复杂的国际国内形势和日新月异的科技发展,政府要在"放、管、服"中真正有所作为，首先必须加强学习，提高自身的监管能力和专业化水平，深刻认识科技变革给经济体制改革带来的机遇和挑战。

探索分享经济发展，要避免代际偏见。一代人会有一代人的经验积淀、理论积累、视野局限。要跳出一代人看另一代人。传统意义上的所有权是老一代人钟情的经济模式，购房、购车，倾其一生去追求与奋斗，为拥有的财富感到满足和幸福。目前，整个社会的消费主体正由80后、90后和00后逐步替代50后、60后和70后。80后的年轻人不求所有，但求所用。根据2010年全国人口普查数据，80后的人口总数是2.28亿，90后的人口总数是1.74亿，00后的人口总数是1.47亿，三个代际的人口加起来是5.15亿，如果以2014年的人口计算，占总人口的37.86%。这是一个不可忽视的群体。80后、90后和00后从小就与互联网一起呼吸，共同成长，对于他们来说，SoloMo（社交加本地化加移动）是自然环境，各种O2O也再自然不过，适应分享经济对他们来说，心理障碍不大。

以互联网"专车"为例，如图2.1所示，从关注人群性别看，男性占比高于女性。从关注人群年龄段来看，20～29岁的人群大多数新毕业或者工作年限较少，30～39岁的人群则一般都有比较稳定的收入，乘坐出租车出行相对频繁，因此对"出租车改革"的相关话题更为关注，二者合计占比接近77%；50岁以上人群对此类话题的关注度最低。不仅社会上关注的人群多是年轻人，滴滴专车驾驶员也是一个年轻的群体。从事滴滴专车驾驶工作人员的年龄也比较年轻，近90%的人年龄在44岁以下，属于70后，其中57.8%在25

岁至 34 岁，属于 80 后。这个人群生活在互联网发展和普及的时代，思维方式、生活方式已经与前辈完全不同——不甘心于平淡、标准化的生活。他们富于创新，关心公共利益。这种心态和精神状态使他们更容易绕开前一辈人热衷的"所有权"而更加关注"使用权"、分享、服务质量。未来是属于年轻一代的，他们会有自己的生活和选择，甚至他们在某种程度上代表了未来。当前，考虑经济发展，需要先见能力。眼睛看不见手摸不着的活动在未来可能会成为主流，年轻的一代习惯于这种方式，年老的一代不适应，这需要一个长期的磨合过程。

76.3%　　　23.7%

9%　　33%　　44%　　11%　　3%

19岁以下　20～29岁　30～39岁　40～49岁　50岁及以上

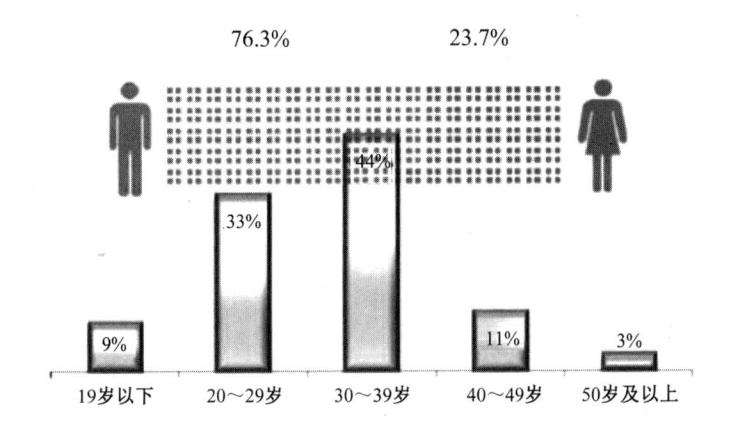

图 2.1　互联网"专车"关注人群分布图

（二）分享经济将颠覆人们对互联网"专车"的非实体性指责

互联网平台如何定义？出租车公司和司机认为它不是经济实体，这触及到了现代意义上的公司定义。史玉柱在 2015 年 8 月说道："在我看来，未来公司就是一个平台，公司组成的大平台，然后让很多小的团队在上面跑，谁跑赢了谁就成功了。"大平台就是一个未来的公司，如果人们普遍接受这一点，这将颠覆出租车公司和司机不承认打车平台是经济实体的判断。滴滴出行等公司的经验表明，它们通过互联网技术连接了物品所有者与需求者，使信息、物品和服务有机结合起来，建立了"中心平台+按需分配"的体制机制，这就是分享经济的颠覆性特征，它赋予了传统意义上的所有权以新的含义。已有的经验表明，这种平台可以通过众多的个体开放现有的闲置资源，将其快速转化为产品和需求，推动经济持续增长。分享经济确实不需要去建立实体经济，而是利用现有的资源，尤其是现有的过剩产能和闲置资源，通过人人参与和人人享有将这些过剩产能和闲置资源转化为新的公共设施、创造新的价值，实现新的发展。

从出租车行业面临的困境看，互联网"专车"这种新的商业模式如同台风般毫不留情地摧毁旧的经营模式。从传统意义上来理解，只有眼睛能够看到、手能触摸到的"有形"活动可以创造财富，这是典型的工业社会的生产方式。面对滴滴出行等新业态，以"工业化社会的规则"思考问题显然已经不合时宜。以互联经济为基础的分享经济要求人们重新定义公司。这就是，未来的经济组织形式必须超越传统的公司运作模式，信息文明终将取代工业文明。

二、引入分享经济减缓中国经济下行压力的三个可能性方向

（一）激活存量经济，尤其是盘活房地产库存

面对大量库存和过剩产能，可以换一个分享经济的视角来寻求解决方案。我们可以把库存和过剩产能大致分为三类：闲置资产（汽车、住房、设备、设施等）、闲置时间（大学生待业、非正常营业的时间等）、闲置技能（不是作为生计而是作为非经营性方式可以提供的技能，如离退休专业人员的技能、专业知识、丰富的经验）。美国公共租车的鼻祖罗宾·蔡斯总结自己从事分享经济的经验，把分享经济归结为三要素，即开放产能过剩、创建分享平台以及实现人人参与。[2]

据有关数据显示，早在 2015 年第 2 季度，当时的快的滴滴（于 2015 年 9 月更名为滴滴出行）以 82.3%的比例居于中国专车服务活跃用户覆盖率的首位。全国有 300 多万辆车提供专车服务，每天大约有 400 万人次通过专车出行，通过出租汽车出行的人次每天是 300 万，少于专车 100 万人次，这说明，专车已经渗透到居民的日常工作和生活中，成为人们出行的重要选择。目前，中国智能出行市场活跃着滴滴出行、Uber 中国、易到、神州专车、e 代驾、天天用车等智能出行服务商，全国的用户达 3 亿人，参与车辆 900 多万，为 1000 万人提供出行服务。[3] 全国已经有 400 多个城市被智能出行平台用户覆盖。北京、通化、大连和成都成为智能出行的领先城市，主要城市智能出行用户

---

2 [美]罗宾·蔡斯. 分享经济：重构未来商业新模式[M]. 杭州：浙江人民出版社，2015.
3 中国交通年鉴（2015）[Z]. 北京：《中国交通年鉴》社，2015.654.

人均形成 5 次左右的智能出行订单（见表 2.1）。

表 2.1　有关智能出行数据

截至 2015 年 9 月 30 日	累计注册乘客数	累计可接单司机数
出租汽车		153 万人
专车	2.5 亿人	300 万人
顺风车		550 万人

资料来源：中国交通年鉴社《中国交通年鉴：2015》，中国交通年鉴社 2015 年版。

对于闲置资产盘活的典型是互联网"专车"以及 Airbnb，后者整合了闲置的私人居所。Airbnb 自成立至今，已经至少在世界各地的 34 000 个城镇拥有自己的业务，可以提供给用户的房间大约是 110 万间，几乎是当今世界最大的酒店企业——洲际酒店集团（Intercontinental Hotels Group）客房量的 2 倍，后者的客房量为 68.7 万间。

面对大量房地产库存，是不是可以探索类似 Airbnb 的方式盘活现有的房地产资源？Airbnb 只是提供了一个解决问题的思路。当下，盘活房地产库存面临的问题之一是，大量空置房产没有装修，毛坯房居多，而且，大量房地产开发居于城郊，缺乏必要的公共服务资源配置，在这个过程中，政府如何发挥自己的职能就显得特别重要。

（二）扩大就业，确保民生之本

如何通过分享平台把大学生就业问题纳入到分享经济发展中

也不失为一种缓解大学生就业压力的尝试。分享经济中的人人分享会改变未来的雇佣关系，解决产能过剩和资源闲置问题，加快经济体制、社会体制以及生态文明体制的变革。

据研究，Uber 在美国运营 3 年左右时，在纽约就创造了 13 750 个就业岗位，在伦敦创造了 7 800 个就业岗位。自 20 世纪后期以来，美国一直面临着就业压力加大和家庭收入放缓的双重挑战，尤其是进入 21 世纪，美国居民的实际收入下降了 7.2%，劳动就业率处于 20 世纪 70 年代以来的最低水平。面对这样的经济社会形势，美国社会对于灵活就业的需求非常旺盛。根据美国劳工局的调查，大约有 20 万人每周有自己的闲暇时间，希望做一些有经济收入的工作。调查表明，在美国，参加 Uber 的驾驶员中，90%怀揣老板梦，60%更喜欢选择像 Uber 这样能够独立自主的工作方式，也有一部分人因为换工作期间没有收入而选择几个月的时间做 Uber 驾驶员来维持生计，还有的人是为了支付孩子的足球课时费。在南非的约翰内斯堡，无论在哪里需要出行，都可以约到 Uber。索韦托是一座位于约翰内斯堡西南部的城镇，失业率非常高，可选择的交通工具非常少，Uber 解决了这一难题。[4]

由此可见，互联网"专车"将开发一个巨大的劳动力市场。不管经济形势如何风云变幻，只要守住就业和收入这个底线，社会就会稳定有序，经济逐步从低谷中走出来也就指日可待。

---

4 Uber. 政策研究周报第 6 期[Z]. 北京 Uber 总部，2015－12－02.

（三）增加收入，提高居民生活品质

趋利是市场经济的基本特征。2015年以来，离开出租车队伍的出租车驾驶员已经不少，有的还摇摆于二者之间，未来离开出租车队伍的驾驶员还会有进一步增加的趋势。这具体表现在：一是打车软件在一些城市得到居民的欢迎和支持，社会舆论朝着有利于互联网"专车"的方向发展，原有的社会氛围正在发生变化。滴滴打车开始由大城市向三线、四线城市渗透。二是原来坚如磐石的出租车行业也因为互联网的冲击在发生松动，大量有自己私家车的出租车司机开始步入互联网"专车"领域。三是使用互联网约车的出租车司机越来越多，在北京，有的出租车驾驶员每天60%～80%的业务是通过滴滴出行平台获得的。四是出租车司机可以在巡游出租车和网络预约出租车之间做出新的选择。

分享经济是人们增加收入、提高生活品质的途径之一，有利于家庭生活的稳定。2015年8月，在与滴滴合并之前，Uber曾在北京、武汉、广州、深圳、成都和杭州6个城市，通过电话完成了对5000名Uber驾驶员的采访，调查结果发现，72.8%的Uber驾驶员已婚，67.36%的驾驶员的家庭有1名16岁以上的孩子，85%的驾驶员是兼职驾驶员，90.95%的驾驶员在进入Uber之前从未开过"黑车"，59.96%的驾驶员有大专以上的学历，58.14%的驾驶员进入Uber是为了赚取更多收入补贴家用。[5]

---

[5] 朱燕. 大数据分析：专车司机究竟是一群怎样的人?[EB/OL]. http://opinion.Caixin.com/2015－09－24/100856271_2.html.

从短期来说，分享经济可以缓解经济下行给人们带来的收入压力，促进社会良性运行。2008年，面对国际金融危机的冲击，西方国家的居民纷纷把自己的住房拿出来出租，补贴家用，甚至有些家庭把为客人准备早餐作为兼职的一部分，有人将2008年的金融危机视为分享经济的推手之一。从根本上说，分享经济是一项制度创新。

改革开放以来，我国居民的财产性收入不断增长。以商品房为例，1998年，我国的住宅销售面积是1.08亿平方米，以后逐年增加，从1998年到2014年的16年间累计销售达到86.34亿平方米，人均达到6.35平方米，这样的增长速度和规模显然超出了人民群众的实际需求。目前大中小城市中，房屋闲置、空楼林立的现象比比皆是，盘活这些资源一是靠政府的政策，二是要发挥市场，尤其是在新技术基础上的市场机制的作用。

再看全国人民喜爱和梦想的私家车，到2014年底，全国私人拥有载客汽车已经达到1.09亿辆，其中小型私家车1.06亿辆、微型私家车0.03亿辆。事实上，大量私家车处于闲置状态，或者说每天的大部分时间是停泊在自家或单位的车位，甚至道路边上。把这些资产（或者叫做过剩产能）利用起来，一方面，可以节省继续生产的资源和能源，减少城市交通压力；另一方面，还可以提高车主的收入。当然，这需要相应的税收和监管政策，还需要社会成员之间的相互信任、合作。

结构调整是新的经济驱动因素，结构优化也是经济增长的新的驱动力。而且二者不可分割，只有通过技术创新才能真正实现结构优化。

三、发展我国分享经济的五个基本思路

（一）从发展和完善中国特色社会主义制度认识分享经济的潜在意义

2015年12月底，习近平总书记在中央政治局民主生活会上的讲话中要求，必须坚持坚定正确的政治方向，有坚定的马克思主义信仰、坚定的社会主义和共产主义信念，并为这种理想信念矢志不渝奋斗。社会主义是共产主义的初级阶段，实现共产主义是我们的理想。马克思和恩格斯在其著名的《共产党宣言》中指出："资本是集体的产物，它只有通过社会许多成员的共同活动，而且归根结底只有通过全体成员的共同活动，才能运动起来。""因此，资本不是一种个人力量，而是一种社会力量"。[6]列宁也认识到了这个问题，在对帝国主义的垄断特征进行分析时，列宁认为，竞争转化为垄断，生产的社会化有了巨大进步，就连技术进步的过程也社会化了。这正是目前科技进步的过程。列宁还指出，资本主义的根本矛盾正是，"生产社会化了，但是占有仍然是私人的，社会化的生

---

6 马克思恩格斯选集（第一卷）[M]. 北京：人民出版社，2012.415.

产资料仍旧是少数人的私有财产。"[7]从这个矛盾出发，列宁得出了帝国主义是资本主最后阶段的结论。科学进步奠定了共产主义制度的技术基础。分享经济的核心是通过信息平台实现了按需分配。分享经济开始让人们重新思考集体社会建设的意义、价值、可能和途径。以前人们考虑的是"这能给我带来什么"，在分享经济下，人们开始考虑把个人与集体、与他人联系起来，开始分享物质和精神产品，使人们关注时间节省、使用便利，使资源配置更加合理和优化，就业更加灵活，生活品质更高。

技术进步的确改变了市场经济的一系列规则，互联网可能会使现实更加接近古典意义上的市场。滴滴出行向乘客显示其附近的"专车"或"快车"的数据的准确性——距离、乘客人数、车辆多少等，并由此决定价格。技术进步使价格更接近供需关系。出租车的价格是既定的——通常是政府在一定时间内规定一个统一价格，然后在一定时间内，不管供需关系如何变化，价格是不变的。因此，市场机制在出租车行业表现得就不那么灵敏。绝大多数的市场是介于"看得见的手"与"看不见的手"之间的计划经济与纯粹市场经济之间的东西。"市场失灵"多数情况下是指无法依照价格这一经济学的核心问题来解决资源的配置问题。互联网就是通过技术让市场变得稠密起来，吸引更多的潜在交易者参与交易，促进市场成熟和发育，使交易者发现更多、更佳的机会。

---

[7] 列宁选集（第二卷）[M]. 北京：人民出版社，2012.593.

如果让网络像解决人们的出行问题一样来解决住宿问题，化解房地产库存也就指日可待了。我国人民拥有大量的财富，包括住房、汽车（见表2.2）等，把这些财富盘活起来，满足各类人群的需求，激发经济发展的动力与活力，不失为当下应对经济发展下行压力的一条重要路径。

表2.2 四个直辖市私人小汽车拥有量

	人口规模（万人）	载客汽车（万辆）				
		总计	大型	中型	小型	微型
北京	2152	425.98	0.25	6.3	409.91	9.53
上海	2426	182.81	0.18	1.41	179.59	1.65
天津	1517	215.21	0.13	0.69	205.02	9.37
重庆	2991	171.72	0.01	0.15	170.52	1.04

资料来源：国家统计局《中国统计年鉴：2015》，中国统计出版社2015年版。

（二）以发展分享经济为切入点来评估80后、90后和00后的消费和生活取向

按照2014年全国人口变动情况抽样调查样本数据，15~19岁的人口占5.76%，20~24岁的占8.07%，25~29岁的占8.79%，30~34岁的占7.34%，35~39岁的占7.27%，40~44岁的占9.08%，这些人群总计占46.31%，不及人口的一半。这是当今中国的消费主体，15~39岁这个群体更是创新的主体。有的网络平台工作人员的平均年龄是27岁。政策的制定和决策咨询要邀请这个年龄段的、各行各业的人参与讨论，了解他们的想法、需求、消费偏好等，以提高政策预见性和战略性，当然，对年轻人也要加以引导。

（三）建立在互联网基础上的分享经济改变了传统意义上的市场运行方式

互联网改变了市场的外部场景和内部认知系统，随身不离的手机已经成为人类认知系统的延伸，习惯使用 Uber 或其他打车平台的人，没有它，出行就不知道附近的车辆运行状况。在数据储存和处理能力不断提升的同时，计算机的各种认知能力不断扩张，如触觉、视觉等，它将与人类与生俱来的能力一同发展，并与人类互动。过去，人类通过个体和集体以及传统的通信方式建立的市场体系正在被改变。计算机的认知系统使人类变得更加智能，帮助人类克服了许多认知的局限性，提高了人类思维的复杂性、专业性、客观性和前瞻性。

从这个意义上说，一个人的认知能力已经不是亚当·斯密思考市场机制时的潜意识里的那种个体的认知能力和水平。那只以前"看不见的手"，现在或隐或现，比以前更加清晰了。在这个过程中，市场机制的设计就自觉不自觉地得到了优化，比以前更有自觉性。人们必须深刻认识到，就个体而言，互联网时代的市场机制已经和正在发生改变，随着大数据的日积月累和计算技术的飞速进步，经济发展模式不改变恐怕不行。变则通，不变则废。这里仅限于讨论个体意义上的市场和行为选择，而不是全球意义上的市场机制。金融、贸易、国家之间的博弈似乎让全球意义上的市场机制更加复杂。

（四）发展和完善分享经济需要创新社会保障体制

分享经济遇到的问题是，如何让企业员工、政府管理部门以及平台为即将到来的经济秩序做好准备。

大部分国家的就业是与全职工作为基础的雇主制度捆绑在一起的，通过固定的雇主雇用雇员并为之支付社会保障金来维持工作和退休后的福利。一方面，很多国家的组织一旦录用了某个人，要想解雇他，几乎是不可能的。另一方面，由于福利体系的刚性特征——只能升不能降，雇主会面临巨大的支出压力，这点可以从上海的出租车公司面临的压力中看到。上海市的四大国有出租车公司一度成为全国出租车经营管理的模范，尤其是公司化经营有利于稳定职工，便于社会治理，但是，近年来，由于社会保障基金逐年增加，企业已经不堪重负。如何建立适应分享经济要求的社会保障和社会福利制度，需要进一步在员工和雇主之间找到一种平衡，更需要政府对现行的公共服务体制改革提出新的思路。需要进一步关注的是，随着无人驾驶汽车的出现，部分行业和部门的失业压力增大将不可避免。通常在这种情况下，收入会向更少数的人手中集中。要避免出现失业率越来越高、收入越来越不平等的局面。

（五）分享经济将推动政府、市场和社会关系重构

按照传统公共管理的理论，政府需要为社会提供公共服务，这是政府的基本责任和职能，因为公共物品具有外部性。这是公共管理理论长期坚持的基本观点，也是基本公共服务体系建设的理论基础。

现在人们看到，在互联网的发展过程中，一些网络平台，诸如百度、谷歌尽管是私人公司创办的，但是任何人都可以上网搜索和使用，并不必为此付费。拥有数亿用户的"微信"也是免费提供的，它甚至成为当今人们交流的主要方式。由此要问，在这些领域，公共与私人公共服务的边界在哪里？重新界定它们之间的职能和关系预示着公共管理、市场管理和社会治理方式方法及其理论都将发生革命性的进步。

HOW SHARING ECONOMY RESHAPES THE FUTURE

理 论 篇

CHAPTER 03

分享经济若干统计问题研究

统计科学研究所分享经济统计研究小组

当前，分享经济在全球范围内快速发展，以更低的成本和更高的效率实现经济剩余资源的供需匹配，成为推动经济发展的新动能。我国分享经济虽起步晚于欧美，但发展速度较快，继在租赁、出行等生活领域得到快速发展后，分享经济正逐步向生产、制造等领域延伸，并深刻地改变着原有的生产、生活模式。

一、分享经济的提出和发展

基于经济学概念的分享经济思想最早起源于对所有制问题的研究。18世纪末，美国雇员所有制之父阿伯特·格来丁从资本主义财富分配的角度提出在企业中实行雇员股份制，成为员工持股理论的萌芽。1984年，美国麻省理工学院经济学教授马丁·魏茨曼在其著作《分享经济：用分享制代替工资制》中首次提出"分享经济"。作者在书中指出，分享制度早在工业化前的农业中就已经出现，表现为雇用劳动力获取劳动报酬的分成制；工业化时期，英国煤炭工人和钢铁工人的收入直接与企业产出物的价值相联系，这种支付方式在英国钢铁行业一直延续到第二次世界大战时期。除此外，古典经济学家所说的不变工资基金、日本的利润分享制度或基本工资加部分经营分享的混合制度等，大都是从所有制角度，以分享方式对生产经营成果进行分配的不同形式。魏茨曼进一步指出，资本主义国家"滞胀"的根本原因在于工资制度不合理，必须用分享制取代工资制。由此可见，分享经济在西方最早是从所有制角度观察的。

20世纪90年代以来，专门以促成闲置物品交易为目的的平台企业如eBay等开始出现。进入21世纪，得益于互联网、大数据、云计算等现代信息和数据处理技术的快速发展，传统的消费模式尤其是分享方式发生了明显变化，消费者可以在无须拥有所有权的情况下，通过合作的方式与他人共同享用产品和服务，分享经济的发展浪潮由此掀起，从最初的所有权让渡到使用权分享，再到当前对社会闲置资源的重新优化配置，从最初的汽车、房屋分享，迅速渗透到金融、餐饮、众创、空间等多个领域。使用但不拥有，分享替代私有，分享经济已成为以协同消费、协作经济、点对点经济为特征的一种全新的商业模式。

二、分享经济对现行统计带来的挑战和机遇

作为新经济的重要内容，分享经济与传统经济模式在很多方面都存在明显差异，正是因为这些差异的存在，现行统计如何准确反

映分享经济的发展及其影响面临着诸多挑战。

（一）生产统计及核算范围明显拓宽

在传统的经济模式中，企业是产品和服务的生产者和提供者，因此现行的统计调查是以法人单位和个体经营户为调查对象。但在分享经济条件下，个人越来越多地成为产品的供应者和服务的提供者，如何将数量庞大、高度分散、流动性强且规模很小的个人生产经营活动纳入生产统计，是一个难题。进一步，在行业和总量等层面，如何对个人生产活动的产出和价值予以核算，并与现行统计核算框架进行对接，同样是需要深入研究的理论和实践问题。

（二）消费与投资行为的边界日趋模糊

在分享经济模式下，个人购买的某些消费品（比如小汽车）因与他人的分享而不再是单纯的消费品，而是具有消费和投资的双重属性，这一变化使得传统居民消费与投资之间的边界日趋模糊。

（三）价格统计仍需改进

分享经济模式下配置的资源因其是闲置期间使用效率的再释放，其价格一般低于传统的产品和服务价格。由于分享经济模式下的交易价格在现行价格统计中并未得到充分反映，因此可能会造成价格指数的高估。在分享经济模式下，许多物品、服务（如信息咨询、影视作品）都是免费的，如何计价也是需要研究的。

（四）对就业和收入统计的要求更高

分享经济的出现在拓宽就业渠道的同时，也增加了居民收入来源。尽管现有的劳动力调查和居民收支调查能够涵盖通过分享经济实现的就业和获得的收入，但由于并未对此与传统的就业和收入进行区别统计，因此，基于现行统计衡量分享经济对就业和收入的影响比较困难。

同时，分享经济的发展也倒逼统计方法制度改革。一方面，分享经济发展正在并将继续给传统的生产、生活方式带来巨大变革，这有利于分享经济统计问题研究，探索将分享经济纳入生产统计及核算的方法和途径，构建更为完善合理的价格、就业、收入等统计调查体系。另一方面，在统计上如何客观和准确地反映分享经济的发展及其对经济社会发展的影响，是当前世界各国统计领域普遍面临的难题，努力研究并推进分享经济统计，为中国统计加强与世界统计的交流合作、提升中国统计的国际影响力提供了一个重要平台。

三、分享经济的统计界定和核算

（一）概念

通过梳理分享经济的发展脉络，我们将分享经济定义为：经济主体通过互联网平台分享闲置资源，以低于专业性组织者的边际成本提供服务并获得收益的经济现象，其本质是以租代卖，资源的所有权与使用权分离。

需要指出的是，无偿分享闲置资源使用权的活动虽属于分享经济的范畴，但由于其并不产生新的价值和收入，因此暂不作为分享经济的统计内容，这还需要从理论上进一步研究。

与传统专业租赁相比，分享经济是所有权方依托互联网对闲置资源的整合利用，而专业租赁是所有权方为获取经济收益而专门经营租赁业务的经济行为。两者虽同为所有权与使用权的分离，但让渡的是否为闲置资源的使用权是区分两者的重要依据。例如汽车出租、商铺出租、专用设备出租等传统租赁，被出租的资源并非所有权方的闲置资源，所有权方的主要目的是通过租赁资源获取经济收益。即便专业租赁业务通过互联网实现交易，如网络预约出租车，也不能将其归为分享经济。

与电子商务相比，分享经济虽同样依托互联网进行交易，但其仅是让渡一定时期的使用权，所有权并不发生转移，而电子商务是所有权的买卖交易，使用权连同所有权在买卖双方间同时转移。

（二）统计范围

根据分享经济的概念，并考虑统计的可行性，目前，分享经济的统计口径确定为：借助互联网平台实现的、以货币形式有偿让渡闲置资源使用权的交易活动。这一统计口径能够保证相关统计"不重复"，仅限于闲置资源，从而排除了基于互联网的传统专业租赁；仅限于使用权交易，从而排除了网络购物、网上商城等电子商务交易。

基于上述统计口径，对分享经济的统计应以分享经济交易活动为核心开展，将分享经济的调查对象界定为参与分享经济活动的分享平台和交易主体。互联网分享平台直接关联到交易主体和分享对象，通过对分享平台的调查，既能掌握分享经济交易主体、交易内容、交易规模、价格水平等信息，也能掌握分享平台的经营发展状况。就交易主体的调查而言，通过对使用方的调查，可获取使用方的消费支出信息；通过对所有权方的调查，可获取所有权方的兼职和所获取的经济收益等相关数据。

对不是以货币形式无偿让渡闲置资源使用权的活动，暂不进行统计和核算。

（三）模式类型

为了反映分享经济在不同领域的发展情况和不同交易主体的参与程度，可从交易内容和交易主体两个角度对分享经济进行初步划分。

按交易内容的不同，可将分享经济划分为六种类型：产品分享，如汽车、设备、服装、玩具等；空间分享，如住房、办公室、停车位、土地等；知识技能分享，如智慧、知识、能力、经验等；劳务分享，主要集中在生活服务行业，如众包；资金分享，如P2P借贷、产品众筹、股权众筹等；生产能力分享，主要表现为一种协作生产方式，包括能源、工厂、农机设备、信息基础设施等。

按交易主体的不同，可将分享经济分为四种类型：①个人对个人（C2C）。个人作为资源供需双方利用分享平台直接对接，所有基于互联网平台的 P2P 分享均属此类。②个人对企业（C2B）。个人通过分享平台向企业提供劳动、资金等资源，主要表现形式为众包、众筹。③企业对个人（B2C）。通过分享平台，企业可以将厂房、设备等闲置生产能力整合后提供给个人使用。④企业对企业（B2B）。企业与企业通过分享平台分享闲置资源，实现协作共赢。

（四）统计方法和数据来源

由于分享经济与传统经济模式的显著差别，现有统计方法和数据搜集渠道还不能很好地适应分享经济的统计需求，将进一步改进统计方法，扩展数据来源。

一是基于"三新"统计开展分享经济平台专项调查。国家统计局目前已出台《新产业、新业态、新商业模式专项统计报表制度》（以下简称"三新"统计），分享经济作为新经济的重要内容，虽然在"三新"统计中有所涉及，比如其中的众包、众筹以及互联网金融中的 P2P 借贷均属于分享经济的活动内容，但分享经济的其他内容并未包括在内。下一步在现有"三新"统计制度的框架下，通过对接或新增调查内容，建立分享平台专项统计调查。例如分享经济平台交易情况调查可与"三新"统计中的重点网上交易平台交易调查对接；由于"租赁分享"与传统的"买卖交易"属性不同，对重点网上交易平台设置是否为参与分享经济的属性指标，在加以区别后进行调查内容的整合。

二是在常规统计调查中增设新的调查内容。对于分享经济交易主体的统计，针对不同交易主体设立专门调查的难度较大，研究与现行的企业调查和住户调查结合，在企业统计报表和住户调查问卷中增加与分享经济相关的统计指标，由此获取反映各类主体参与分享经济程度，通过分享经济产生的就业、收入、消费支出等统计信息。

三是充分利用大数据技术拓展数据来源渠道。将进一步完善网络交易平台统计，同时探索研究利用大数据技术拓展数据来源。目前网络爬虫技术已成功运用于英国和荷兰等欧洲国家的价格统计，英国统计局还与社会企业联盟（SEUK）达成协议，通过网络爬虫技术和互联网交易平台的应用程序编程接口（API）直接使用相关商业数据对分享经济进行研究，这为我们提供了可能的经验借鉴。

四是探索分享经济增加值的核算方法。分享经济活动具有典型的跨行业、跨领域特征，行业属性模糊，对分享经济增加值的核算非常复杂，目前国际上对于如何核算分享经济的问题也未达成共识。下一步继续加强对分享经济概念等的研究，明确提出分享经济的统计范围和分类标准，在此基础上，探索基于加强分享经济平台专项调查、改进企业调查和住户调查，以及利用大数据等，进一步改进和完善分享经济增加值的核算方法。

分享经济的混合体制特征剖析

国家行政学院　丁元竹

较早关注网络社会兴起及其对世界变革意义的是社会学家。20世纪 90 年代，曼纽尔·卡斯特已经预见到网络社会的兴起及其对未来世界的影响，他当时写道："新信息技术正在以全球的工具性网络整合世界。以计算机为中介的沟通，产生了庞大多样的虚拟群体。"他预见到了"虚拟社会"的出现。这是一个被社会学长期视为与社会组织、社区不一样的新的社会形态，我国学界和政策制定部门都将其称为"虚拟社会"。随着"微博"、"微信"等通信、传播和沟通工具的出现，人们不再简单地将网络社会视为虚拟社会，就像人们在慢慢改变对网络平台的非实体性看法一样，也在形成对由网络形成的社会组织形态的新的认识。

人类总是喜欢用已有的思维方式和理论框架解释新出现的事物。"旧瓶装新酒"是人类难以摆脱的路径依赖。既定的路径不仅是一种思维习惯，还基于长期形成的法律、法规等正式社会规范，以及约定俗成的非正式社会规范。突破原有的路径既要创新思维方式，还要进行体制改革，在任何时代，这并非易事。曼纽尔·卡斯特还预见到了"网络企业"的出现对就业、工作方式的影响，他写道："网络建构了我们社会的新社会形态，而网络化逻辑的扩散实质性地改变了生产、经验、权力与文化过程中的操作和结果。"分享经济日新月异的发展正在验证卡斯特的预见。

尽管学术界仍有人不看好分享经济，认为 20 多年前就有人提出这个概念，至今它也没有发展成为支柱产业。但须看到，时过境迁。20 年前，人类何曾预见到今日移动互联网势如破竹，谁又能预见到年轻人离开手机不能预约出租车和"专车"、"快车"等交通工具？谁又曾预见到年轻一代很少去实体店购物？毫无疑问，分享经济发展的外部环境已经与 20 年前大不一样。在新的历史条件下看分享经济，需要新的视野和心态。

一、分享经济的产生、含义与特征

分享经济（Sharing Economy）的产生有其复杂的经济、社会、环境等原因，它出现于 21 世纪初期，主要因由是经济萧条、技术进步、人口增长和资源压力。人们常常引用的经济学中有关"公地悲剧"的理论可以说是对分享经济的另外一种解释，或者说是对这个问题的理论上的学术表达。

（一）分享经济产生的综合原因

近年来，各国政府对分享经济都给予了高度重视。为促进经济发展，英国政府在 2015 年的政府财政报告中列入支持发展分享经济的财政支出，旨在为英国的投资、创新、经营创造一个良好的环境。随着分享经济在德国的快速发展，德国政府已经意识到这个新兴业态将给经济增长注入新的活力，当然也带来了一系列的挑战。德国政府正着手通过立法来引导分享经济的发展。德国政府将着眼于确保分享的公平公正，保护消费者的利益不受损害，保护消费者的权益和劳动者的权益，确保公平竞争等。

中国政府高度重视分享经济的发展。2015年10月，党的十八届五中全会通过的《中共中央关于制定国民经济和社会发展第十三个五年规划的建议》中要求，实施"互联网+"行动计划，发展物联网技术和应用，发展分享经济，促进互联网和经济社会融合发展。2016年3月，李克强总理在《政府工作报告》中要求"促进分享经济发展"和"支持分享经济发展"，要推动新技术、新产业、新业态加快成长，以体制机制创新促进分享经济发展，建设分享平台，做大高技术产业、现代服务业等新兴产业集群，打造动力强劲的新引擎。在国家经济发展进入新常态、国民经济转型升级进入新阶段的时期，推动分享经济发展意义深远。

分享经济发展迅速，成果显著。2015年初，德国提供分享汽车服务的150家服务商有100多万人注册，服务遍及德国490个城市。据预测，5年之内，德国参与此项目的汽车数量将达到200万辆。

分享经济的产生有其技术环境。在当今经济和人们的日常生活中，大量可使用的信息技术和社会媒体已经成为主流。人们可以非常容易地建立社会网络和直接互动的组织形式。这些信息技术包括公开的数据，随手可得、成本低廉的智能手机等。技术发明及其进步戏剧性地降低了分享经济及其组织模式的隔离程度。

自然资源的快速消耗也加速了分享经济的出现。继发达国家繁荣和拥有较高消费水平后，有着巨大人口规模的发展中国家的迅速繁荣给自然资源带来前所未有的压力，引起环境生态成本的上升和资源市场的波动，增加了传统制造业在设计、生产和配送等方面的压力。在这样的背景下，许多全球型企业开始高度关注循环经济的推广和发展，大量探索性、环境保护导向的企业纷纷出现，引领潮流，通过网络经济来适应新形势。它们使用网络技术，包括数据的收集与分享、最佳实践传播来提升企业间、社会组织间以及政府间的合作水平。

分享经济通过动员闲置资本重新形成价值，使之增加生产者收入，提高消费质量，推动国家经济增长和改善人民福祉，减少负面环境影响，增强社区纽带作用，促进社会融合。通过租借和循环，节省项目成本，分享经济为那些无力支付或不想长期拥有的人提供所需要的服务和产品。通过分散化、消除准入障碍，以及自组织等手段，分享经济可提升运营的独立性、灵活性，实现自力更生，提升社会成员参与治理的水平和能力。分享经济还可以在全球城市范围内加速实现可持续的消费和生产，成为个人和企业家创新的催化剂。

通常衡量一个国家的经济速度和规模是看 GDP，与人们的生活质量并无必然的关系。经济增长会产生许多变化——收入分配、环境污染、生态破坏，乃至整个经济体制变革，结果是好是坏，没有绝对的标准。分享经济使整个社会感到受益。越来越多的人感到滴滴出行给人们的出行带来很多便利，这既包含了经济效益，也包含了社会福祉。

当然，经济增长对于国家非常重要，因为税收直接关系到国家地位、国家能力，尤其是大国，没有一定的经济增长就不可能确保军事竞争力和科技竞争力。对于政治家和国家来说，经济增长意味着更多的税收、更多的国民收入和更强大的国际地位。

（二）分享经济的核心是动员过剩产能和闲置物品

分享拥有悠久的历史，而且含义也丰富多彩。但在现代意义上讲分享经济，其最典型特征是将过剩产能和闲置物品充分调动起来，实现物尽其用。当今世界，人类的基本需求，从衣食到住行，都在被互联网改造着。互联网使人类由消费者变为消费的提供者，并挑战约定俗成、天经地义的经营模式和经济体制。人类已经习惯于不断地扩大生产规模和不断地占有物品这样一种经济模式，而很少去设想改变它。例如，为什么人们必须拥有自己的汽车，而实际上自己拥有的汽车在大部分时间里并不怎么用得上——绝大部分时间里是停放在自家或工作机构的车位上。可以想象一下，多伦多的五大湖边、纽约港湾的船坞里停泊的大量的私人游艇，它们出海的频率又是那么低，船主们占有这些船只以获得心理上的满足感和幸福感，甚至将其视为上流社会的象征。这是人类自古以来形成的基本心理特征。延伸到眼前，国人以拥有数套住房，尤其是在郊区拥有别墅而获得满足感和幸福感不也被视为自然而然的吗？

分享使产品的使用（Usage）与所有权（Ownership）发生分离。在计算机和互联网文化领域，分享是指分配和提供数字储备信息，诸如计算机软件、多媒体、文献和电子书等。从前，人们需要到书店或音像出版机构购买音乐光盘或录音带，现在可以在网上观看、欣赏就可以了。"分享"也常常被宗教界使用，如教堂中人们分享食品，有时是每个参加的人都贡献各自的一份，大家一起分享；有时是少数几个人贡献，大家一起分享。分享是人类互动的基本方式，它承担加强社会纽带的作用和改善人类福祉的使命。

分享经济有时也被称作合作消费（Collaborative Consumption），是一种介于所有（Owning）和馈赠（Gift Giving）之间的混合经济模式，基于点对点（Peer to Peer）的产品和服务分享，通常通过线上社区服务来实现。目前涉及的领域有住宿、物流、交通、服务和音像制品等。

在形式上，分享经济包括：替换（Swapping）、交换（Exchanging）、集体交易（Collective Purchasing）、合作消费、分享所有权、分享服务、合作化企业（Co-operatives）、循环使用、二手产品交易、出租、借出、合作经济、循环经济、现用现付经济（Subscription Based Models）、个人对个人出租（Peer-to-Peer Lending）、小额金融、微型企业、社会媒体、聚联网（the Mesh）、社会企业、众筹、众包、开源数据、公开数据、用户原创产品（User Generated Content，UGC），等等。

从分享主体上看，分享经济包括个人、企业（包括平台）、社会组织为各类市场和社会主体提供最优化的信息资源，使其可及、便利地使用产品和服务。

（三）分享经济的产权、交易和技术特征

分享经济的前提是，当产品信息被分享，无论对个人、对企业，还是对社区来说，这些产品的价值都是增加的。在 Airbnb 中，房屋的主人获得收入和人际交往的快乐，房客节省了支出，并获得了不同于酒店的经历和体验。分享消费是现代经济制度安排的方式之一，在这种制度安排中，参与分享只是为了消费产品或服务，而不是为了拥有。

具体说来，分享经济具有四个特征。一是对消费者行为来说，许多产品和服务由所有权转变为分享。成立于 2008 年的 Airbnb 到 2015 年已经拥有超过 2300 万的用户，平均每晚客流量高达 42.5 万人，比酒店业的巨头希尔顿集团全球日客流量高出 20%。Airbnb 估价已高达 255 亿美元。二是线上社会网络和电子市场很容易把消费者联系在一起。根据 PWC 的分析报告，截止到 2014 年底，美国、英国、加拿大分别已经有 1.2 亿人、3300 万人和 1400 万人参与了分享经济。三是移动设备和电子技术使分享产品和服务更加方便。也许可以将分享经济视为一种继续使用的资产处置方式，通过建立共同体，将消费者变为提供者，来激活绝大多数资源和创新各种各样的经营模式。如今，一些人对于分享经济仍然心存争议。业界人士和学术界的一些人士认为，若是要大家把自己的物品拿出来分享，需要一定的动员或激励机制。四是几乎所有有关幸福问题的研

究都发现，人们越来越注重体验以及通过体验获得的喜悦，而不是关注购买或拥有某些东西。年轻人更是热衷于体验，这大大刺激了体验经济的发展。不论从业者受到何种训练，一旦他们直接与客户接触，会心旷神怡、倍加愉悦。顾客也会心情舒畅。

  从宏观经济的视角看，分享经济是一种混合市场模式。从微观经济视角看，分享经济包括各种各样的构成，诸如营利的、非营利的、物物交换以及合作社式结构。分享经济提供了拓展的产品、服务和知识，超出了个人对个人、单一的所有权，有时也指"放弃所有权"。作为买方和卖方、出租方和租借方，公司、政府、个人都参与到了这些变化和进化的组织结构中。分享经济会制造一批胜利者，也将产出一批失败者，如房屋所有者胜出、旅馆所有者败北，互联网专车胜出、出租车败北，等等。推陈出新是历史必然，这不仅发生在以上领域，也发生在所有领域，高铁撼动了国内航空业的霸主地位已经是不争的事实，只不过它没有像出租车那样引起人们的高度关注而已。现实中的矛盾，甚至是冲突，从局部看是问题，从全局看是趋势。

二、分享经济的混合制度分析

  分享经济是一种混合经济制度。从传统意义上的所有权来说，它把所有权和使用权分离又合并，形成分享体制机制；从交易模式上看，它把面对面、点对点交易的过程有机结合起来；从社会内容上看，它把商业价值、社会价值有机结合起来。之所以这样，分享经济的发展基于三大原则。

（一）人是分享经济的核心和灵魂

分享经济是以人为中心的经济，这里的"人"，是指那些广泛参与社区和社会活动的社会成员。分享经济的参与者是个人，也可以是社区、公司、组织、群团等，换句话说，是所有高度嵌入到分享体系中、有所贡献或有所收益的产权所有者和组织者及使用者。"人"是产品和服务的提供者，也是创造者、合作者、生产者、合作生产者、批发者或再批发者。在分享经济中，"人"创造、合作、生产和批发点对点、个人对个人（P2P）的产品和服务。在分享经济中，微型企业精神受到高度称赞，因为在微型经济中，人们可以根据绑定的合约，开展点对点的交易。在一定的经营范围内，拥有者、雇员和客户，都会因为他们的观点、思想受到高度肯定，并被纳入到各级供应链、组织和经营模式中。在分享经济中，信息和知识是分享的、公开的和人人可及的。高质量和公开的交流是分享经济体制的核心，因为它关乎信息和物品的流量、经济效益和可持续性。分享经济的基本工作是关于分配、知识、智慧的沟通，并使参与这个过程的个体、社区、组织非常容易接近、获得和使用物品和服务。技术和社会网络能够使沟通流量加速，信息广泛分享。在教育领域，通过沟通可以使人们更加容易接近知识、技能。促进分享"更多的信息"是分享经济的核心和灵魂。社交网络恰恰起到了这样一个作用，它与经济活动密切相关，打破了传统意义上的"经济"界限。

CHAPTER 03
理论篇

分享经济创造了一个以社会共同体为基础的文化氛围：健康、幸福、信任和可持续性。分享被视为一种积极的象征，参与分享的人受到社会的尊重、鼓励和重视。可分享的生活方式是人类的优秀文化和传承，应当受到推崇，分享文化渗透到各个部门、区域、经济、性别、宗教和民族中。多样性受到尊敬，不同群体之间的合作受到称赞和鼓励。分享和合作被视为连接各个层级的生命线，从个体，到邻里社区，再到国家，甚至到跨国界层次。资源分享是分享社会经济制度的一部分。在分享经济中，外部性总是被认可和整合，经营总是立足于最有效的资源利用和合作经营文化。分享经济囊括了人们经常讨论的社会创新模式，诸如自觉经营、社会经营、可持续经营、合乎道德的经营、社会企业、为了未来的分享经济经营等。占主导地位的分享经营模式包括以可及性为基础的模式、服务、认购、租赁、合作、点对点模式。颠覆性创新、创意企业、微型创业等，它们都是分享经济的共同趋势。

（二）开放性和可及性较强的产品

在分享经济中，对于那些想生产和想消费的人来说，产品和服务是开放的、便于接近的。互联网技术和网络能够使产品和服务通过集群的方式一起运作，并超越地理限制得到使用和消费。环境友好型的地方产品受到人们的推崇。3D 打印技术提供了更有地方性的产品、更短的服务供应链，提高了效率和可及性。分享经济的社会责任（Social Responsibility）非常明显，公共服务可以（包括社会支持）通过合作生产实现——在各类角色扮演的全社会范围内展现，诸如家庭、朋友、地方社区、慈善组织、社会企业、商业界以及政府，等等。分享经济既具有营利性机构的特征，也具有非营利性机构的特点。评价它的成功程度不仅要看其创造的利润多少，也要看其创造的社会价值。一个分享自己汽车或者住宅的人，既是为了增加自己的收入，也是为了地球的持续发展，并在这个过程中结交朋友，感受友情，享受文化。当然，每个分享者的动机不尽相同。

分享经济是一种集各种交易、激励和价值创新的混合经济体，其中，价值不仅仅是指货币价值，也包括经济、环境、社会价值等。分享经济体制可以接受各种相互替代的货币、地方货币、时间银行、社会投资和社会资本。分享经济基于物质、非物质或社会回报，鼓励最有效地使用资源。资源通过有效和公平的制度，在地方、区域和全球范围内被分配或再分配。所有权模式，诸如合作的、集体的交换和合作消费促进了资产的安全和公平分配，在全社会范围内实现了资源的有效使用。

分享经济混合的激励机制能够鼓励和激励更多的人积极参与社会经济活动。在一个地方被视为"废品"的东西，在另外的地方是有价值的物品，分享经济能够使"废物"重新配置到有需要的地方，并物尽其用，再现价值。闲置资源根据需要者的需求被重新配置或交易，形成一个有效的、公平合理的循环系统，产品循环、升级回收和分享。根据分享经济的原则，"废物"只是放错了地方的资源，或者叫做"沉睡的资产"，只要合理配置就能够对个人、社区和公司产生效用。

（三）分享经济中的复杂权利结构及其未来趋势

分享经济授权社会成员能够在经济和社会领域重新分配权利，在地方、国家和全球各个层级上，经济和社会依赖于公开、分享、社会再分配、公共治理过程。这个强有力的经济体制能够促进公开化，分享机会，使权利更加可及，从而促进收入分配制度的完善，减少不平等和消除贫困，鼓励人们成为积极的社会成员，深深参与到他们的社区和所处的环境中。

在分享经济中，法律制定的机制是民主的、公共的和具有可及性的。规则、政策、法律和标准的产生往往基于人们在各个层次上参与到公共治理的过程。法律和政策制定能够推动和刺激居民、社区和公司之间的分享实践，如汽车分享、点对点交易，以及形形色色的资源分享等。法律、政策、机构以及设施创造了一个包含保险、担保、社会定级、信誉资本在内的信任体制。

分享经济把人和地球置于经济制度的核心。价值创造、产品和分配把可获得的自然资源在协同效果前提下，在和谐的环境中使用，而不是以牺牲地球资源为代价，在不破坏环境的前提下，在人与自然的和谐中，推动人类生活的欣欣向荣。环境责任，包括环境负担是在人群、组织和国家政府之间分享的。分享经济中的物品和服务被设计为可持续性，而不是可淘汰性，不仅能够实现资源的重复使用，而且会对地球产生积极的影响。例如，不是通过碳减排简单地减少负面影响，分享经济要生产对环境和生态有积极作用的产品和服务，像"从摇篮到摇篮（C2C）"或者是循环经济模式。

分享经济是基于长远考量而建立的、强力有利的、可持续的经济体制，它总是把当前行为的影响与未来发展联系起来，更着眼于未来。考虑到长远影响和可以预见未来的"大视野"，分享经济代表了一种稳定和可持续的经济制度。系统思考和系统探索各种变化对于实现分享经济的发展至关重要。毫无疑问，技术进步已经为分享经济发展提供了条件，而且它已经在许多领域应用了，很多人将参与分享经济视为第二职业或为了孩子而增加收入，或采取灵活就业的方式。但是，一旦人们将其作为收入的唯一工作来源，福利和社会保障问题都将会被提上议程，并需要着手改革和完善现行的社会保障体制。

三、分享经济的社会基础分析

分享意味着将自己拥有的物品分享给所有的人使用，它需要雇主拥有开放、包容和诚信的心态来对待客户，对于客户也是如此。分享经济不仅构建了一种新的经济组织形式，也构建了一种新的社会组织形态和社会秩序。它的发展离不开诚信制度。

（一）分享经济意味着社会价值的发展和培育

信任是分享的前提。现实生活中，分享行为不是发生在两个与世无争的行善者之间，而是发生在人们为获得自己需要资源的交换系统中。由于互联网的介入，人们不必见面就可以交易。南美的 Airbnb，房东把家里的钥匙放在约定的地方，房客住宿后把房费放在门口的篮子里，双方不曾见面，这个交换系统以信息系统为工具，以信用为基础，这是何等的社会体制！所以，分享经济既是一个经济系统，也是一个社会系统，又是一个信息系统，还是一个价值系统。传统意义上的社会学研究的社会交换系统，往往关注社会交换系统中的经济和社会特征。随着电子货币的出现，分享过程中的交换价值、交换媒介以及计量单位电子化了，而不是通常意义上的纸币。在无现金的分享过程中，信任的本质与使用纸币的状况完全一致。

在已有的国际文献中，分享经济与人们经常讨论的社会创新的概念，诸如社会经营、社会责任等密切相关，这自然要求我们探索分享经济的社会价值基础。分享经济的发展意味着社会价值的培育，它是指一个社会所拥有社会规范，包括公平、正义、友爱、善良、忠诚、勇气、正义、怜悯、仁慈、感激、谦虚、宽容、真诚、勤奋、坚韧、积极、乐观、礼让、勤俭等基本行为规范，这些，都是分享经济的社会价值所要求的，也是一个健康社会所必须具备的。一个社会拥有社会价值，就是要让社会有一点自己的空间，不能完全把社会领域市场化，社会领域中好多问题是不可以简单地用市场手段解决的。比如说，到医院看病要排队，引入市场机制的解决途径通常是，有钱可以优先排队，享受VIP待遇，没有钱就必须排队，从社会价值的角度来看，这都是不公平的。就人的本性来说，人是利己主义和利他主义的综合体，人的骨子里包含着二者的基因。关键是作为个体和集体的人们处于什么样的环境，好的社会环境可以使二者平衡发展，坏的社会环境可能使利己主义走向极致，或者就是人们通常所说的精致的利己主义。用社会价值的理论，可以解释人除了追逐个人利益之外还有利他主义的行为需求，否则就没有办法解释历史上的慈善行为和志愿行为。这也是历史的规律和社会的规律，分享经济当然也离不开这一价值取向。分享经济依赖于使用者和提供者的意愿，但是，为了实现交换，双方都必须值得信赖。

（二）人性中的社会价值基础

人具有两面性，利己主义和利他主义，从古至今，不可能存在单面人。"任何人都很清楚，人并非只带着善意而活着。在人的心中的某个地方，潜伏着一些负面的情感，如恶意、嫉妒、情结、怨恨、愤懑、憎恶等。"人的两面性得到什么样的展示，取决于制度和社会环境，换句话说，好的制度可以使人的社会价值得以展示，坏的制度会使人性恶表现得淋漓尽致。理解当代美国的志愿精神和慈善事业，可以追溯到早期美国的历史。"早期的美国人却把'公共美德'看成人类性格成熟的一种特殊品质，非常类似于黄金法则。"在美国历史和现实中，道德存在于日常生活之中。当时的人们认为："美德必须被赢得，必须被了解。美德不是人性中一种不变的品质。它必须不断地被培养，一小时一小时、一天一天地被运用。建国者们指望家庭、学校与教会去点燃代代相传的道德火种。""美国是由移民构建起来的人工国家，不具有前近代的历史，建国的理念就原封不动地成为这个国家的传统了。"后来，美国的社会部门（也有人称其为第三部门）发展非常之大、速度之快、主体之多元化，非其他国家能够比拟。当然，不同之处在于，社会组织是以社会目标为导向的，社会企业家需要使自己的社会使命内化于心，分享经济的经营者则完全没有这样的职业要求，但是，分享经济的特点决定了企业家们必须具有社会企业家的心态。

讨论分享经济的社会价值，人们对于纯粹意义上的交换还心存质疑，包括对古典经济学的创始人们的观点。"但交换的视线，靠的是人类善意的乳汁，还是人类追求自利的酸液呢？曾经有个叫做'亚当·斯密问题'的德国哲学之谜，声称在亚当·斯密的两本著作里存在矛盾。一本书里说，人类天生就具备同情和善良的本能，另一本书里则说，人类主要是靠追求自利来推动的。"亚当·斯密的撕裂性思考是现实中人们行为和内心撕裂的理论展示。为了解释人类社会的分工现象，他必须承认人类需要他人的善意帮助，但单凭善意，人类又无法得到这样的帮助，必须具有自利心。他总是在人们的善意行为之后去寻求功利性。就连早期的功能主义，例如，弗雷泽也试图从南太平洋岛上的部落居民的礼品交换中寻求经济企图和社会目的。"斯密对这一难题的认识是，仁爱和友谊是必要的，但要让社会正常运作，这些还不够，因为人'随时都需要很多的合作与帮助'。"这似乎是那个时代经济学研究的一条路径，要研究商品就必须研究交换，研究交换就必须研究分工。恩格斯在其著名的《家庭、私有制和国家的起源》一文中也分析了从氏族社会到奴隶社会演进过程中，私有制出现的历史，"最卑下的利益——无耻的贪欲、狂暴的享受、卑劣的名利欲、对公共财产的自私自利的掠夺——解开了新的、文明的阶级社会；最卑鄙的手段——偷盗、强制、欺诈、背信——毁坏了古老的没有阶级的氏族社会，把它引向崩溃"。这些，对于所有制的理解和解释就与我们以往的认识衔接起来了。恩格斯研究家庭、私有制和国家的起源也是从各个民族和氏族的历史文献着手的。马特·里德利研究后发现，一些社会擅长创造信任感，而另外一些社会却难以做到，挪威社会比秘鲁社会有一套设计更精当的激发信任的制度。这背后涉及文化、历史、地理环境、经济发展水平以及现行的法律。

（三）理想社会的价值基础

世界著名管理学大师亨利·明茨伯格对于理想社会做出了自己的定义："可以用坐在一张有着粗壮的三条腿的凳子上来描述一个平衡的社会：一个拥有受人尊敬的政府的公共部门来给民众提供许多保护（比如治安及监管）；一个拥有责任的企业的私营部分来供应我们所需要的很多产品及服务；还有一个源自强盛社区的社群领域，从中能找到许多我们的社会归属。"尽管明茨伯格在这里没有谈及分享经济，但是，他这里讲的企业是具有社会责任的。人民对于政府的爱戴源自政府能够为人民服务和保护人民的利益与安全，市场的责任是提供人民需要的产品并确保产品的质量，健康的社群要求人们能够从中得到精神上的慰藉，三者缺一不可。

社会团体本身须有自己的文化和核心价值，即向善的力量。社交网络中的各个圈圈各不相同，有的正能量十足，有的缺乏正能量。健康的社会需要培育具有正能量的社会团体，"因为是一件正确的事而去做，这样产生的决心并不是因为政府让我们做或者市场的诱导，让社团生活成为一种向善的力量，并且为变革提供动力"。好的社交网络就发挥了这样的作用。"社群力意味着如何将人们聚拢在一起以合作的关系开展工作。在我们每个人作为个体和社会中的我们所有人之间，是我们群体性的天性：我们是需要归属与认同感的社会动物。"公共领域也有自己的价值和文化，分享是其主要特征。"公共财产与社群领域相联系，是公共的；分享，而不是占有。"正在兴起的分享经济需要分享的文化价值，这是经济体制进化的一个新的阶段。资本主义需要新教伦理，分享经济需要新的价值取向，这是当下的人们难以绕过的理论问题。理论是灰色的，实践之树永远是常青的。

分享经济的形成与特点

天津大学管理与经济学部　赵道致

天津财经大学经济学院　张进昌

天津大学管理与经济学部　郝家芹

一、分享经济发展背景

在信息技术特别是移动互联技术的推动和各国政府的积极引导下，分享经济在全球得以快速发展。自民居分享业务平台 Airbnb 于 2008 年在美国上线以来[1]，汽车分享业务平台 Uber 于 2009 年开始投入运行[2]，之后，各类分项业务平台迅猛发展。在我国，有面向出行交通服务和旅行住宿分享服务的滴滴出行与小猪短租[3]、提供科技知识分享传播的服务果壳网和猪八戒网[4]、提供加工制造与服务能力分享的航天云网和

1　https://zh.airbnb.com/about/about-us.
2　https://en.wikipedia.org/wiki/Uber_(company).
3　http://didichuxing.com/; http://www.xiaozhu.com/.
4　http://www.guokr.com/; http://www.zbj.com/.

CHAPTER 03
理论篇

淘工厂[5]等新兴分享业务平台，本书案例部分也列举了我国 20 余家有代表性的分享业务服务企业。这些以分享经济为特征的创新创业企业的案例表明，分享经济正在以不可遏制的速度如雨后春笋般迅速蔓延和成长，正在成为最活跃的创新领域。

据国家信息中心分享经济研究中心于 2017 年 2 月 28 日发布的《中国分享经济发展报告 2017》[6]中的数据显示，2016 年我国分享经济市场交易额约为 34 520 亿元，比上年增长 103%；共有 6 亿人参与，比上一年增加 1 亿人。生活服务、生产能力、交通出行、知识技能、房屋住宿、医疗分享等重点领域的分享经济交易规模共计达到 13 660 亿元，比上一年增长 96%。这其中，住房分享市场交易额约 243 亿元，比上一年增长超过 131%，用于住房分享的房源数量约 190 万套，参与住房分享活动的人数超 3500 万，比上一年增长 1 倍以上；医疗分享市场交易额约为 155 亿元，较上一年增长 121%，参与提供服务的人数约 256 万，参与医疗分享活动的总人数超过 2 亿。报告预测，未来几年，我国分享经济将保持年均 40%左右的高速增长，到 2020 年分享经济交易规模占 GDP 比重将达到 10%以上。未来 10 年，我国分享经济领域有望出现 5 家至 10 家巨无霸平台型企业。

面对分享经济的快速成长，我国政府给予了足够的重视，连续出台相应的政策，支持分享经济的发展。李克强总理在 2017 年 6

---

5 http://www.casicloud.com/.
6 国家信息中心分享经济研究中心. 中国互联网协会分享经济工作委员会. 中国分享经济发展报告 2017[EB/OL]. http://www.sic.gov.cn/archiver/SIC/UpFile/Files/Htmleditor/201703/20170302125144221.pdf. 2017.2

月 21 日刚刚结束的国务院常务会议上特别指出："适应全球新一轮科技革命和产业变革,发展分享经济,依托互联网平台对分散资源进行优化配置,化解过剩产能,培育壮大新动能,是推进供给侧结构性改革的重要举措……"[7]李克强总理在《2016 年政府工作报告》中指出："……支持分享经济发展,提高资源利用效率,让更多人参与进来、富裕起来。"[8]同时,报告中也指出："要推动新技术、新产业、新业态加快成长,以体制机制创新促进分享经济发展,建设分享平台,做大高技术产业、现代服务业等新兴产业集群,打造动力强劲的新引擎。运用信息网络等现代技术,推动生产、管理和营销模式变革,重塑产业链、供应链、价值链,改造提升传统动能,使之焕发新的生机与活力。"在《2017 年政府工作报告》中,李克强总理继续指出："支持和引导分享经济发展,提高社会资源利用效率,便于人们群众生活。本着鼓励创新、包容审慎原则,制定新兴产业监管规则。"[9]国家发改委高技术产业司于 2017 年 2 月 28 日发布了《分享经济发展指南(征求意见稿)》,在发展分享经济的"总体思路"中明确指出："以支持创新创业发展为核心,按照'包容创新,审慎监管,强化保障'的原则,允许和鼓励各类市场主体积极探索分享经济新业态新模式。"[10]

---

[7] 李克强主持召开国务院常务会议. 2017 年 6 月 22 日.
http://politics.people.com.cn/n1/2017/0622/c1001-29354608.html.
[8] 李克强. 2016 年政府工作报告. 2016 年 3 月 5 日.
http://www.gov.cn/guowuyuan/2016-03/05/content_5049372.htm.
[9] 李克强,2017 年政府工作报告. 2017 年 3 月 5 日.
http://www.china.com.cn/guoqing/2017-03/05/content_40412254_4.htm.
[10] 国家发展改革委高技术产业司. 分享经济发展指南(征求意见稿). 2017 年 2 月 28 日,
http://gjss.ndrc.gov.cn/ghzc/201702/t20170228_839601.html.

二、分享经济形成的内在动因和外部条件

（一）分享经济的概念

基于分享经济产生的实践背景及其引发的经济现象，许多专家从不同视角给出了分享经济的定义。

服务于分享经济参与人的公益企业平台"What is the Sharing Economy?"将分享经济定义为："分享经济是一种建立在人类资源、物理资源以及智力资源分享的基础上的社会化的经济生态系统。它包括产品和服务的创新、生产、配送、贸易以及消费过程在不同的人和不同的组织之间的分享。"[11]

我国代表性的分享业务服务平台滴滴出行的创始人程维和总裁柳青给出的分享经济的定义是："分享经济是指将社会海量、分散、闲置资源，平台化、协同化地集聚、复用与供需匹配，从而实现经济与社会价值创新的新形态。分享经济强调的两个核心理念是'使用而不占有'和'不使用即浪费'。"[12]

国家信息中心分享经济研究中心和中国互联网协会分享经济工作委员会于 2017 年 2 月出版的《中国分享经济发展报告 2017》指出："分享经济是指利用互联网等现代信息技术，以使用权分享为主要特征，整合海量、分散化资源，满足多样化需求的经济活动

---

11 Benita Matofska. What is the Sharing Economy?. [EB/OL] http://www.thepeoplewhoshare.com/blog/what-is-the-sharing-economy/.
12 程维, 柳青. 滴滴:分享经济改变中国[M]. 北京: 人民邮电出版社 2016..

总和。"[13]

英文牛津词典中对分享经济的解释是:"财产或服务在私有个体之间免费的或收费分享的经济系统,通常是利用互联网。"[14]

为了能够准确地定义和理解分享经济的概念,先要准确地解析分享经济的现象。从上述分享经济的实践看,分享经济中的"分享"是指将私有财产闲置的使用权与他人分享以获取收益的行为,而"经济"的本意是优化配置资源的行为。基于对分享经济业务实践的分析,分享经济的准确定义为:"分享经济指在移动互联网技术环境中,经济系统中的任意经济主体都能借助移动互联平台'销售'或'购买'资源的使用能力,以分享私有财产部分使用权的方式配置资源的经济形态。"分享的本质是分享私有财产(可以是生产设备或耐用消费品等有形财产,也可以是知识、服务等无形财产,也可以统称为资源)的部分使用权,目的是通过这些使用权的分享来优化配置资源,以增加相关经济主体的效用;分享的财产指可重复使用且能在使用中创造效用(价值)的资源。

(二)分享经济产生的内在动因

资源所有者通过资源的优化配置以获取更大的效用,这是理性经济人的本性。如果财产所有者可以将其财产闲置的使用能力以不伤害其财产所有权的方式与可靠的、有需求的另一经济人分享,并

---

[13] 国家信息中心分享经济研究中心,中国互联网协会分享经济工作委员会. 中国分享经济发展报告 2017. 2017.2.
[14] Oxford Dictionary. Shairing Economy[EB/OL] https://en.oxforddictionaries.com/definition/sharing_economy.

获得增加的效用，这种分享行为是必然会发生的。

将私有财产闲置的使用能力分享，所发生的边际成本可以低至近乎为零。[15]寻求低成本的资源使用效用（获得制造或服务的产出效用或消费的效用）也是理性资源使用者的优化决策目标。

因此，分享经济产生的内在动因是资源所有者和使用者通过闲置使用权分享的方式优化配置资源以获取收益最大化的冲动。

当然，上述内在动因被触发的前提是资源所有者存在资源冗余或闲置的使用能力。这个前提是分享经济产生的第一个必要条件。

一旦第一个必要条件和其他外部条件成熟，私有财产的所有者和使用者的这种内在冲动就会使得财产使用权分享的资源配置方式迅速蔓延。

（三）分享经济产生的外部条件

私有财产的部分使用权分享行为在传统经济中也经常出现，如邻里或朋友等熟人之间的私有财产的相互"借用"，或者租赁公司将生产设备或耐用消费品出租给客户使用，这些都是私有财产使用权的分享。然而，为什么上述这些私有财产使用权的分享并没有形成分享经济呢？

理性经济人的行为理论告诉我们，经济人与他人分享私有财产使用权的前提是使用权分享的过程中不会损害利益相关者的其他

---

15 杰里米·里夫金.零边际成本社会：一个物联网、合作共赢的新经济时代[M].北京：中信出版社,2014.

权益，特别是财产所有人的对其财产的所有权。这种在财产使用权分享过程中所有权的保全是建立在信任和制约基础上的，而这种信任和制约又是建立在由习惯形成的潜规则或契约等制度基础上的。当经济系统运行中尚未建立起任意参与人之间普遍的信任机制时，私有财产使用权的分享难以保证财产其他权利的完整，使用权分享的交易成本也会非常高，这就制约了分享私有财产使用权的交易成为一种普遍现象，也就不会出现分享经济。

CPS（信息-物理技术，物联网技术的高级阶段）和移动通信技术的快速发展使得耐用消费品和生产与服务设备可以方便地接入"互联网+"的云端，并经由专业化的提供分享交易服务的平台将其分散、碎片化的闲置的使用能力与分散、个性化的服务需求实现安全、便利的匹配和对接，进而实现市场内任意经济个体之间（P2P）的使用权分享交易。

显然，当物联网、移动互联网和CPS技术的发展和成熟，使得分散、碎片化资源的所有者和潜在的需求者能够便捷、可靠地通过资源整合平台获取资源信息、资源所有者分享资源使用权的意愿以及使用能力分享相关方的信息时，普遍的私有财产使用权的分享交易的外部条件就形成了，分享经济这一新的经济形态也就形成了。

因此，物联网、移动互联网和CPS技术以及分享交易平台的出现是分享经济实现的一个外部条件。上述先进的信息通信技术实现了分散、碎片化的资源"深度可视"和使用权分享交易的"便利可得"。

在公平的市场经济体系中，私有财产使用权的分享是一种自愿的交易行为，这种自愿交易是建立在 Pareto 改善的基础上的，即私有财产使用权分享应不侵蚀财产的其他权利，或使用权分享所获收益至少不低于对财产其他权利损害的补偿。使用权分享交易的产权保全和 Pareto 改善的制度保障是分享经济实现的另一个重要的外部条件。

综述所述，分享经济产生的三个必要条件是：

（1）资源所有者存在资源冗余或闲置的使用能力，即分散、碎片化剩余资源普遍存在。

（2）对剩余资源进行整合和匹配以及任意经济主体之间沟通的媒介——基于物联网、移动互联网和 CPS 技术的分享平台的出现。

（3）私有财产的所有权与使用权可分离。

三、分享经济与传统经济资源配置的不同点与创新机遇

（一）分享经济与传统经济资源配置的不同点

分享经济给宏观及微观经济管理都带来了前所未有的创新机遇和挑战。要清楚地识别新的机遇与挑战，先要清楚地识别分享经济与传统经济的不同点。根据产业经济学原理和对分享经济创新企业的观察，可以发现分享经济与传统经济资源配置方式的不同点，如表 3.1 所示。

表 3.1 传统经济与分享经济资源配置的不同点

	传统经济	分享经济	备注
资源配置方式	专用资源全产权交易	剩余资源部分使用权交易	由于分享经济的资源配置方式是剩余资源部分使用权的交易，使得拥有资源的经济个体可以通过分享消费品的部分使用权增加自己的收益 在分享经济中，消费者在用于分享以获取收益时转化为资本品，消费者也将转变为生产者，于是，分享经济中出现了一类新的经济个体——产销者
资源观	拥有资源的产权	只求所用，不求拥有	
交易模式	线上、线下、渠道等多种形式	通过 P2P 分享平台进行部分使用权交易	
财产效用度量	个人使用效用+个人非使用效用	个人使用效用+个人非使用+分享收益	
经济个体	企业、居民	企业、居民、产销者	
……	……	……	

1. 资源配置方式不同

在传统经济系统中，由于资源的财产权利难以分离，经济个体为了获取资源带来的效用，需要通过交易获取资源的产权以获得资源的使用效用。当现代信息技术可以实现产权分离（所有权和使用权分离），且分离的部分产权交易可以实现资源配置的 Pareto 改善时，部分产权交易的资源配置方式就会在一定程度上取代全产权交易。

2. 资源观转变

资源的部分产权（使用权）交易可以使经济体不拥有资源也可通过分享资源的使用权而获得使用效用。哈佛商学院营销学教授 Theodore Levitt 在 20 世纪 90 年代后期曾经说过一句经典的话："People don't want to buy a quarter-inch drill. They want a quarter-inch hole（人们不是要买 1/4 英寸的钻头，而是要一个 1/4 英寸的孔）。"这句话的意思是说人们在购买商品的时候，想要的不是商品本身，而是商品的使用效果。当市场可以通过部分产权交易来配置资源，即可以通过分享资源使用权的方式获得资源的使用效用时，经济个体（可能是企业，也可能是个人）如果只需要资源的使用效用，则可以不必购买资源（可能是生产资源，也可能是消费资源），只需购买（分享）资源的部分使用能力（部分使用权）。这种资源部分产权的优化配置方式，使得拥有资源决定企业的竞争优势（或居民的生活质量）的资源观，转变为能够控制和使用的资源决定企业的竞争优势（或居民的生活质量）。

3. 交易方式更加丰富

分享经济中的一个重要特征就是，资源部分使用权分享成为一种重要的资源配置方式。这种资源配置方式是部分产权交易，不同于全产权交易的资源配置方式。

部分产权交易的资源配置方式会使得分享经济中的经济主体在"为了使用而拥有资源——购买"和"为了使用而分享他人资源的部分使用权——分享"之间做出权衡，以实现效用最大化的目标。分享交易丰富了资源配置的交易方式，可以促进全社会资源配置从"全产权"到"部分产权"的进一步精细化。但是，分享交易也提出了新的问题：当私有财产用于交易的部分产权边界划分不清，或难以与私有财产的其他产权清晰分离时，部分产权交易的交易成本会增加。

可以获得低边际成本的使用效用；购买则除了获得原有的效用之外，还可以获得分享的收益。"购买还是分享"？这将使得经济主体相关于资源配置的决策发生根本性的变化。

4. 财产效用度量不同

财产的效用是经济个体购买相应财产时愿意支付价格的依据。在全产权交易的经济系统中，财产的效用包括其使用效用和非使用效用（如炫耀、提供便利、与其他财产互补或增效等效用）。而在存在分享交易的经济系统中，财产的效用在上述效用的基础上还增加了"分享"带来的效用。分享交易既可以使资源所有者增加"分享收益"，也可以使资源使用效用的分享者获得低成本（分享资源闲置的使用能力，边际成本可低至接近于零[16]）的使用效用。

财产效用度量的变化，会改变经济主体的交易决策，进而改变交易行为和相关产品的需求与供给。

财产效用度量的变化会改变市场的供需均衡。从需求的视角看，"分享经济"一方面由于分享收益而增加产品的效用，可能会增加产品的需求；另一方面，也由于分享使用产品的部分使用权也能满足效用，从而形成了对产品使用能力的需求而减少了对产品本身的需求；再一方面，由于分享经济中低边际成本的部分使用能力供给，会增加使用能力需求。从上述分析看，分享经济使得原有的产品需求分解为两个需求：产品全产权购买的需求和产品部分使用权的需求。

---

16 杰里米·里夫金. 零边际成本社会：一个物联网、合作共赢的新经济时代. 北京：中信出版社. 2014.

从供给的视角看，在分享经济中，为了满足某种需求，既可以供给具有相应功能的产品，也可以通过分享使用权来提供满足相应需求的使用能力。分享经济使得原有的产品供给分解为两个供给：销售产品全产权的供给和分享产品部分使用权的供给。

5. 经济个体演化

在传统"两部门"经济系统中，参与市场经济活动的只有两类市场要素：企业（生产者）和居民（消费者）。在分享经济系统中，除了企业和消费者以外，某些拥有可重复使用消费品的消费者，可以通过分享消费品的使用能力来提供相应的服务以获利（这时，其拥有的消费品便兼具生产资料的功能），从而成为使用能力（或相应的服务）的供给方，其参与者的身份便有了兼具（相关产品的消费者和相关服务的生产者）"二重性"，可称其为"产销者"。

（二）分享经济环境下的创新机遇

约瑟夫·熊彼特(Joseph A. Schumpeter)于1912年在其影响深远的著作《经济发展理论》中提出了创新的定义："创新是指新的生产函数的建立，也就是企业家对企业要素实行新的组合。"[17]这里讲的"生产函数"是指企业系统的资源投入与产品和服务产出的关系，实际上是对企业创造价值过程的描述。创新，就是要改变企业原有的生产函数，重新配置资源，其目的是要为客户和企业创造更多的价值，以获得更大的资源投入产出效率。

彼德·德鲁克（Peter F. Drucker）对创新的定义为："创新的行为就是赋予资源以创造新财富的能力，凡能使现有资源创造财富

---

17 Joseph A. Schumpeter.1982. The Theory of Economic Development: An Inquiry into Profits, Capital, Credit, Interest, and the Business Cycle, Transaction Publishers.

的潜力发生改变的行为都可以称为创新。"[18]发现和满足了客户新的需求，就创造了新的财富。按照德鲁克的定义，创新就是要发现并满足新的需求，发掘并利用资源没有被充分利用的潜力，以创造更多的社会财富。

对于企业来说，创新就是要改变和优化创造价值的系统。根据商业生态系统进化的逻辑，企业创造价值系统的改变是一个进化的过程，而进化是随着企业生存的环境的变化，为了更好地适应新的环境而发生的。

分享经济是在物联网和移动通信技术推动而发生的。先进的信息技术改变了企业的生存的技术环境，从而使得企业可以采用更加有效的资源配置方式和制造与服务运营模式，如分享私有财产部分使用权的资源配置方式。先进的移动互联通信技术也激发了各种新的潜在需求，如人们对云端智能产品（智能手机或无人驾驶汽车）提供的特殊效用的需求。这些环境的变化给企业带来了新技术推动和新的潜在需求拉动的创新机会和生存挑战。抓住机会，利用新的环境特点应对挑战，并及时变革创新的企业就能更好地适应分享经济环境，提升其竞争力，否则就会被淘汰。

在分享经济环境下，虽然企业生存环境在变化，但企业仍然是资源配置的主体，仍然是以赢利为目的的自主经营、自负盈亏的经济组织，也仍然是以"计划"替代"交易"来配置资源的经济主体。企业创新的目的仍然是要通过为客户创造更大的价值，实现企业的可持续赢利最大化。

但是，由于分享经济创造了通过分享来实现部分产权交易的资

---

18 P. F. Drucker. 1985. Innovation and Entrepreneurship: practice and Principles[M]. New York: Harper & Row Publishers.

源配置方式，这就为通过资源配置实现创新提供了新的空间。

分享经济提供的新的创新机会包括（不限于）。

1．发现和利用资源的剩余能力——更低的提供产品和服务的成本

"互联网+"技术提供了闲置资源或资源剩余能力的"深度可视"和"便利可得"的条件，为企业提供基于闲置资源或剩余能力分享的资源配置提供了更加精细的优化空间。利用这些分享资源创造产品和服务，生产能力投资几乎为零，边际成本更低。通过分享，提高了资源所有者的资源使用效率，为能力需求者提供了低边际成本的服务，进而为多方利益相关者提供增加值，实现了Pareto改善。

2．提供便利安全的剩余能力交易场所——分享交易平台是一种重要的信息服务

分享交易的一个重要条件是剩余使用能力与不确定能力需求的精准匹配。搭建分享平台，利用移动互联和CPS技术提供剩余能力的供给与需求交易平台，是分享经济环境中一种重要的分享交易信息服务。

3．创造"云制造/服务"的运营模式——更好的运营绩效

构建基于可供分享的云资源的云制造/服务运营模式，实现区域网格化、虚拟网络化的制造与服务系统，进而实现更低成本、更快响应和更高柔性的制造与服务系统。

4．利用使用权分享交易提高资产的流动性——更快的资金周转和更高的投资回报

使用权是财产全部权利的一部分，部分产权交易（分享交易）使得凝结在财产中的资本由于部分产权的多次可重复交易而具有了流动性，从而加快资金周转速度，提高资产投资的回报。

此外，在分享经济环境下，还可以通过搭建基于分享交易的价值链来创造新的价值、为分享交易的安全性提供技术保障来提供增值服务等。

四、分享经济下资源配置的新特征及带来的新问题

分享经济的出现和快速发展给经济主体（企业、消费者和各类经济组织）的资源配置方式带来了新的特征和新的问题。分享经济具有的新特征和产生的新问题，如表3.2所示。

表3.2　分享经济中经济主体配置资源的新现象、新特征和新问题

新现象	新特征	含义	新问题
资源和能力分享业务井喷式出现： ➢ Airbnb、小猪短租等平台的住房分享 ➢ Uber、滴滴出行等平台的出行汽车分享 ➢ 云制造平台的制造资源的分享 ➢ ……	剩余资源和能力分享成为一种重要的资源配置方式	分享经济中，企业（个人）的生产（消费）活动将越来越多地通过分享分散、碎片化的剩余资源来完成	➢ 剩余资源或能力冗余的形成机理 ➢ 剩余资源和能力分享对经济主体（企业、消费者）决策行为（投资、购买）的影响 ➢ ……

续表

新现象	新特征	含义	新问题
分享交易平台出现—激烈竞争—合并聚集： ➤ 平台企业的发展促进了分享经济在不同领域的扩张 ➤ 平台的聚集[如：滴滴出行兼并Uber（中国）等] ➤ 平台运营初期的补贴大战 ➤ ……	只有通过平台才能将分散、碎片化的剩余资源连接起来，使这些资源的剩余能力能够在任意经济主体间进行分享。平台已成为剩余资源分享和信息沟通的必要媒介	平台提供了一种特殊的服务（PaaS），为剩余资源的分享提供了"交易场所"，即剩余资源分享的"市场"；平台的出现提高了信息传播的速度，增强了经济主体之间剩余能力供需信息的传播，降低了能力分享交易的交易成本。然而平台企业追求利润最大化的本性，也有可能导致资源分享配置的交易成本的增加	➤ 平台为争夺分享"市场"的份额而采取竞争行为规范，导致参与人行为的扭曲 ➤ 资本的逐利本质使得平台有意隐瞒参与人的信息，进而影响分享市场资源的均衡配置 ➤ 平台企业作为一类提供"市场"服务的特殊企业，其内部治理和外部监管需要特殊的机制 ➤ ……
使用能力分享过程中各种纠纷和风险事件频发： ➤ Uber、滴滴出行等平台在分享过程中发生的各类侵权纠纷 ➤ 平台多次修订分享参与人注册的约束条款 ➤ 平台制定参与者互评机制 ➤ ……	剩余资源分享过程中出现了产权分离：资源的所有权和部分使用权分离	产权包括所有权、支配权、使用权、收益权和处置权等。分享经济中的产权分离是指所有权和部分使用权的分离	➤ 剩余资源分享过程中，资源所有者的权益受到侵害 ➤ 分享经济中经济主体的道德风险对资源分享的影响 ➤ ……

续表

新现象	新特征	含义	新问题
分享交易产生的外部性： ➤ 分享单车随意停放和损毁 ➤ 某些资源或使用能力（如医疗、食品、居住）的分享提高了公共监管的成本 ➤ ……	分享交易的产权分属的特点使得权利主张和约束的边界不清，更容易出现权利分享的外部性	分享过程侵蚀了公共资源或增加了维系公共秩序和安全的成本，分享经济中的部分产权交易使得私有财产的权利分属关系更加复杂，权利边界模糊，进而使得权利主张和约束的边界不清，出现外部性	➤ 约束分享交易外部性的宏观治理机制 ➤ 实现对于分享经济发展的"鼓励创新，包容审慎"策略 ➤ ……

五、分享经济给经济主体的运营管理带来的新挑战

分享经济通过平台把分散、碎片化的剩余资源进行整合、重复使用，以提高资源的利用率。而剩余资源形成与存量的演化机理、新的资源配置方式为分享经济的持续发展带来了新的挑战；同时，新的资源配置方式导致了新经济主体（产销者）的产生和经济主体决策行为的变化，也给企业的运营决策带来新的问题。

平台作为一类特殊的市场，应具备市场的公平、公正、提高资源匹配效率的机制等特征。然而，平台又是一个以利润最大化为目标的企业，在运营过程中为提高自身的竞争力，常采取隐瞒或扭曲信息的行为和无节制补贴的竞争策略，导致分享经济参与人交易成本的增加和平台市场的正常竞争秩序的混乱，进而导致了平台的高

度集中及参与人行为的异化。平台企业在运营过程中产生的上述问题，给分享经济沿着健康、可持续发展道路前进提出了新的挑战。

分享经济中剩余资源所有者通过分享资源的部分使用权以获得收益，资源的分享者通过对剩余资源的分享，满足自身对资源使用权的需求，提高了自身的效用。在资源分享的过程中，剩余资源的部分使用权从产权中分离出来；由于产权分享的边界模糊和道德风险的存在，使得资源的其他维度权利的完整性难以得到保障，进而导致实现分享经济的第三个必要条件难以得到满足。

综上，分享经济在移动互联网等现代信息技术的推动下得以迅猛发展，正在打破原有经济系统的均衡，深刻地改变经济生态系统中的生产、生活和交易活动，即创造了巨大的、新的创新想象空间，改变了经济生态系统中经济主体的资源配置方式和决策行为，也给企业运营和交易治理提出了新的挑战。

分享经济促进就业创业的全球观瞻与中国印象

国家信息中心信息化研究部　胡拥军

十八大以来,经济下行压力不断加大,就业的结构性矛盾突出。为此,国家十三五规划明确提出实施就业优先战略,要求"实施更加积极的就业政策,创造更多就业岗位,着力解决结构性就业矛盾,鼓励以创业带就业"。从全球经济增长与就业形势来看,尽管经济仍然处于深度调整阶段,但分享经济的蓬勃发展创造了大量的灵活就业岗位,为保持就业稳定起到了重要作用。

一、分享经济促进就业创业的全球观瞻

(一)分享经济是全球经济复苏图谱中异常活跃的热点

分享经济在全球范围的兴起,与20世纪90年代互联网的大规模应用息息相关,正是互联网创造的虚拟空间为陌生的人们分享盈余资源提供了可能。从1999年成立的Napster,到2007年兴起的Airbnb,分享经济已经成为全球经济复苏图谱中异常活跃的热点。第一,分享经济从欧美不断向亚太、非洲等地区的上百个国家扩张,

为发展中国家提供了发展分享经济的机遇窗口。正如分享经济的倡导者瑞恩·格丽（Ryan Gourley）所言："分享经济从一个城市开始，逐步扩展到一个地区，进而渗透到整个国家，最后形成一个分享的世界。"如 Airbnb 截至 2015 年底已经在全球 190 多个国家和地区开展业务，覆盖 34 000 多个城市，拥有 200 多万个房源，超过 6000 万名房客从中受益，市场估值 255 亿美元。第二，分享经济的崛起催生了大量"独角兽"企业，为新经济发展壮大提供了强劲动力。如分享汽车的滴滴出行、Lyft、Olacabs，分享房屋的 Airbnb、途家网、小猪短租，分享办公空间的 WeWork，提供金融 P2P 服务的 Funding Circle、Social Finance，生活类服务的 Delivery Hero、HelloFresh 以及众包服务的 Freelancer、猪八戒、一品威客等。第三，全球分享经济处于起步阶段，尚未形成稳定的竞争格局，各国仍然处于分享经济发展的同一起跑线上。目前看，只有在个别领域，少数起步较早的企业获得了一定的先发优势，初步形成相当用户规模和较高的市场占有率，开始建立起成形的赢利模式，但更多的领域和初创企业还处在探索过程中，尚未形成可持续发展的能力。从地区发展的角度看，美国是分享经济发展的领头羊，但欧洲、亚洲各国的平台企业也在迅速崛起。

（二）分享经济正在孕育自由灵活的全球就业创业形态

纵观全球就业创业发展史，随着工业化的推进与泰罗制的兴起，以大企业大工会、流水线作业成为就业特点，个人像机器一样在大规模车间从事高度紧张的流水线作业，个人创新创业的潜能无法得到充分发挥，而分享经济的发展正在孕育形成着自由灵活的全球就业创业新形态。第一，分享经济提升就业岗位的创造能力，净增加了大量灵活就业的岗位。纽约大学教授萨丹拉沏（Sundararajan）研究发现，分享经济发展在短期内增加了自由职业者和个体户的数量。麦肯锡全球研究院发布的报告显示，到 2025 年各种在线人才平台有望贡献约 2%的世界生产总值，并将创造 7200 万个就业岗位。第二，分享经济提升就业岗位的匹配能力，缓解了社会结构性失业问题。随着自由职业的兴起与互联网的发展，许多人开始不再将自己束缚于某个公司或者机构，而更愿意"为自己工作"，将自己的知识和技能作为资源加入分享经济平台。在美国 5300 万的自由职业者中，相当一部分是通过网络平台参与分享经济活动。分享经济让未来劳动者的供应像"水龙头的流水"（Workers on Tap）一样方便、可操控，让拥有弹性工作时间的个人获得灵活的就业的机会。

（三）分享经济对创新全球就业创业制度形成倒逼效应

分享经济的发展创造了大量自由灵活的就业岗位，满足了自由职业者、兼职客等个体劳动者的就业需求，但同时也不可避免地使得一些传统的工作岗位消失，因此在全球范围内对分享经济的热情支持与激烈抵制同时存在，对创新就业创业制度提出了客观要求。第一，分享经济对传统就业机会的冲击引发诸多社会矛盾，亟须从包容发展与社会公平的角度协调处理好新型就业与传统就业的关系。近年来，网约车在很多国家与地区得到迅猛发展，对传统出租车行业带来了巨大挑战，引发了出租车司机的罢工与抗议，成为非常突出的社会问题。第二，分享经济产生了庞大的与传统雇佣关系不同的就业人员，亟须探索完善对他们的社会保障、劳动权益保护等。2015年英国GMB工会对Uber提出质疑并认为：Uber借助自雇司机的运营模式，回避了作为企业应当给员工提供基本福利保障的法定义务；如果法律最终判定Uber的运行模式是非法的，那它就需要向自己雇用的员工支付国家最低工资、实施法定假日工资，并安排员工休息时间。第三，分享经济要充分释放就业创业潜能，仍然面临合法化困境，亟须在市场监管、法律法规等方面予以调整。2014年美国有17个城市议会和4个州通过了合法化专车的城市条例，到2015年8月合法化专车的城市与州合计就扩大到了54个。以加利福尼亚州为例，加利福尼亚州公共事业委员会承认网约车服务的合法性，把网约车界定为新型约租车，把互联网约车平台统称为"交通网络公司"，并提出了新的监管要求：交通网络公司（TNC）要开展营业，须向州公共事业委员会申请许可；接入TNC的私家车主无须申请任何行政许可；为保护乘客和公众安全，公共事业委员会要求TNC对接入平台的私家车及其司机实施严格的安全核查（包括年龄、刑事背景、驾龄等），并对车辆和司机的责任保险提出要求。

二、分享经济促进就业创业的中国印象

伴随着国外分享经济浪潮的发展，国内众多领域的分享型企业开始大量涌现，如滴滴出行、红岭创投、人人贷、途家网、小猪短租、饿了么、猪八戒网、名医主刀、在行等，星火燎原的分享经济为经济下行压力下保持就业形势基本稳定起到了先手棋的作用。

（一）分享经济为全社会就业池注入源源活水

以分享经济为代表的互联网经济的蓬勃发展，对新常态下的社会就业产生了巨大影响，不仅创造了大量新型就业机会，同时也对传统行业带来了明显冲击。第一，分享经济为缓解经济下行压力与稳定就业压力做出了突出贡献。根据国家信息中心的研究，2015年中国分享经济市场规模约为19 560亿元（其中交易额18 100亿元，融资额1460亿元），主要集中在金融、生活服务、交通出行、生产能力、知识技能、房屋短租六大领域。分享经济领域参与提供服务者5000万人左右（其中平台型企业员工数约500万人），约占劳动人口总数的5.5%。预计未来五年分享经济年均增长速度在40%左右，到2020年分享经济规模占GDP比重将达到10%以上，将为劳动者提供更大规模的就业机会。第二，互联网经济为全社会就业池提供了源源不断的活水。根据麦肯锡报告显示，2013年中国的iGDP（互联网经济占GDP比重）指数达到4.4%，超过美国、德国、法国，已经处于全球领先水平。互联网经济正在重塑中国的劳动力市场，以互联网为代表的服务业显著提升就业弹性系数，一些常规性工作将转移到"云"上，有些职业会悄悄改变，有些职业会悄悄消失，根据麦肯锡对4800家中小企业的调研显示，随着中小企业互联网技术的普及，每失去1个岗位，就会创造出2.6个新的工作机会。总体来看，互联网经济创造就业岗位的能力远远超过传统产业部门。

（二）分享经济推动了灵活的平台型就业兴起

分享经济的发展让参与者比较自由地进入或退出社会生产过

程，减轻了个人对组织的依赖程度，为自由职业者和兼职群体的成长提供了更多的机会，从滴滴出行、猪八戒网、人人快递等众包平台，到各种生活领域的 O2O 到家服务平台，都培育了规模巨大的自由就业机会与兼职就业群体。第一，分享经济让全新的平台型就业得到快速发展，各类网络平台让人才或者提供人力资源的个体户直接服务市场需求。截至 2015 年底，接入滴滴出行平台的专兼职司机数已超过 1400 万人，为 2.5 亿人提供服务。成立于 2015 年 5 月的京东众包，半年多时间内就发展注册快递员超过 50 万人，其中参与过快递业务的就有 20 万人。到 2015 年底，猪八戒网注册用户数达 1300 万（2016 年 4 月已与达合并成为"新达达"）。第二，分享经济改变了传统的雇佣式与流水线就业模式，让有一技之长的"手艺人"将获得"解放"。一个服装设计师，可以通过平台接洽消费订单，直接按照客户的要求设计服装，联系厂家生产、直接配送客户；一个大厨，可以通过平台为顾客提供到家做饭的个性化服务，可以根据客人的口味私人订制，让食客用更低的成本享受私密的就餐空间。同样，摄影师、美甲师、美容师、画家、健身教练，甚至教师、律师、医生们也可以自立门户，通过各种不断涌现的分享经济平台，借助移动互联网直接为用户提供服务。

（三）分享经济推动了新兴的创业式就业发展

随着互联网技术的加快创新应用，分享经济带来的"创业式就业"热潮也得到快速发展。第一，分享经济带来的创业门槛大大降低（基础设施支持、市场推广成本、销售渠道、融资渠道等），在基础设施上，公有云服务的出现提供了极具延展性和灵活性的基础设施支持。对于初创团队来讲，云计算即付即用模式，避免一次性的大投入，在很大程度上节省了创业成本；在市场推广方面，移动社交媒体的出现为初创企业提供了一个低成本的推广方式，各种互联网平台的出现为初创企业聚集了流量，节省了创业早期在销售渠道建设上的投入；在融资渠道上，P2P、众筹等互联网金融业态的出现为小微企业提供了低门槛的融资渠道。第二，分享经济平台成为天然的创业孵化空间，正在推动创业式就业的到来。如猪八戒网帮助大量个人设计师成长为工作室、小型公司乃至中型公司，使猪八戒网成为天然的创新创客平台和文化创意产业孵化基地。2014年6月猪八戒网虚拟产业园正式开园，为入驻企业提供工商、税务、银行等一站式注册服务以及相关扶持，截至2015年，直接在虚拟园区注册公司的超过300家，形成了有名的"威客村"，虚拟园区已成功孵化入驻企业1500余家。根据《中国90后移动互联网创业者调查》统计，移动互联网成为90后创业的首选，其中社交、购物、视频为主要创业方向。在网商创业领域，在各大第三方电子商务平台的创业就业总体规模大约1000万人。

分享经济的发展为国内外就业形势稳定、就业结构优化起到了重要作用，但分享经济促进就业创业的巨大潜力还远未得到充分释放。随着"互联网+"与经济社会各个领域的深度融合，分享经济将迎来进一步发展的大风口，从年轻人到中老年人，从城市居民到农村居民，从中低收入群体到高收入群体，人人皆可参与分享经济；从无形产品到有形产品，从消费产品到生产要素，从国内资源到国外资源，物物皆可纳入分享经济的范畴。分享经济将进一步渗透到传统的交通出行、房屋住宿、生活服务、教育培训、医疗卫生、生产制造等领域，从而为就业创业提供更大的舞台。面对分享经济促进就业创业的浪潮，更需要顺势而为、包容发展，进一步完善分享经济的市场监管、法律法规、劳动保障、扶持政策、统计体系等，为推动分享经济的新型就业创业营造良好的环境。

把握分享经济快速发展的"机会窗口"

国家信息中心信息化研究部　张新红　高太山

分享经济是指利用互联网等现代信息技术整合、分享海量的分散化闲置资源，满足多样化需求的经济活动总和。对于中国而言，发展分享经济适应了"创新、协调、绿色、开放、分享"发展理念的新要求，是走出发展困境、消除诸多痛点的突破口，也是实现创新驱动、推进供给侧改革的试验场，对建设网络强国、构建信息时代国家竞争新优势将产生深远影响。从现实情况看，转型发展的迫切需求、网民大国红利、节俭的传统文化以及企业的成功实践打开了分享经济快速发展的"机会窗口"。

一、中国分享经济发展现状

从发展现状和演进态势看，当前中国分享经济发展呈现以下特点：

第一，产业初具规模，未来潜力巨大。当前国内分享经济发展迅速，平台企业快速成长。国家信息中心完成的《中国分享经济发展报告 2016》显示，2015 年中国分享经济市场规模约为 19 560 亿元（其中交易额 18 100 亿元，融资额 1460 亿元），主要集中在交通出行、房屋短租、金融、生活服务、知识技能、生产能力六大领域。分享经济领域参与提供服务者有 5000 万人左右（其中平台型企业员工数约 500 万），约占劳动人口总数的 5.5%。保守估计，参与分享经济活动总人数已经超过 5 亿。

预计未来 5 年分享经济年均增长速度在 40%左右，到 2020 年分享经济规模占 GDP 比重将达到 10%以上。未来 10 年中国分享经济领域有望出现 5~10 家巨无霸平台型企业。

第二，分享领域迅速拓展，平台数量持续上升。近年来，国内分享领域不断拓展，从在线创意设计、营销策划到餐饮住宿、物流快递、交通出行、生活服务等，分享经济几乎已经渗透到所有的领域。

平台企业的数量也在不断上升，一些领域在短短数年间就涌现出上百家分享型企业，并迅速形成一批初具规模、各具特色、有一定竞争力的代表性企业。如在交通出行领域有滴滴出行、易到用车、PP 租车等；在房屋住宿领域出现了蚂蚁短租、小猪短租等；在众包领域有猪八戒网、做到网、京东众包、人人快递等。

第三，交通出行发展较快，示范引领作用凸显。作为"互联网+交通"下的新业态，交通出行领域分享经济的发展起步于 2010 年，易到用车、嘀嘀打车、快的打车等诸多交通出行分享平台相继成立，经过 5 年多时间的发展，平台企业经历了早期的创业热潮、寡头竞争、战略整合等发展阶段。近期网约车安全事件频出，又将交通出行分享推到了风口浪尖上，成为人们关注的焦点。

交通出行只是人们日常生活、生产的一个领域，未来分享经济涉足的领域更广、渗透程度更深，对传统产业带来的影响更大。由于平台企业成长的相似性，作为分享经济的领头羊，交通领域分享经济的发展历程、成长路径、竞争战略以及行业政策制定对整个中国分享经济的发展都将起到一定的示范引领和风向标作用。

第四，本土企业创新崛起，积极开拓国际市场。 网络化的特质加上中国独特的优势，大大加快了中国分享经济企业从模仿到创新、从跟随到引领、从本土到全球的进程。

从商业模式或涉及的领域看，中国早期分享经济平台多数都是从模仿国外的平台开始。但成功的分享经济平台并不简单照搬照抄，而是在模仿的基础上进行了本土化创新。此外，市场竞争压力不断加大也在倒逼企业走创新发展的道路，一些创新已经走在了世界前列。比如在行利用分享经济的理念改善知识服务的效率，打造了一个社会化的个人智库。

一些企业开始凭借成功的商业模式创新，积极拓展国际市场。比如，2015 年 5 月 WiFi 万能钥匙正式开辟海外市场，截至 2016 年 2 月，已经在巴西、俄罗斯、墨西哥、泰国、中国香港等近 50 个国家和地区的 Google Play 工具榜上排名第一，用户遍及 223 个国家和地区，成为少数能覆盖全球用户的中国移动互联网应用之一。

二、中国发展分享经济面临的主要问题

所有新生事物都会遭遇"成长的烦恼",分享经济也不例外。对于中国而言,发展分享经济也会遇到一些特殊的矛盾和问题。

一是分享实践发展加快,监管体系亟待重构。当前占主导地位的经济社会管理制度是建立在工业经济和工业化大生产基础上的,强调集权、层级管理、区域与条块分割等管理方式,注重事前审批和准入。基于网络的分享经济具有典型的网络化、跨区域、跨行业等特征,使得目前许多制度滞后于行业的快速发展。

当前许多新业态游走在监管的灰色地带,如股权众筹在我国还处于法律与监管的模糊地带。有些创新实践则面临不合理的制度要求,如从事互联网教育的企业被要求配置线下教学用地,否则不予审批;一些地区要求从事网络出行服务的专车需要具有运营资格;等等。如按现有法律和制度要求,多数分享经济模式都有"违法违规"嫌疑,随时都有被叫停的可能。诸如此类的问题还有很多,分享经济的发展对现有的政策、制度、法律提出了新的挑战。

二是创新引发利益调整,统筹协调难度加大。分享经济发展大大降低了诸多行业的进入门槛,分享型企业拥有显著的成本优势、创造无限供给的能力、趋近于零的边际成本,使传统企业面临巨大竞争压力。在具有排他性的垄断市场中,分享型企业的进入及其快速扩张的发展态势冲击着原有的商业逻辑和经济秩序,直接引发了社会财富和利益的重新分配,不可避免地会遇到来自既得利益者的质疑和阻挠。

分享经济可能引发深层次的社会分工与组织变革，涉及的领域之广、人员之多前所未有，协调难度明显加大。

三是产业发展尚不成熟，许多问题有待解决。分享经济模式下产品与服务的供给方通常是大量不确定的个人或组织，尤其是当前诸多领域的分享经济都处于探索阶段和发展初期，其服务和产品的安全性、标准化、质量保障体系、用户数据保护等方面仍存在不足和隐患。

多数企业并未找到有效的商业模式，同质化竞争普遍，多数领域仍处于乱战状态。多数领域的分享经济模式尚未取得合法性，无法纳入正常监管体系，导致不公平竞争、税收、劳资关系等许多问题没有得到妥善解决，容易被不良商人钻空子。

四是观念认识不到位，原有法规不适应。迄今为止，人们对于分享经济的理解还只是实证分析和现象观察，系统科学的理论研究还比较缺乏。

现有的很多法规也是在多年以前制定的，有很多细则已无法适应信息时代的实践发展。这些法规既不能解决行业准入门槛、从业人员社保、税收监管、信息安全以及信用体系建设等共性问题，也无法解决行业差异化带来的具体问题，如在短租领域会遇到卫生、消防缺乏统一标准问题，在送餐行业会遇到服务标准化和员工培训问题，在家政服务行业会遇到特殊的劳务关系及劳动保护问题等。

三、相关建议

分享经济是一种新的经济形态、新的资源配置方式和新的发展理念，也是信息技术革命与人类社会发展需求相适应而产生的必然趋势。这种创新对经济社会发展带来的深刻影响还没有完全显现出来，有待进一步研究观察。分享经济对既有行业乃至整个社会秩序带来的冲击在所难免，其自身在发展过程中也必然会存在一些问题，需要认真对待并逐步解决。

一是以开放包容的姿态对待分享经济。创新性的商业实践通常都是领先于制度与法律进程，在这个过程中，不能强迫新生事物符合旧的制度框架，需要给创新留有试错的空间。面对分享经济发展带来的挑战，相关部门需要准确判断和顺应经济社会发展大势，通过制度层面的积极调整予以回应和因势利导，在问题没有充分暴露之前，可以多观察一段时间，让监管手段慢半拍再上去。同时，对于已经明显阻碍分享经济创新发展的政策和制度，应积极主动地进行修改和完善。

二是研究制定促进分享经济发展的一揽子政策。建议尽快出台《关于促进分享经济发展的指导性意见》，为各行业领域分享经济发展提供宏观指导和政策支持。建立和完善跨部门的协同管理机制，探索建立"分享经济发展部际协调推进机制"，跳出传统的行业垂直管理和属地化管理思维，形成适应分享经济发展的协同管理和服务合力。

三是探索建立社会协同治理的新型监管体系。分享经济的全面发展既对政府治理创新产生了显著的"倒逼"效应，也为构建多方参与的协同治理模式提供了经验积累、技术与数据支撑。协同治理既是分享经济发展的客观要求，也是其必然结果，政府、企业、社会组织和用户都将发挥重要且不可替代的作用。

四是加强分享经济相关理论与政策研究。鼓励和推进分享经济理论研究，探索分享经济发展的内在规律、趋势及其经济社会影响。调整和完善国民经济统计、核算体系和方法，准确反映分享经济对增长与就业的影响。研究解决当前分享经济发展中面临的政策不适应、信息安全保障、监管体系建设、法律法规及标准规范等问题，提前谋划和布局面向未来的制度改革与设计。跟进研究和借鉴欧美等先行国家的有益经验。

美国分享经济发展模式及对中国的建议

纽约大学斯特恩商学院教授
阿鲁·萨丹拉彻（Arun Sundararajan）

我居住在纽约的曼哈顿，没有买车，但在这里也算普遍现象，在曼哈顿，拥有汽车的家庭不足 1/4。但有时我也是有用车需求的，要在曼哈顿租到一辆经济实惠的汽车很难，通常都要前往几英里之外的皇后区或新泽西州，才能租到日租金少于 100 美元的汽车。

与此同时，我公寓周围的街道却停满了成百上千辆汽车。我女儿还在上小学二年级的时候，我有时送她去上学会迟到。在多少个清冷的冬日早晨，我一边疯狂打车，一边想着，要是我能立刻从这些车中租借一辆，送女儿去学校，然后很快归还，停放至原处，在汽车仪表板上放 10 美元和一张便条，写上"感谢借车"，该有多好。

现在已经有提供这种服务的公司了，通过手机就可以立即租到停放的车辆，时租是 10 美元，这个公司叫 Getaround。像 Getaround 这样的平台只是如火如荼进行着的经济与社会大变革中的一个缩影，经济活动组织模式将迎来根本性的全新转变，新的模式将逐渐成为 21 世纪的主流，现在已经出现了各式各样的新型经济行为或机构组织，统称为"分享经济"，其前景是很多人看好的。其实这些例子想说明的就是，在未来，点对点（P2P）交流模式将会日趋盛行，"大众"将取代公司成为资本主义的核心。

下面通过几个例子来详细说明这种转变。

我小时候经常看电视，那时的电视节目都是由电视台或广播公司的职业制片人制作好，再播放给大家的。如今，我 12 岁的女儿却从不看电视，她看的是 YouTube，点击进入由无数业余制片人制作的视频平台成为她的娱乐方式，这些制片人中有的广告收入可达几百万美元。

过去，如果想创业、拍电影、修建电影院，通常都需要找富商或基金会拉投资。现在，只要登录 Kickstarter 这样的众筹平台就可完成集资。

如果要开一家科技公司，很多人依旧会寻求传统风险资本家的帮助。但越来越多的人会选择 AngelList 或 CircleUp 等股权众筹平台，在这个平台上面，每个人都可以成为投资人，进行初期风险投资。

现在，一般贷款找银行。但越来越多的人选择 Kiva（发达国家的人可以在这个平台上向发展中国家的人贷款）等平台或者 Prosper 或 LendingClub 等 P2P 贷款平台完成借贷或放贷业务。只要你有 100 英镑的流动资产，就能成为银行家，在 Funding Circle 平台上向一些小企业有息放贷 20 英镑或更多。

今晚大家应该都住在酒店，但是有 4000 余万人在外地出差时，都选择通过 Airbnb 平台租住他人闲置的卧室或整套房子。目前 Airbnb 是全球最大的短期民宿供应平台，规模超越了世界上最大的连锁酒店。中国的途家平台也提供类似的服务，虽然它们的房间全部都是用于出租的。

过去，我们经常找麦肯锡寻求咨询帮助，或者聘任专业的律师事务所担任法律代表。但现在越来越多的人会点击进入 HourlyNerd 或 UpCounsel 等专业按需平台寻求咨询或法律帮助，还可以在 Universal Avenue 平台来寻找销售人员，在 Gigster 等平台利用几个小时掌握高级设备的使用技巧。

过去我们通常会找 Hertz 或 Europcar 等公司租车，但现在在美国，你可以通过 P2P 租车平台 Getaround 和 Turo（原 RelayRides）短期租用他人车辆。这种平台已经风靡全世界，如中国的 PP 租车、法国和德国的 Drivy、荷兰的 SnappCar、英国的 EasyCar Club 以及新西兰的 Yourdrive。

"数字颠覆"已经影响到了许多产业的发展，很多人选择通过滴滴出行、Lyft、Uber 或 Olacabs 等平台完成短途出行，这些平台将愿意搭载乘客的私家车主与需要用车的乘客联系在一起，大家都知道，滴滴出行是全球用户与司机数量最多的平台。此外，像巴塞罗那 EatWith、纽约 Feastly 或巴黎 VizEat 等社交用餐平台可实现与他人共同用餐，一些喜爱烹饪的人可通过此平台邀请他人来访并共进午餐或晚餐。还有每个人都可以在 Handy、TaskRabbit 和 Thumbtack 等劳务市场平台上以家庭清洁工、杂物工、管道工、电工或喷漆工的身份出售相关服务或轻易地聘请一个掌握其他各类技能的自由职业者。住宿、交通、医疗、服务、商业银行、慈善、风险投资等行业也受到影响，下一个即将被颠覆的将会是能源产业。

租借房屋、搭车、租车、共同用餐、借贷、家政服务等活动本身对你而言都不新奇，比较新颖的是这些活动都不是像交换礼物一样免费获得，而是要用金钱购买。上述例子中所分享的空间、汽车、食物、金钱、时间都不是免费提供的，提供服务的应得到报酬，获得服务的要支付报酬。

所以我们来思考一下，P2P 商业交换是否算是一种新模式？世界经济还能被大型公司控制多久？我们组织经济活动的方式是如何发生历史性的变革？

两百多年前兴起的工业革命，使规模化生产、规模化批发以及现代企业在西方世界应运而生。历史经济学家阿尔弗雷德·钱德勒（Alfred Chandler）在其著作《看得见的手》当中讲述了现代美国资本主义的故事，他描绘了一幅当代美国经济的生动画面。我从这本书中引用了一段话：

20 世纪 70 年代，普通商人依然掌控着经济命脉。在这种经济环境下，家庭是最基本的商业单位，其中最普遍的活计便是种植家庭农场。对于非家庭性质的小部分制造工作则是小作坊工匠的活计。正如萨姆沃纳（Sam Bass Warner）描述美国革命前夕的费城一样:"当时城镇经济的核心是个体商铺,大部分费城个体户都是独立工作,有的可能会有一两个帮手。"

简要回顾经济活动的发展史,可以发现在工业革命之前,大部分经济交易活动就已经是 P2P 形式的,植根于社区,与社会关系有着千丝万缕的联系。那时为经济交易提供的信任担保主要来源各种社会关系。接待外地访客、分享食物、搭载熟人、私人借贷等行为司空见惯,并不是什么新奇的人类活动。而以一个独立供应者的身份参与到小型商业活动、交易或手工制造中也不是什么空前绝后的新鲜事。

实际上在 20 世纪的时候,美国将近一半的补偿劳动力都属于自雇,到了 1960 年,该数量下降至不足 15%。

导致 20 世纪初的几十年里,劳动力组成发生巨大转变的一个原因便是,经济系统逐渐从耕种业(当时主要由农民从事)转变成其他维持生计的方式。但在同一时期的非农业领域中,美国劳动力中(非企业化的)自雇人数由 1900 年的 30%下滑到 1960 年的 10%,并在接下来的 50 年中一直保持着这样的比例,与此同时,大型企业变成了美国经济的主导力量。

所以,我的观点有两个:第一,工业时代在人类历史上只是昙花一现,经济活动的组织方式也在持久变化着。没有理由断定我们已经创造了稳定的资本模式。但更重要的是,与分享经济相关的交易、商业活动与就业都是由来已久的。当今的数字技术只是带我们回到了过去所熟知的分享活动、个体经营及以社区为基础的经济交流活动中。

通过转变经济活动方式，提供过去曾出现过的服务，我们联手打造出了21世纪的新巨头。Uber的资产总值超过了大多数汽车公司，Airbnb的总值超过了世界上任何一家连锁酒店。但这也自然衍生了一个问题：分享经济是否有其新颖之处？如果所有这些看上去"新颖"的经济活动曾在过去广泛流行，为什么在现在这么有吸引力？

首先，旧事物新做法，通过科技手段将经济"社区"的交际范围从亲朋好友拓展至从全社会数据筛选后的相关人群，让我们有机会参与到社会学家所谓的"陌生人分享"中去。

其次，技术型市场的资本家已经开始大量涉猎这些"分享"与企业行为中，对这种模式的重视程度远超出现代经济，将一些商业资源撤离传统公司，转投向数字市场中挖掘出的许多企业家。出于这点原因，有时我也把"分享经济"称作大众型资本主义。

在2010年至2016年，以这种资本主义形式建立的初创公司筹集到了数目极为可观的资金，但由他们推动的经济转型所创造的意义远超过融资本身。大众型资本主义从根本上改变了工作的定义，监管体系需要重塑，公司就业所支撑的社会保障网也将遭遇挑战。我们投资、生产、配置、消费商品、服务及城市基础设施的方式将会发生改变。组织经济活动的新模式将会重新界定我们的信任对象、信任理由、机遇获取方式以及人与人间的关系密切性。

关于分享经济，我最喜欢的一个例子就是搭乘陌生人的车去另一个城市，有家公司为车内仍有空座的私家车主与愿意购买这种服务的乘客提供平台分享服务，并在 2015 年的日均搭载量超越了美国国家铁路系统 Amtrak，在同类市场占有主要市场份额，这就是总部设在法国的 BlaBlaCar。

世界各地的公司纷纷效仿 BlaBlaCar 的运营模式，利用网站或手机 APP 将空座与意向乘客匹配起来，在 2014 年至 2015 年两年的时间里，BlaBlaCar 迅速扩张，吞并了主要竞争对手 carpooling.com 等来自五个国家的五家用户业公司，扩充资本 3 亿美元，成为法国初创公司融资金额之最。公司运转情况非常好，就像硅谷的流线型软件公司一样，唯一不同的是，BlaBlaCar 拥有法国社会主义者的敏锐嗅觉与决断力。

BlaBlaCar 的首席执行官 Mazzella 喜欢讨论，他非常看重信任问题，因为他认为这是公司业务的核心（BlaBlaCar 的公司总部有一个身披斗篷、连身裤上缝有字母"T"的超级英雄"信任先生"的等身剪切画）。信任的概念图来源于他提出的 D.R.E.A.M.S 框架（公开、评级、参与、专注业务、克制、社交），公司一直致力于对信任交易的深化理解。

当然，如此重视信任是完全可以理解的，毕竟人际交往的风险性很高。这不像通过 eBay 或阿里巴巴等平台买卖商品，只有在足够信任的情况下，乘客才敢搭乘陌生人的车，对司机讲"请开到另一个城市去"。

令人惊喜的是，BlaBlaCar 公司已经在大范围内做到了这一点。

我曾经调查了 11 个国家的 BlaBlaCar 用户，从他们的普遍评价就可以看出有多么信任 BlaBlaCar 用户：比同事或邻居更好，更像是朋友或家人。太不可思议了，难道不是吗？

一个平台在大范围内获得了很好的信任，因此我也向美国的大多数政府建议重新修订法规。因为私人与职业的界限已经很模糊了，提供商业服务的人群可能不是职业司机、旅店老板、银行从业者或餐饮从业者，他们只是偶尔在自己的家里做做这些事情，或者从个人积蓄里提取出来放贷。

这就意味着我们需要针对大量涌现出的供应者重新制定法规框架，当然不能在对待中国的情况上一概而论。当考虑如何重塑适应新型商业模式的法规时，都要将国家的政府架构、现行法规及文化风俗纳入考虑因素中去。所有国家不可能通用一种模式。

然而我们究竟为何要重新审视法规呢？因为，分享经济以新方式提供旧服务，而这些服务按照传统是受到高度监管的，必然会引发监管冲突。美国出现的监管问题不胜枚举。

相信大家都知道，Uber 与 Lyft 在全世界范围内面临监管问题，如果像对待出租车一样约束他们，那么问题会简单很多。但有时问题又很玄妙，比如，Uber 与 Lyft 退出了美国第 11 大城市奥斯汀，原因是并不想强制司机留下指纹。

即使 Airbnb 已经获准进入经常抵制美企的法国，却还得应对纽约市的监管打击，经历了 2013 年检察长的起诉，拉锯战还在继续。他们的问题比较棘手，因为涉及多个领域，比如①酒店管理法，

Airbnb 是否应该像酒店一样支付 14% 的税款；②租赁控制法，担心 Airbnb 给拥有城市监管公寓的人群带来风险，抬升租价，虽然根据我的研究，结果正好相反；③居民担心住所大楼里有陌生人出入。

那么我们要如何创建一个健全的监管体系，能够在业余与专职界限模糊、供应者范围无比广阔的商业世界中顺畅运行，能够确保价值数万亿的酒店连锁与 Airbnb 的临时民宿共存，能够在让客户安全得到保障的同时不会给市政府或州政府造成沉重负担？

历史证明，监管形式可以多种多样，可以是政府层面的，也可以是其他形式的，可将 P2P 平台作为参考，发展更加合乎情理、参与度更高的监管模式，使得用户与供应者位置平等，都有义务履行监管责任。有一些法规制定者担心，分享经济不仅不会弱化监管，相反会将其强化，导致监管手段层出不穷，形式也会发生转变。

当然，我们不会彻底废除法规，但对当今的经济，可以依靠那些获得政府信任、安全、防止市场失灵的各监管"主体"。针对分享经济制定的监管框架必须覆盖到经济交易的各方面，范围、种类与技术都有所不同，所以不能只是对旧法规略微调整，生搬硬套在新的商业模式下。

我坚信三种新兴的模式——同行监管、自律组织及大数据监管将会共同发挥影响力，有望在美国建立一个与社会利益高度契合的监管体系。

首先，我们先来谈谈同行监管。同行监管的理念可具象解释为每个人的邻居都可能变成一个潜在的监视者。如果你仔细想想，就会发现同行监管的方式公平公正，节约社会成本，提倡以做为先、以学为标的方式，非常适合大范围的 P2P 交易。

例如，像 Airbnb 平台自主制定的监管规范，虽然平台不受官方监管，但现在就会有两层评价体系，所有租客可见的公共评价体系，以及只有房主可见的专有评价体系，也起到了监管的功能。

如果一项租赁交易总是出现问题，评价系统就能反映出问题。但是，现在愿意将专有评价体系纳入其中的平台要比大多数等级评定系统更加包容，访问者可以给服务好的房主好评，当然也可以私下提意见、建议，发表评论。

理论上，此举可帮助新进房主扩大业务群，同时还能通过反馈不断提升服务，整个系统由同行评价，所以自然最为看重同行的利益。

这种模式的一大优势便是不用制定一切出租通用的标准。如果有人以每晚 50 美元的价格出租艺术工作室里的沙发床，其访客肯定不同于以每晚 400 美元出租附带门卫的大楼里的豪华公寓的访客。市场并不要求艺术工作室的沙发床标准与豪华公寓标准相同，相应地，依托平台的租住质量评判者——用户——自己选择居住空间类型的标准也是不尽相同的。从本质上讲，平台可应对各种情况——在一个共有的监管框架下根据用户自身需求制定不同的标准。

有人可能会将用户监管的形式拉升为我们之前所讨论的两种体系的融合，在政府的监督下，构建一个资深供应者的角色，确保新进供应者的服务到位。例如，建立城市卫生监管机构与社会用餐平台的合作关系。我们可以创建一个体系，在平台推出一些奖励政策，使平台供应者在参加政府卫生监管机构组织的培训，了解政府的监管标准后，自愿成为平台"教导者"与"监管者"的结合体。资深供应者获得信息与知识要比政府卫生监管机构更贴合实际，平台也可以不受监管压制，扩张业务，整个监管体系也使安全与质量得到全面提升，同时淘汰那些一开始就不应被允许进入平台的供应者。

最后举一个第二种监管形式的例子，我称它为自律组织（SRO）。需要十分明确的是，自律组织并不等同于不受监管或者政府不参与的自主政策制定。更确切地说，它是由政府之外的组织机构制定并部分实施的监管措施。自律系统根据自主度、可靠度、执行度及政府干涉度千差万别。与提升产业效益的贸易组织不同，SRO旨在通过集中制定规章条例规范产业，确保各平台共同发展、监管，甚至执行标准规范会员行为。

在西方世界，商人与手艺人公会等SRO组织出现在中世纪，对会员的薪水、工具、技术、质量以及价格都有严格规定。这种早期出现的公共货物商业自律形式说明了自律是经济发展不可缺少的一部分。如今美国依旧存在SRO，只是与贸易相比，更多和专业技术联系在一起，像美国医学协会、国家房地产经纪人协会、律师协会等分别用来监管医生、房地产经纪人与律师。这些SRO组织具有强制力、依从性，甚至可作为司法权威，因为他们可以审查并处罚所属会员。21世纪的SRO也拓展至很多行业，包括金融服务、核能源、化工及棉花领域等。

在美国，有一些SRO成绩斐然，比如美国核电运行研究所

（INPO），还有一些最后并未成功，比如美国金融业监管局（FINRA）。要在分享经济领域建立切实可行的 SRO，需要考虑四个因素：第一，SRO 自创立开始就要着手建立起公信力；第二，自律主体必须有强大的执行力；第三，SRO 必须独立合法；第四，SRO 必须借助参与方的信誉与社会资本。

加利福尼亚州目前已经将自律方法应用在分享经济的一个领域，于 2013 年创立了交通网络公司（TNCs），这也是政府与分享经济平台合作的积极尝试。它的运行模式是这样的，政府规定了一套标准，基于智能手机的城市交通工具及司机必须遵照执行。但是为避免监管几十万 Lyft、Uber 和 Sidecar 司机导致的重压，政府将监管执行的权力交给了平台，平台必须成为 TNC 注册用户，负责监管所有旗下司机都是合规操作。这对社会大有裨益，政府仍然负责设置规则，监管执行的成本却由平台承担。另外，平台的强制执行力度很强，如果司机不遵守法规，他们只要解绑司机，就能使其无法继续接单。

还有第三种方法，并且我坚信这是对长期发展最重要的方法。该方法要求平台利用数据确保司机遵照相关法规，将责任分配给平台。我将其称为"数据驱动型授权"。

下面我举例说明。在几十年的时间里，各类公司通过数字交互，挖掘出很多"数据线索"客户，这代表了企业的洞察力与社会重要性。我们较为熟知的便是信用卡欺诈检测。一旦出现异动，银行安全团队立即会呼叫你，有时会直接冻结信用卡。这种数字化的安保系统有时比较麻烦，但信用卡公司利用精密的机器学习技术检,可以根据之前的经验识别出这个人与被盗卡之间的关系,通过检测并冻结欺诈性业务办理,从而帮助纳税人和公司挽回几十亿美元的损失。

这种方法也有望用于分享经济平台。想想歧视问题,纽约的一些出租车歧视、拒载非白人乘客已经成为人们茶余饭后的话题,研究也发现了这个问题。已经开始有人担心这样的行为在拼车平台和其他住宿劳务服务平台上有所显现。解决方法之一就是使用机器学习技术识别歧视行为。

数据科学因此也对歧视的系统检测方法寄予厚望,面对面交流期间无法就事论事的缺陷可通过数据分析方法显露出来并得到解决。例如,Lyft、Uber 与滴滴出行可以通过监控司机轻松检测,并实时标记出因歧视原因搭载或拒载乘客模式。平台可以对司机进行安全筛查,效果要好于当前的指纹技术。

为什么要选择将这一重任交由平台处理?当然啦,政府也有机会向平台履行法律职责,比如可以抽查履行记录。

另一种授权方式是市政府或州政府查看平台提交的实际运营数据,开展监管工作。与这种"透明授权法"相比,我个人更倾向于数据驱动授权法,因为其招致的隐私问题更少,泄露不利竞争信息的风险也更低。这种方法有可借鉴的先例——美国的公共贸易公司从某种程度上来讲,也是通过数据授权实行监管的。证明依从性时,他们向监管机构提供审查总结(通过提交给证券交易委员会的证明),而非原始运营数据。相应地,将数据留存在平台内部系统里，监管时对其使用进行授权这种方法看起来更有前景。

我还未讨论过 2015 年监管的焦点领域：分享经济的劳动力监管。我会在小组讨论时展开这个问题。简单概括下就是，目前分享经济工人就就业现状进行了一场辩论，提出要求扩大美国工人的分类模式。我认为即便是新增第三种分类，也不能解决问题，研究这个问题还需要详细数据。

我认为接下来美国关于一线劳工的最大公共政策便是建立社会安全网络，确保选择某种工作的人群可以不被当做全职工作对待。有人提议实行基本标准收入——每个月给每个人发薪水。我坚信有关分享个人、市场及政府间建立便携式安全网络的经费制定政策是最正确的道路。

随着对"平台合作主义"，即分享平台所有权的关注度日趋升温，上述问题有重要意义。我无法断言在不牺牲股份企业所享有经济优势的情况下，分享的所有权结构的可行性有多高，但可以肯定的是，这个问题至关重要。

总而言之，分享经济承诺将未来世界划分为两种截然不同的运转模式：一种由实力雄厚的企业家组成，另一种由被剥夺权利的工人阶级组成。我们必须意识到这两种未来都无法根据基本经济要素进行预测。大众型资本主义尚处于萌芽阶段，我们将看到的是两种模式的混合体。未来 10 年的监管与政策将决定哪种模式占主导地位。选择就在你我手中。

分享经济：城市、政策与中国可向世界借鉴的经验

分享经济和分享城市专家　埃普丽尔·林奈（April Rinne）

2016年6月初，中国新成立的分享经济工作委员会代表团前往旧金山与硅谷，访问会见了分享经济领域的政府负责人和企业家们。代表团与分享经济专家们在斯坦福大学举行了座谈会，我也有幸参与其中。会上，我就世界各个国家与城市对分享经济的参与情况进行了发言，重点解释了分享经济对可持续增长、城市规划、政府架构与政策改革等重要问题发挥的影响与积极作用。

首先，在城市化的大环境下讨论中国与分享经济是有利的。从全球范围来说，我们已经生活在城市化的千年里。2000年时，全球人口有60亿，其中城市人口占了45%，也就是27亿。到2100年，预计全球人口将增长至100亿，其中城市人口将占85%，也就是85亿。仅仅在中国，就有170多座城市的居住人口超过100万人，到2030年，将会增长至250多座城市，城市居民也将达到10亿人。

这样的城市扩张速度是惊人的，也会引发一些问题。我们不能期待包括中国城市在内的任何城市能够无穷无尽地进行可持续扩

张。我们也不能一边往城市里不断地加塞人口、汽车、高楼、设施等，一边还期待居民生活质量得以保障或者提高。正如其他生态系统一样，城市容量将会负荷过重。

分享经济则可以帮助城市破解这些难题，分享经济的模式能够帮助我们更好地利用我们所拥有的，并使我们的居所与工作场所紧密结合，充满弹性。全球的城市领袖们开始逐渐意识到这点，并且积极投身其中。"分享型城市"的崛起，以及进行政策性改革从而从分享经济着手捕捉良机都印证了这一点。下面所述的一些城市与国家则成为走在全球先列的典范。

（1）韩国首尔：首尔是世界公认的首座分享型城市，始于2012年，自那时起，在市长朴元淳的领导下，市政府着力实施了一系列举措：在首尔创新中心专门设立了分享经济政府职能部门；通过市政厅会议与培训的形式，向民众普及分享经济相关知识；拨款资助50多项市级分享经济项目；创立分享经济的信息门户 ShareHub；实行立法改革。重建社区与关系一直是发展首尔的重要工作，作为人口多达2500万人的特大型城市，要想繁荣发展，就必须将社区建设作为重点。此外，首尔市政府在分享经济准则的落实与城市公用资产的分享化方面也取得了显著成效。

（2）荷兰阿姆斯特丹：阿姆斯特丹是欧洲第一座公开宣称的分享型城市。由阿姆斯特丹经济委员会、首席技术官、荷兰分享经济贸易协会 ShareNL、荷兰政府、知识类机构组织、金融保险公司，当然还有分享经济初创企业组成的利益相关体联盟共同协作，携手打造阿姆斯特丹。分享经济是阿姆斯特丹环境可持续发展战略中的一项重要举措，这座城市正在全力以赴，朝着2020年零污染的"循环城市"努力奋斗。绿色新政（The Green Deal）便是一个成功典范，其由30多个利益相关者联合创立，朝着一个共同的目标奋斗——到2018年将荷兰的分享汽车数提升至10万辆，其规模堪称世界之最，同时缓解了交通拥堵，减少了二氧化碳排放。

（3）英国伦敦：世界上大多数分享经济都是聚焦城市，英国则是在国家层面实施这项举措最多的国家。2014年，英国政府对独立分享经济进行审查，结果较好。这推动了分享经济被纳入2015年国家预算，并向两座分享型试点城市拨款110万美元。反过来英国也从英国分享经济机构（SEUK）受益。SEUK是由全国20余家最具影响力的分享经济公司组成的行业组织，主要工作是确保项目的顺利进行，它是一个独立机构。政府与SEUK在研究上开展交流合作，比如在2016年2月共同出版了行业内史无前例的分享经济产业报告。这份报告提到了很多复杂问题，比如大部分分享经济都没有算入国内生产总值（GDP）中（更糟的情况是会降低GDP）。换言之，分享经济体系健全的国家可能已经低估了本国的GDP，所有地区对于新型经济，有必要制定新的衡量标准。

（4）美国：谈起城市与分享经济，美国并不是发展最快的。回溯至2013年，纽约、波士顿、费城、芝加哥、洛杉矶与旧金山等15个城市的市长共同签署了分享型城市决议（Sharing Cities Resolution），宣布支持分享经济。有些城市一直积极建立数据分享合作关系，例如，与滴滴出行合作的美国打车分享平台Lyft已经在美国好几座城市的快速交通系统中上线了。这有助于城市获取更多更可靠的数据，反过来也会帮助他们更好地制定政策，减少直接监管。

中国探究分享经济时，要时刻谨记，没有"正确"的方法或模式。我在几十个国家和几十种文化氛围中从事过分享经济工作，已经深刻理解分享经济发展呈百花齐放的态势。每个地方都有其独有的政治、经济、社会与文化渊源，分享经济的"形式与体验"也因地而异。例如，首尔的分享经济模式与伦敦或旧金山不尽相同，中国分享经济的形式与体验也同样有别于其他地方。政策制定者与企业家应共同关注的是，如何抓住机遇，将分享经济向包容、平衡、适应地区动态、能够体现中国倡导的价值观、理念与长期发展目标的方向推进。

座谈会上，讨论最多的是政策问题，这也是中国及其他地区希望从分享经济中分一杯羹的国家关注的首要问题。当我们仔细审视当今世界现行的法规，可以发现绝大多数是工业时代的产物，是为所有制商业模式量身定制的，是在智能手机还未出现的背景下制定的。这些法规根本没有预判到今天可能出现的商业模式，结果就导致了每当我们尝试用它们规范分享经济活动时，总会引发争议或产生负面结果。

值得庆幸的是，政策制定者对这些旧法规的更新工作日渐重视，但仍任重而道远。很久之前我们便开始着手政策改革，但到现在仍没有哪个国家取得显著成效。绝大多数待修改的法规都是区域性的，也就是城市或地方层面的，这并不足为奇，因为大多数分享经济活动都是在各区域内进行的，很少有全国性的分享经济政策出台（就这一点而言英国是特例）。常见的政策问题都是关于安全、保险、税收、劳动力、生产力、许可授权和区域划分及土地使用。其中一些问题（比如税收）涉及很多行业，而其他像区域划分等问题只关系到某类活动。

除了较为"专业"的政策问题，还要考虑到一些维持社会凝聚力与幸福指数的因素，这些经常也会有政策影响。例如，分享经济应当具有包容性，使各个年龄、各种背景及各等收入人群都能从中获益，如何才能落实这个理念？有很多平台都要使用信用卡，那些因为收入低而没有信用卡的人群如何才能参与进来？这个例子还只是冰山一角。这些难题就要求将分享经济战略纳入到整个经济发展与生产力目标中去。

正如没有"正确"的分享经济模式一样，也没有兼容这类经济绝对正确或最理想的政府架构。当然，合适的架构要取决于目标区域的政治氛围与政策环境。就像首尔，整个市政府团队都全力以赴，共同推进分享型城市的建设。而许多城市也许只有一个人将分享经济与其他项目提上议程。常见的与分享经济相关的政府部门有经济发展、创新与可持续发展部门（当然还有交通或旅游等行业明确的部门）。

一般而言，工作小组与委员会只有在工作明确、人力物力资源到位、可产生成果性强的情况下才愿意积极投身工作。如果工作小组仅仅只是负责了解下分享经济，撰写新闻稿，那就没有多大意义了。也就是说，只有工作队伍的责任心很强，有产出，才会产生奇迹。这支队伍应该积极捕捉良机，实行自我监管（由第三方而非政府实行监管），建立与分享经济平台的合作关系，利用公共资源投资推进分享经济的日常工作。

中国也可向英国分享经济机构、荷兰 ShareNL、新加坡分享经济协会或日本分享经济协会等行业贸易组织借鉴经验。这些协会是由分享经济公司与企业等私营机构创立的，政府本身不参与其中，但他们可以建立切实可行的政府合作机制。英国分享经济机构在这方面很有经验，经常接到英国政府的咨询求助，同时他们也制定行为规范等自我监管体系。当然行业协会需要大量颇具远见、信誉可靠的公司的共同扶持，能够认可协会本身的价值，为保证协会正常运转提供资源。

接下来，我愿意为中国提出一些建议。

第一点，普及教育是关键，在社会各界中建立分享经济意识，真正理解平台的运作模式。

第二点，将城市作为工作的中心，根据具体目标制定政策，将分享经济的原则应用到政府自身中去。

第三点，尽可能减少对规制改革的干涉，尤其是保护初创公司，这对公司开辟创新与增长之路有重要意义，也会促进更多高效政策的出台。

第四点，推进商业模式的多元化发展，营利化、非营利化与合作化、全球化与本地化、货币化与非货币化等。这会使参与度与受益性最大化。

第五点，聚焦"分享"一词，明确分享经济的正确含义与错误含义。真正的分享经济平台不仅帮助人们更高效地满足需求，同时也建立了社区、社区关系与弹性化发展。这对中国在全球范围内的声誉与公信力有重要意义。

第六点，引导城市间相互学习，建立联系。正如每个国家都有其独特之处，中国的发展经历也是独一无二的。但这不影响中国与世界在很多方面可以相互借鉴。

分享经济并不是灵丹妙药，也不能信誓旦旦地说其在中国或其他地方一定会取得成功，要受限于未来短期内的政策决定等因素。当合理、公正和负责任的政策颁布执行，分享经济就有机会驱动创新，推进可持续性消费，加强社区建设，从而转变整个经济生态系统。换言之，分享经济会开辟一种全新的经济范式，但这需要国营部门与私营部门在决策时能够大胆创新，高瞻远瞩。

分享经济为中国带来巨大机遇，与中国所提倡的创新、环保、繁荣与社会责任等价值观十分契合。分享经济对中国发展迅速的城市提供帮助，当然中国有更大的市场，政府建立并参与到这类市场的能力要比世界其他地方更强。中国目前需要思考的问题应该是：我们能够如何构建一个让分享经济真正兴盛的环境？如何借助分享经济，提升中国在世界上的形象？

HOW SHARING ECONOMY RESHAPES THE FUTURE

实 践 篇

CHAPTER 04

行业热点

网约车如何重塑出租车服务市场

中国政法大学公司法与投资保护研究所　王　军

　　网约车平台从一开始做出租车的打车软件，到推出"专车"、"快车"、"人民 Uber"、"顺风车"等，不仅它们自身在不断演进（从互联网+出租车，到互联网+分享经济），同时也持续地改变着出租车行业和出租车服务市场。梳理这个演进的过程，是探讨传统出租车与网约车如何协调发展的前提。

一、叫车软件改变信息传递和定价方式

　　网约车出现之前，出租车市场是什么样子？并非一派歌舞升平。事实上，出租车业向来是一个争议不断、乱象频生的行业。第

一，在消费者一端，"打车难"的抱怨几乎从未停歇。需要用车的时候打不到车，这是民怨焦点。除此之外，还有对出租车服务质量不高、车型低端等的批评。第二，在出租车公司方面，企业一方面对政府的过度管制（例如，运价限制、车型限制等）不满意，另一方面又认为执法机关对非法营运车辆打击不力，以至于数量管控形同虚设。企业既要政府管，又要政府管得恰到好处。第三，司机也是怨气冲天。他们抱怨公司的"份子钱"太高，工作压力太大，政府的补贴太少。在出租车经营权由个人持有的一些城市，政府发放新的经营权或者要到期收回经营权，都会引发经营权持有人（投资者）的抵制，有时还会爆发示威抗议乃至冲突。第四，政府主管部门也非高枕无忧，一方面要应对民众对这个行业的各种批评，另一方面还要协调行业内部的经营权配置、行业秩序、企业管理、监管执行等，简直是焦头烂额。

打车难的根源，一是车辆受数量管控，总量供给不足；二是信息传递手段原始，巡游出租车司机靠眼力发现乘客，乘客靠招手呼叫出租车，双方传递需求或供给信息的方式非常原始、低效，浪费了大量运力。

2012 年，市场上出现了利用移动互联网和 GPS 技术叫车的APP。手机安装叫车 APP 之后，用户可以同时向周围许多的出租车发出用车需求，安装该软件的出租车司机也可以持续地接收到更多的用车信息。也就是说，叫车软件可以将一个需求信息发送给尽可能多的服务供给者，也能把服务供给信息传递给尽可能多的需求者。很显然，叫车软件提升了出租车的使用效率，一定程度上缓解了"打车难"。

在僵硬的运价管制之下,叫车软件只能传递供求信息,而不能传递需求强弱的信号。运价管制阻碍了出租车运力的市场化配置。叫车软件于是开发了"加价"功能。通过乘客自愿向司机支付一定金额的"小费"、"感谢费"、"调度费"等,软件将一定范围内的出租车优先配置给出价最高的乘客(推定其为需求最强烈、最迫切的人)。这样,出租车业原有的僵硬的运价管制也被局部松动了。当然,有些地方的监管机关坚决反对这种"加价"和"变相加价"的做法,将之作为违反运价管制的行为进行查处,但是加价功能事实上一直存在。

叫车软件解决了信息传递问题,但解决不了出租车总量供给不足的问题。在出租车数量固定且供给不足的前提下,加价功能似乎加剧了资源配置不公:越是出价高的人越容易打到车,而出价低的人就更少有机会叫到出租车。所以,最根本的难题还是运力供给不足。

二、车辆分享打开运力供给的瓶颈

2014 年 2 月,Uber 正式进入中国,在上海、广州、深圳三个城市推出高端商务车服务。2014 年下半年,易到、快的、滴滴、神州租车等公司也相继推出网络预约"专车"。所谓"专车",是指通过互联网平台及多重协议架构实现的,为用户提供点到点运送服务的高档轿车。"专车"的车辆一部分来自汽车租赁企业,另一部分是居民的高档私家车，均非出租车营运车辆。"专车"的车辆档次较高，它们的出现弥补了原有巡游出租车市场缺少高档预约商务车辆的缺口。专车的服务价格也比出租车运价高。

2014 年秋，Uber 推出了以中低档车为主的、运价较低的"人民 Uber"(People's Uber)。人民 Uber 的车辆均来自私家车。任何能够通过背景审核的人，都可以通过网络平台，用自己的私家车提供服务。2015 年 2 月滴滴和快的宣布合并。5 月，滴滴"快车"上线。6 月，滴滴"顺风车"上线。

各类专车和快车的出现，为居民出行提供了另类选择，实际上打破了原有出租车服务市场的管制壁垒。在市场上为乘客提供点到点运送服务的车辆不仅是出租车，而且还有汽车租赁公司的车和私家车；司机也不只是领有出租车从业资格的专职司机，还有无出租车从业资格但通过平台审核的兼职司机。专车和快车都避免外界将自己定位为出租车。它们的出现造成了传统出租车之外的一类点到点运送服务提供者。出租车的数量管控尽管仍然在规范文件上牢不可破，但事实上已名不副实。

怎样看待这个现象呢？有人将专车和快车简单地定性为"非法营运"。有人认为专车、快车属于"监管套利"。笔者在 2015 年 2 月曾经撰文讨论了这个问题。我的基本看法仍然是，网络专车、快车是一种商业创新，是规避管制壁垒的。

首先，从商业上看，专车、快车的两股驱动力，一是强大的市场需求，二是信息技术的发展。出租车不能满足市场需求是由来已久的事情。但长期以来，弥补这种供给不足的手段是自发产生的所谓"黑车"。除了那些长期服务于特定社区的"黑车"，由于司机与乘客在反复交往的过程中形成了信誉机制，通常情况下，"黑车"对一次性交易的用户是缺乏可信赖性的。"黑车"不是解决市民出行难的可靠途径。网约车平台利用最新的信息技术，实现了对接入司机和车辆的事前审查，基本做到了供需双方的实名制。而且，对服务过程有全程记录甚至实时跟踪。这就极大提升了供需双方建立互信的可能性。网约车平台不仅使原来不可能的交易成交了，而且还有效地动员了尽可能多的非营运车辆分享闲置运力，把以前完全浪费掉的资源利用起来。既为社会提供了有效的供给，又为一部分人提供了增加收入的机会。专车、快车的创新就体现在运用新技术促成资源分享，满足了原有系统无法满足的市场需求。

其次，从法律上看，专车、快车的创新是通过复杂的合同架构规避管制壁垒的避法行为。避法行为并非都是有危害性的。相反，许多创新最初都表现出避法行为。对待避法行为，不能刻板地适用法律，而应该坚持从公共政策的高度解释法律法规，必要时立法机关应该及时修订法律法规。因为，法律的目的是要最大限度地促进公共福祉，而不应该束缚有益的创新活动。

三、促动部分出租车公司实现"互联网+"

网约车不仅在外部增量上改变了原有的出租车服务市场，而且还促动了出租车行业内部的技术升级。典型表现就是，一部分出租车公司也开始走上了"互联网+"的道路。

2015年7月,上海大众交通(集团)董事长杨国平接受采访时表示,传统出租车公司必须"主动拥抱互联网"。他们将开发自己的叫车APP"大众出行",改变原有的车辆调度方式和车资支付方式,实现互联网化(王烨捷,2015)。[1]

2015年9月,首汽集团和祥龙出租公司面向北京地区推出"首汽约车"APP,该平台提供预约出租车服务。

此外,广州的四大国有出租车公司也共同参与,推出了"如约"平台。据媒体的不完全统计,截至2016年6月,全国已有近20个城市上线了地方性叫车平台(庄胜春等,2016)。[2]

除了自建平台的出租车公司外,还有一些出租车公司直接与现有的网约车平台对接。例如,2016年4月,上海海博出租公司的500辆出租车直接加入滴滴出行的约车平台(刘珜,2016)。[3]南京市的几家出租车公司也在与网约车平台协商合作。

传统出租车公司主动"拥抱"互联网,有其特有的优势,除了像杨国平董事长说的那样,有"一支可靠的司机队伍"外,[4]更大的优势其实是它们拥有经过行政许可的出租车经营权(俗称出租车"指标"、"牌照")。有些媒体或者企业将出租车公司的网约出

---

[1] 王烨捷. 传统出租车公司该如何转型[N]. 中国青年报. 2015-7-2.
[2] 庄胜春等. 近20个城市曾推出地方性叫车平台,半数已处停滞状态[EB/OL]. 央广网. 2016-6-18.
[3] 刘珜. 上海500辆出租车加入滴滴专车,传统出租车转型新路径?[N]. 北京青年报. 2016-5-1.
[4] 王烨捷,前引文。

租车称为"官方专车",是有道理的,一方面,这些预约类的高档出租车都是拥有官方许可的出租车营运资质的车辆;另一方面,这些出租车公司通常都有国资背景或者本身就是国企。

国资背景的出租车公司进入网约车平台的竞争之中,一方面增加了该市场中的竞争者数量,对消费者不无益处,另一方面也引发了对能否展开公平竞争的担忧。央广网 2016 年 6 月的一个报道指出:"今年全国两会的网约车专题新闻发布会上,交通运输部运输服务司司长刘小明曾公开推荐首汽约车。如果说,滴滴们背后的巨额资本造成市场不公,那么,国资是否应该进入这样的竞争性领域?官方有选择地力挺,会否带来新的不公呢?"(庄胜春等,2016)[5]考虑到交通主管部门目前正在斟酌制定有关网约车的监管规范,如何定位网约车尚存在尖锐的争论意见,上述担忧不无道理。

目前,出租车公司推出的"官方专车"均应属于"出租汽车电召服务"(参见《出租汽车经营服务管理规定》,交通运输部令 2014 年第 16 号)。这些车辆的经营资质是来自监管部门新做出的行政许可,还是变更了企业原有的巡游出租车的经营资质?这些经营指标是否应该公开、公正地向市场发布,通过竞争优胜劣汰?预约出租车是不是仍然要像巡游出租车那样执行僵硬的数量管控?这些都是值得关注的问题。

传统出租车公司将其服务与互联网结合,是一个值得肯定的动

---

[5] 庄胜春等. 近20个城市曾推出地方性叫车平台,半数已处停滞状态[EB/OL]. 央广网. 2016-06-18.

向。在出租车服务的市场中出现多元化的竞争者也有利于市场本身的发展。但前提必须是，政府主管及各监管部门应当尽力维持公平竞争的环境。

四、难题所在

毕竟，有能力"主动拥抱"互联网的出租车公司是极少数。大多数中小出租车公司以及事实上的个体出租车业主，究竟如何在车辆互联网分享的大趋势中升级转型、出租车如何与网约车融合发展，仍然是一个需要不断探索的领域。

如前所述，网约车平台已经为出租车提供了技术升级的支持。但是，仅有技术升级，出租车公司还是无法完成转型。因为，现有的出租车数量管控和运价管制将企业经营的核心决策权（如产量、车型、定价决定权等）全部分配给了监管机构。用一位北京出租车公司负责人的话讲："几乎所有的市场要素、经营管理要素均为行政资源配置或行政手段管制。"（贾婷，2016）[6]出租车企业没有动力也没有办法开展竞争。"份子钱"、经营权的非法交易等"怪现象"的根源都是僵硬的数量管制、运价管制。所以，不放松出租车行业的管制，转型升级出租车企业就是一句空话。

从前文的梳理可见，网约车出现以后，在广义的出租车服务市场上，至少从增量的角度看，数量管制、运价管制实际上都不同程

---

6 贾婷. 网约车订单量接近出租车[N]. 京华时报. 2016-06-29.

度地松动了。各种网约车平台的发展已经为传统出租车的升级转型提供了技术支持、示范样板、组织平台和可能的合作伙伴抑或竞争对手。出租车企业能否升级转型，取决于政策制定者能否妥善改革现有的各种管制。

　　出租车行业的治理是一个世界性难题。移动互联网的发展为传统出租车业的升级转型带来了历史性的机遇。如何协调传统出租车行业与新兴网约车行业的融合发展，这是全世界交通管理部门共同面临的重大问题。新问题需要新思路、新办法。我国网约车行业的发展目前已走在世界前列，我们的监管政策也有条件开创出一条新路。

构建智能汽车与互联网、交通、
分享经济融合新业态

工业和信息化部电信研究院政策与经济研究所　何　霞

一、智能汽车将是智能手机之后的下一个风口

移动互联网/移动通信产业已经成为全球经济增长的主要贡献力量之一，也使智能手机改变了手机本身的通信功能，还改变了社交形式、信息传播，并承载了大量的互联网应用。2015年底全球智能手机用户达到20亿人，我国成为全球智能手机用户人数最多的国家。但近两年，智能手机增长趋势明显放缓，进入了调整阶段。

伴随移动智能手机技术的发展，泛智能终端的边界不断扩张，形态推陈出新。2013年以来，以可穿戴设备、智能汽车、智能家居、智能无人系统、智能手表为代表的新一轮硬件创新蓬勃起步，形成继智能手机后电子信息产业新兴增长点。其中，智能汽车更是由诸多汽车企业、信息通信企业、公安交通服务企业共同参与，产业发

展热度高涨。

在泛智能终端中，可穿戴智能终端设备被普遍认为是继智能手机和平板电脑之后，最有希望造就巨大市场的创新产品，但是目前行业旗帜性、颠覆性产品尚未出现，演进路径尚未明确；增强现实（AR）、虚拟现实（VR）等新技术被认为是未来发展方向，但产业影响力远远不够。因此，在泛智能终端市场中，智能汽车成为大家关注的焦点。

智能汽车的发展呈现出三大态势。第一，智能汽车将形成智能手机"操作系统+移动芯片"的技术架构，但并非以操作系统为单一核心，目前仍处于产业竞合早期。第二，智能汽车以传感互联、人机交互、智能控制、大数据处理等新兴信息技术与传统业态的集成创新为主要特征，其创新成果应用于交通、公安、保险等经济社会各领域。第三，智能汽车的相关产品品类和服务类别差异过大，且呈现出长尾特点，其APP开发和后台数据处理的需求千差万别，对新型显示器件、传感器件的需求更是碎片化，较容易形成专有技术引领性企业。第四，智能汽车的制造企业在全生命周期的扩张中，难以完全借势已有的制造环节的生态，不断重新调整产业组织模式，与信息通信、公安交通、金融保险等企业共存共赢。

5G时代将在2020年到来，无人驾驶汽车将与先进移动通信网络连接、与分享经济结合，将带动智能汽车进入自动驾驶的新阶段，使智能汽车成为智能手机之后的下一个产业风口。

二、智能汽车与信息通信、公安交通共建新生态

汽车产业一直是全球科技进步与产业创新的前沿产业。当前，智能汽车与公安交通、信息通信跨界融合形成多领域交集的新生态，已成为"互联网+"中最具代表性、最具融合性和最具创新性的前沿领域。它不仅改变了汽车制造与产品形态，改变了人们用车方式及人与车的关系，也开创了移动出行新方式。

新业态可分为五类：一是智能生产类，包括汽车设计模式的改变、汽车制造方式的智能化、汽车部件的电子化以及汽车控制决策的自主化；二是汽车交易类，包括商品流通环节的变革以及二手车交易平台的涌现；三是分享经济类，包括专车、拼车、汽车分时租赁等分享经济的形态；四是汽车后市场服务类，包括从导航、安保、维修、智慧物流等方面的应用；五是智慧交通服务类，包括智能公路、智能停车、电子支付等。

在这一业态中涌现出众多本土创新公司。其中，滴滴已成为中国最大的打车应用公司，覆盖 400 多个城市的 3 亿多名用户，超过 1400 万名司机，提供出租车、专车、快车、顺风车、巴士、代驾、试乘试驾等八条业务线，是目前全球最大的一站式出行平台，估值达到 250 亿美元。易到自 2015 年 10 月加入乐视以来，用户突破 4000 万名，日订单量达到 60 万元，已稳坐专车第三的位置。易到与乐视生态深度融合，将推出生态专车，启动"汽车分享的 2.0"，实现全面汽车分享。

三、面向自动驾驶的智能汽车新业态将带来颠覆性革命

（一）改变了汽车产业的产品结构与产业结构

一是从业务产品供给而言，智能汽车新业态不仅带来了道路状况的实时信息系统、车辆防碰系统等应用，还将使孤立的汽车智能化产品向互联网智能产品升级；通过车内与外界的无缝信息交流提高驾驶者与外界的安全互动，是汽车技术发展的一个新方向，也为汽车产业寻找新的价值增长点和创新点提供了很好的机会；二是从产业组织形式而言，智能汽车新业态不仅使得汽车厂商通过与信息通信业、金融保险以及移动出行平台合作而将汽车产业链条拉长，而且还使得车厂、移动出行平台、4S店、保险公司及车联网服务提供商形成新的协同关系，创新汽车服务业客户关系管理维护的新模式。

（二）改变了传统交通出行管理和服务模式

新业态创新发展正在改变交通出行管理和服务模式。一是通过互联网及信息技术对传统交通运输业务关键环节的改造，提升其便利性和运行效率。二是借助移动互联网、大数据以及云计算技术对传统交通运输业务管理与服务流程的重构，提高了用户体验感受，如打车软件、专车、拼车、分时租赁以及智慧物流应用等。三是载运工具动力、车体结构、控制方式以及感知与决策能力的进步，提升了载运工具的安全、效能和使用的便捷性，并与智能公路、智能枢纽与停车场等基础设施的发展结合，将推动交通运输体系向一体化、规则化、中心化和受控化方向发展。

（三）自动驾驶将改变人们生活方式与社会观念

自动驾驶是智能汽车与信息通信、公安交通融合发展的最高阶段，自动驾驶可实现完全的无人驾驶，端到端地运输货物或人员，将形成以汽车为中心的一系列生活和工作方式的改变。当前，私家车还是一种重要的交通工具，不同价格品牌的私家车成为家庭财富和社会地位的表征，随着分时租赁、汽车分享以及无人驾驶的出现，汽车将更多地表现为基本生理需求以及社交需求。

四、推动构建智能汽车与智能交通的美好未来

智能汽车、交通与互联网深度融合，通过基础设施、运输工具、相关应用的互联网化，使网络连接、要素和功能彼此耦合，以提升行业的协调、效率和活力，带来产业变革，催生形成跨界融合的新业态和新模式。为此，我们需要在政策层面为新业态的发展营造良好的政策环境。

（一）打造产业协同环境，推动新业态相关主体间的合作共赢

智能汽车与信息通信、公安交通的融合需要推动汽车企业、信息通信企业、交通安全管理等部门共同参与开发、平台构建与运营，形成协同的、可持续发展的产业发展环境。加强工信部、公安交通管理部门等政府机构间的联动协调机制，促进融合性政策设计的整体性和协调性。

（二）创新拓展多元化融资渠道，推动智能汽车的研发与生态创新

发挥财政资金的引导作用，利用重大专项等国家科技计划，推进智能汽车关键技术研发和示范应用。强化智能汽车研发及产业化的协同效应。发挥财税政策杠杆作用，采用PPP等创新融资模式，引导金融资本、风险投资等各类社会资本参与推动车联网发展。

（三）构建协同监管框架，推动分享经济发展

国务院总理李克强指出，要发展分享经济，让更多的人有平等创业就业的机会，使广大人民更好地分享改革发展成果。我国分享经济已经呈现出势不可挡的趋势，移动出行是引领分享经济发展的前沿领域，具有典型的网络化、跨区域、跨行业等特征，引发了新旧主体间的冲突，对现有的政策、制度、法律提出了新的挑战，推动监管部门从发展新业态和保护消费者权益出发，构建新的监管框架，制定适应分享经济发展的政策体系，创新监管方式。首先，可考虑尽快出台监管总体框架，但对网约车与出租车间冲突争议比较多的车辆和人员的准入问题，先搁置争议，通过地方试点和经验总结，再行出台相关准入政策，以避免扼杀新业态活力。其次，从更好地满足人民群众出行需求出发，明确监管目标，从事前审批向事中事后监管转变，将网约车平台接入政府监管中，通过大数据及互联网技术实现对人车筛选、服务监督等环节的管理。最后，大力发展分享经济，通过引入新业态已经给出租车行业带来新的活力和生机，一些地方开始出现了出租车"份子钱"松动、降低，甚至取消出租车牌照钱的情况。部分出租车公司也在与互联网平台开展密切

合作以实现共赢,这些都将给传统出租车行业带来新的活力和生机,推动出租车行业转型升级。

(四)保护网络与用户的信息安全

智能汽车新生态发展涉及大量网络与用户的信息保护问题,因此,需要按照重要性和敏感程度分级分类,强化数据保护;加强车辆位置、运行状态等敏感信息保护;健全用户信息安全防护标准,推动数据保护评级及软件评估认证;保护终端数据采集、平台互通、数据存储及备份、V2X通信和车辆智能控制等重要环节的网络信息安全。

分享经济重构未来
HOW SHARING ECONOMY RESHAPES THE FUTURE

电信运营商借力分享经济实现数字化创新

中国信息通信研究院　单　寅　褚　婧

在移动互联网、云计算等技术的驱动下，以 Uber、Airbnb 等新业态为代表的分享经济蔚然成风。这一模式最早出现于美国，其本质是通过闲置资源使用权的交换来实现供需匹配。《中共中央关于制定国民经济和社会发展第十三个五年规划的建议》中提出的"创新、协调、绿色、开放、分享"五大发展理念给了分享经济以政策红利，《关于深化改革推进出租汽车行业健康发展的指导意见》和《网络预约出租汽车经营服务管理暂行办法》一系列新政已经或正在出台；根据国家信息中心信息化研究部、中国互联网协会分享经济工作委员会联合发布的《中国分享经济发展报告2016》显示，2015年我国分享经济规模接近2万亿元，可以说分享经济发展正面临前所未有的契机。

与此同时，我国电信行业总体正处于"增速换挡期、结构调整期、政策适应期"的三期叠加阶段，电信运营商正处于转型发展的重要时刻，发展重心正在从传统的语音、短信业务转向流量经营和其他数字化业务。对于正处于转型阶段的电信运营商来讲，分享经济带来的机遇在哪里？

一、搭建分享平台

当前的分享经济，各个系统、各个模块往往由不同公司自行搭建，互相无法做到互联互通、数据分享，形成了各自为政的"孤岛"，无法形成统一的运营体系，这一点无法满足分享经所需要的资源聚合、数据集成、信息汇总等要求。在"互联网+"的浪潮下，尽管电信运营商的语音和短信业务面临着各类 OTT 业务的冲击，但仍然拥有管道资源优势。作为传统的重资产型企业，电信运营商拥有信息通信业发展所需要的基础设施，包括固定宽带网络、移动宽带网络、IDC、基站设施等，并在此基础上开展各类业务，从而具备了网络承载、业务运营两大能力和信息化领域的实践经验，也是分享经济平台的良好选择。运营商可以利用自身的集成优势和自身平台将第三方机构的接口打通，做分享经济的连接器，通过统一的认证体系进行访问，进而在这个平台上形成一个高效、多层次的资源整合体系和分享经济平台。这样的分享经济平台可以充分依赖运营商的云计算、大数据等技术能力，在业务开发、标准设计、流程管理、模式创新上形成完整的架构。这样的一个平台汇聚了网络基础设施、管理系统和应用层面，既是数据之间传输、交换的支撑，也是各个第三方机构实现资源交换和整合的使能器。

二、提供弹性服务

电信业的一个重要趋势是"云化",利用自身的云平台和云管道将闲置资源出租给客户。云计算的本质是通过互联网提供动态、可扩展和虚拟化的资源,类似于房屋租赁。对于中小型企业来说,购置IDC、服务器存在技术和运维难题,影响企业的运营效率,必然会考虑租赁闲置资源,这就给了云计算以市场空间。分享经济的一个重要特征是弹性,即根据不同用户的实际需求进行分门别类的资源配置和对接,这一点与云计算的内涵不谋而合。以电信运营商的业务为例,不同种类、不同规模的用户,对宽带接入、语音、话音、流量、短信和终端设备等业务有着不同的需求,运营商可以将其灵活打包组合并推荐给不同的用户。中国联通的"智慧沃家"、"沃家电视"是这方面的案例,广东联通更是和当地政府合作推出了面向当地居民的一站式公共服务门户"广州通",兼具政府信息发布、便民服务、电子商务三大功能,解决了政府服务部门分散、资料重复录入、数据价值挖掘不深等难题,实现了企业和政府共赢的局面。

三、打破传统业务框架"赋权"用户

互联网时代的各类OTT业务消解了电信运营商的优势,传统的业务框架难以为继。以智能终端的销售为例,无论是终端厂商直接销售给用户再由后者购买运营商的业务并完成产品消费,还是终端厂商将智能终端交由运营商而后让后者捆绑业务后销售给用户,运营商所销售的业务都是定制的，缺乏足够的灵活。在分享经济时代，运营商若想实现从业务到平台的转型，就必须做到用户"赋权"，把选择权、使用权交给用户，打破传统的业务框架，而不是采用传统的"流量"这种固定的套餐模式。举例来说，运营商可以给予用户更多的灵活搭配业务的权利，即允许用户处置购买的各类业务，具体形式包括转增、兑现、分享、流量银行存储、变现等，是一种广义上的"分享"。只有给予了用户充分的选择权和使用权，将选择的权利交给用户，剥离自身负担，才能够从已有的负担中解脱出来，提升用户黏性。在这一点上，江西联通的流量银行模式值得借鉴。目前，运营商一些基本的转赠分享、流量不清零等存储业务正在慢慢跟进，分享经济的模式正在慢慢渗透到运营商的日常业务中。

四、基础资源分享

除了业务层面的应用以外，运营商还可以在基础资源和运营层面做文章。例如，运营商可以通过分析每个用户的闲置贷款容量，通过 IDC 或第三方机构的调度能力汇总到云上，为各项加速、存储、视频、分发等业务提供支持，用户可以根据自身的宽带分享得到相应回馈，包括流量赠送、现金兑换、打折优惠等，这是一种运营商、用户和第三方机构的多赢模式。运营商还可以将现有的无线 WiFi 划分为用户自用和公用，后者可以拿出来作为热点分享给其他用户，运营商可以通过 WiFi 所有者的贡献和其他用户接入的累积时长、产生流量等因素给予 WiFi 所有者一定的收益回馈。

五、分享经济：运营商创新的必由之路

　　分享经济作为一种利用互联网并建立在资源分享基础上的全新经商业模式，利用云计算、大数据等技术实现了信息分享、资源优化配置，能够让电信业摆脱传统的封闭式运营体系，跳出"你输我赢"的零和博弈模式，让闲置的资源实现了充分利用，让消费者的购买成本大幅度降低，打破了原有的商业规则，达到了互联互通、共赢互利的目的。分享经济对于电信运营商来说，既是创新的浪潮，也是发展的机遇。运营商所拥有的管道资源、基础设施和庞大的用户数量，让其在发力分享经济上拥有很大的优势。无论互联网业务如何吞噬传统电信业的地盘，但运营商依然是网络的连接者和平台的构建者，其所拥有的优势依然无可比拟。因此，面对分享经济的浪潮，电信运营商只有加快创新、试水新的商业模式，才能实现华丽的转身，在新一轮浪潮中立于不败之地。

即将二次爆发的付费内容市场的
精细切割与融合大趋势

分答前公关总监　崔书馨

目前中国移动互联网用户达到 9 亿人，付费用户不到 1 亿人，可挖掘的市场空间巨大，所以投资人和创业者蜂拥而至内容付费行业。火烧正旺的"知识"、"内容"付费趋势和迅速崛起的公司很好地印证了这一点。

付费内容从 2016 年 7 月呈现出井喷之势；马东带《奇葩说》辩手上喜马拉雅 FM 卖课程，10 天卖了 1000 万元；问答类的产品"分答"在朋友圈火爆起来；罗振宇的"得到"APP 下载过百万元，推出的李翔、和菜头等内容和项目均受到热捧。据说李翔一次性收到了 1500 万元的预订费用。但付费内容在当年年底左右似乎逐渐冷却，如一团滚烫的火苗逐渐熄灭在冰河之中。投资人从 Papi 酱方撤资，各付费内容平台开始加大力度打磨音频产品，少有市场声量。而 2016 年底分答 A+轮融资、知乎于 2017 年初完成 1 亿美元 D 轮融资，又一度让人看到了付费内容的希望，由此可见，投资人的力

185

量不言而喻，他们的想象力体现在所投领域的未来发展。

内容付费之所以在近两年井喷，我认为更是整个时代的内容匮乏所致。绿洲之所以受到追捧，是因为荒漠的存在。文化荒漠体现在网络用语泛滥成灾，明明是不一样的人，经历的事情千差万别，最后都能划归同一个词来概括，这就是文化荒漠的体现。从收视率30%的春晚，到收听率3～5人的部门会议，网络用语侵蚀着渐渐远离文化熏陶的现代人。人们接触外在的方式越来越多样，手机、计算机、快速变换的户外广告牌都在向你昭告着即将到来的未来和眼下最值得追捧的生活方式。而这些内容的出产方，也许真的并不都是受过文化熏陶的人，他们也和广告受众一样，看着一样的电影，浏览着相同的热点，价值观也趋向统一而乏味。

而知识付费是内容付费领域的另一个场景细分，知识付费的井喷原因有三：一是版权环境逐渐得到好转；二是互联网免费内容信息泛滥，与之相对应的是精细化优质内容严重匮乏；三是自媒体订阅号兴起，各类不实信息逐渐增多，为短时间内吸引眼球不择手段产出内容。付费内容为知识内容付费铺平了道路，一些用户愿意用少量金钱成本换取其需甄选优质内容所花费的大量时间成本。

出品方的品位和知识储备决定了他会影响哪一类的受众，而出品方持续产生内容的能力和投资人的想象力决定了这些出品方的寿命。从得到、分答，到知乎和喜马拉雅，各家在泛娱乐内容付费和知识付费上都各有涉足。但是在较为混沌的付费内容市场，分清内容与知识的楚河汉界是后期发力的关键。

CHAPTER 04
实践篇

得到与分答这样的平台是偏知识付费，微博和喜马拉雅是偏内容付费。

知识付费更像大学，平台方作为教师的管理者，要对平台上的教师（知识大咖）有责任和要求，提供的知识要在一定范围内经过考验，有实际操作的意义，能够帮助到用户。内容付费更像是成品书店，有各种各样的作者提供各种各样的内容，更多的内容是偏向娱乐性和常识性。由于人类自身的惰性，人们对娱乐的爱好远远大于对自我成长的升级渴望。"三天打鱼，两天晒网"不止是古代人三分钟热度的体现，更是对于现在知识付费主流消费群体的写照，数据是对市场发展的铁证。

稍微统计了一下十点课堂、知乎 live、得到、喜马拉雅四个产品的付费内容购买量，其中十点课堂统计的是全部 19 门课程，得到统计的是全部付费专栏，喜马拉雅和知乎 live 统计的是做过小讲讲主的人，数据如下。

十点课堂：看得出来是在做实用的精品课程，课程数量少，只有 19 个，定价在 50~199 元，多为 99 元。平均销量 23 208 份，中位数为 22 000 份，大多集中在 10 000~30 000 份，仅 4 个课程没有过万份。销量最高的为刘轩讲心理学，售出 87 000 份。

得到：主要是各个领域，尤其是商业的专业人士的课程，共有 24 个专栏，定价均为 199 元，平均销量为 48 803 份，中位数为 48 118 份，仅 3 个课程没有过万份。销量最高的为李笑来的课程，售出 15 万份。

知乎 live：11 位小讲讲主开过知乎 live，平均参与人数为 2366 人。除战隼单场过万人，最高一场 3 万人以外，其他均未过万人。除去战隼的数据，每场知乎 live 平均参与人数为 1575 人。除战隼和赵伊辰外，同一讲主小讲销售量均高于知乎 live。且同一人多次开知乎 live，数据会极速下滑，战隼的知乎 live 参与人数已从第一次的 30 000 人，跌至最近一次的 2000 人。

喜马拉雅：20 位小讲讲主在喜马拉雅上有音频节目，其中 11 人为免费内容，9 人为付费内容，只能通过第一期内容播放次数估计付费人数，平均销量为 52 000 人。最高为水哥和其他最强大脑的组合，销量 19 万人。除去水哥的节目后，平均购买人数为 35 000 人，中位数为 14 000 人。价格为 69 元到 218 元不等，大多在 100 元以下，订阅人数集中在 1 万～2.5 万人。但系列内容后期收听量下滑严重，几期内容后收播放量会降到 5000～10 000 人。

由此可见，数据均呈现了下降趋势。那么以上公司在内容付费和知识付费的激烈竞争中，如何不被潮水吞没呢？

一、在虚拟内容的竞争中，让差异化越来越明显

虚拟内容不像硬件，山寨功能超强一卡多待最好，而应该是越来越垂直细分精准，建立超高黏度的粉丝体系。对于非刚需的产品，要么削尖产品属性，变成泛娱乐化，要么像教科书一样，以更互联网化的方式让"终身学习者"不断地获得提升，不断地在平台消费。把知识付费和内容付费这两个概念彻底区分开，在平台运营上，就

完全是两个方向，表面上看都是内容付费，但实际会影响平台的运营方式和管理机制，内在是不一样的。如同买明星娱乐杂志跟科学杂志，科学杂志是不可以随便发表文章的，各类论文都要经过反复的实验和考证才能发表。两种方式都合理，没有对错，只是对运营方来说会有截然不同的要求。但越是想要得丰盛，也许最后哪一样优势都没占到。有的知识付费平台也有娱乐明星出现，也许是宣传合作为了吸粉倒流，但长此以往会落得如四不像一般尴尬。

二、开始运用人工智能，在教育赛道中远超传统教育才有突围优势

我经历过知识付费企业，也认识很多做运营的伙伴，从他们口中对公司架构和内容运营有些了解。运营程度极重，比作大炼钢铁都不为过。一个 20 分钟的音频内容，至少需要经历 20 天的准备时间，从联系内容出产商（知识大咖）到梳理知识结构再到输出逐字稿。

人工智能将来能不能在这个领域有更大的用处呢？因为重复提问的问题也很多，学生时代，老师上课总会说："这个题不是刚讲过吗？"所以人工智能对问题的分析、对内容的再整理分发、对用户重复提问的问题可不可以用一个打折的费用让他获取，而不是让他和作者同时去重复这个劳动过程，造成时间成本的浪费。

重复的劳动过程对用户的资金和作者的劳动时间都是浪费。在运营中早日脱离传统的手工劳动，早日进化到人工智能，是制胜的密钥。

三、合久必分,分久必合,战火终将熄灭

做内容付费这件事数据很重要,大家一起努力钻研,用户数据基础更大,做事情更精准、更有效率,因为大家对内容的需求要求相对来说更精准,对用户来说也不希望有这么多平台、这么多入口去找自己想要的东西,他想要的也不止一种内容,所以入口的统一、数据的分享,才是后期发展出拳的重要因素。

当然,投资机构会在背后不断推动,这也是主要因素,如同现在的摩拜和 OFO 一样,不断地加大投入、不断地去融资、不断地进行市场竞争公关战,本质就是背后资方的角力,看谁先撑不住先低头,就被收购了。被收购方倒也不是完全地失败,获得了一时的利益,损失了对公司长远的话语权。看各自的理想,前有滴滴和 Uber 为证。如果没有持续的造血能力,那么最后就是纯资本的角逐。结果可想而知,大鱼吃小鱼,整顿市场、裁员、协商管理制度、踏踏实实做知识服务,谨慎烧钱。话题热度让内容付费、知识付费产品本身具有无可比拟的传播属性,而话题不是永恒的。对这个时代而言,人们需要的仅仅是新鲜感,当你不再新鲜,那么就要考虑踏踏实实的赢利为商业的根本了。如同快速变换的广告牌,终有一日会被其他广告替代。

美国分享经济考察调研报告

中国互联网协会分享经济工作委员会秘书处　西京京　叶如诗

5月31日至6月2日，由中国互联网协会分享经济工作委员会主办、滴滴出行牵头组织的2016年中美分享经济产业大会在旧金山举行。国家网信办、中国互联网协会、中关村管委会、工信部电信研究院、中国国际经济交流中心、中国社科院、滴滴出行、PP租车等政府、企业代表出席大会，与纽约大学、斯坦福大学、Airbnb、Lyft等业界专家开展研讨，重点探讨中美分享经济发展模式及协同治理。

一、美国分享经济发展基本情况

回顾现代美国资本主义发展历程，在工业革命之前，家庭是最基本的商业单位，普通商人掌握着经济命脉，以独立供应者的身份参与到小型商业活动、交易或手工制造中。由此可见，与分享经济相关的交易、商业活动与就业都是由来已久的，当今的数字技术将我们带回过去所熟知的分享活动、个体经营及以社区为基础的经济交流活动中去。经济活动组织模式将迎来根本性的全新转变,新的模式将逐渐成为 21 世纪的主流。

美国是全球分享经济的翘楚,企业数量超过 400 家,融资规模近 200 亿美元,旧金山和纽约市是全球分享经济创业企业最多的城市,累积数量超过伦敦、北京和上海、巴黎之和,并在多个行业诞生了分享经济独角兽企业。美国行动论坛的研究认为,2014 年 Uber、Lyft 和 Sidecar 带来了 5.19 亿美元的经济增长。截至 2015 年底,Airbnb 已经在全球 190 多个国家和地区开展业务,覆盖 34 000 多个城市,拥有 200 多万个房源,超过 6000 万名房客从中受益,市场估值 255 亿美元。

二、全球分享经济遇到的问题和挑战

(一)工业时代的监管形式不适用于分享经济

分享经济以产权清晰为前提,以互联网技术为基础,以所有权与使用权相分离为典型特征,引发投资、生产、消费、服务及城市基础设施的改变。当今世界先行的法规,多是在智能手机还未出现的工业时代,为所有制商业模式定制的产物,不适用新型商业模式,导致产生争议。

分享经济创造了大量的灵活就业岗位。美国拼车服务领导企业 Lyft 公司调查了 5700 位乘客和 2600 名司机,调查结果显示 78%的司机平均每周工作少于 15 小时,86%的司机是兼职司机。现有社会保障政策、税收和劳动法主要是基于全职雇佣基础上建立起来的，缺乏政策灵活性，不适应当前分享经济快速发展的需要。又如，2017年5月初，美国得克萨斯州首府奥斯汀要求沿用出租车管理办法，提供分享出行的驾驶员必须经过指纹审查，此举旷日费时、成本庞大，导致Uber和Lyft决定终止在该城市的业务，让奥斯汀逾1万名驾驶员失去饭碗。

（二）缺乏国家层面的战略保障"人人参与"

简单地说，分享经济就是通过人人参与，借助互联网平台，把各类过剩的消费资源数据信息整合在一起，通过倡导人人分享，实现体验式消费，带来一系列的成本降低、效率提高，创造新的生产红利和消费红利。分享经济应当具有包容性，使各个年龄、各种背景及各等收入人群都能从中获益，如何才能落实这个理念？有很多平台都要使用信用卡，那些因为收入低而没有信用卡的人群如何才能参与进来？这些难题就要求必须将分享经济战略纳入到整个经济发展与生产力目标中去。

（三）企业难以获取政府数据影响信用安全审查

分享经济模式下，生产者和消费者的界限变得模糊，商品和服务的所有权和使用权暂时分离，这就需要有高度的信用和安全保障。平台企业要做好注册用户的安全和信用尽职审查，建立可追溯的科学的信用安全审查体系，建立完善的安全事故处置和应对机制，但由于企业难以对接、获取政府数据，因而影响安全信用审查的效果。

三、发达国家促进分享经济发展的经验借鉴

(一)国家与城市战略支持

发达国家在多个层面纷纷提出分享经济战略。2012 年 9 月,首尔市政府发布《首尔分享城市》宣言,首尔创新中心专门设立了分享经济政府职能部门。2013 年,纽约、波士顿、费城、芝加哥、洛杉矶与旧金山等 15 个城市共同签署了分享型城市决议,宣布支持分享经济。英国 2014 年就从国家层面提出要打造"分享经济全球中心",并进行了顶层设计,出台了一揽子政策。阿姆斯特丹把分享经济作为环境可持续发展战略中的一项重要举措,绿色新政项目(Green Deal)便是一个成功典范,其由 30 多个利益相关者联合创立,朝着一个共同的目标奋斗——到 2018 年将荷兰的分享汽车数量提升至 10 万辆。具体包括:

1. 拨款支持分享经济城市与项目

韩国拨款资助 50 多项市级分享经济项目;英国将分享经济纳入 2015 年国家预算,并向两座分享型试点城市拨款 110 万美元。

2. 鼓励在分享经济领域创业

韩国首尔市政府向分享经济预创业者提供办公空间、咨询和活动经费等支援,已支援多家团体和企业,金额超过 4.7 亿韩元。

3. 普及教育理念

欧盟逐步在初级、中级、高等、成人以及职业教育中植入分享

经济的概念和原理，从学生时代，提升参与分享经济的认知和意识。

（二）政企合作制定分享经济法律法规

发达国家已经开始行动，联合企业与政府共同修订分享经济相关法律法规。美国 Lyft 公司通过与政府的密切合作，已使 33 个州改变了现行的交通法规，承认 Lyft 公司在交通领域的合法运行，美国芝加哥、波士顿、波特兰等城市降低了分享车辆税率，旧金山大部分汽车分享停车场由街道市政停车场以折扣费率提供。目前 Lyft 公司在和联邦政府解决无人驾驶车辆的立法问题。美国 Airbnb 公司通过与行业协会、法律工作者、房屋供给者和消费者一起参与政府决策，推动了个人房屋短租的合规性。

（三）鼓励行业自律

在西方世界，商人与手艺人公会等 SRO 组织（Self-regulatory Organization）出现在中世纪，对会员的薪水、工具、技术、质量以及价格都有严格规定，成为经济发展不可缺少的一部分。这些 SRO 组织具有强制力、依从性甚至可作为司法权威。美国等国家已将企业自治和行业自律作为分享经济监管的重要方式。针对网络约租车，美国加利福尼亚州于 2013 年创立了交通网络公司（TNCs），与网络平台合作实施监管：政府对车辆和司机设置准入标准、责任保险要求和运营要求等，网络平台承担管理车辆和司机准入以及日常监管的责任。

另外，英国、韩国、欧盟等先后成立了分享经济自律组织，英国商务部 2014 年牵头设立 SEUK，致力于宣传分享经济益处、要求企业进行员工培训、设立安全准则、支持分享经济研究项目等。英国政府与 SEUK 合作在 2016 年 2 月共同出版了英国分享经济产业报告，为政府决策提供依据。

（四）利用大数据开展监管

多数分享经济代表型城市开始探索与企业建立数据分析合作关系，推进"数据驱动监管"（Data-driven Delegation）。例如，美国打车分享平台 Lyft 已经在美国好几座城市的快速交通系统中上线，这有助于城市获取更多更可靠的数据，帮助城市更好地制定政策，相比于通过市政府或州政府查看平台提交的实际运营数据来监管，此举可有效地防止数据泄露带来的风险。

四、促进我国分享经济发展的相关建议

目前中国网民规模已经达到 7 亿人，是美国总人口的 2.2 倍，与欧洲的总人口相接近，一批互联网企业跻身全球的前列，特别是分享经济在全球已经站在了最前列，呈现出几个方面显著的特点，一是体量规模巨大，二是分享领域广泛，三是一批分享经济的代表企业快速崛起。短短的几年时间，滴滴平台司机注册已超过 1400 万人，注册用户已超过 3 亿人，2016 年全平台订单总量达到 14.3 亿人，在全球遥遥领先。研究数据表明，预计未来五年分享经济年均增长速度在 40% 左右，到 2020 年市场规模占 GDP 比重将达到 10%以上。建议：

（一）从国家层面制定分享经济保护政策

建议从国家层面制定分享经济发展战略，在交通、住房、知识技能、金融等供需矛盾突出领域出台具体支持政策，包括简化工商注册手续、税收减免和提供金融支持等，吸引更多社会资本进入分享经济领域。

（二）政府指导、企业自治、行业自律，推动分享经济共治共管

以共治共管为原则，政府指导、企业自治、行业自律，建立协同监管框架，发展以社会信用体系为支撑的分享经济。行业协会等组织可通过调研向政府提出监管建议，由多个利益相关方讨论审议，推动"政府管理平台，平台制定细则"多方共赢的管理办法。同时，企业主动履行社会责任，加强信用体系监管体系的建设，推动社会诚信体系建立，积极为分享经济创新营造良好的发展环境。

（三）积极推进政企数据合作

通过政府开放公共数据、培育信用认证市场和制定严格的个人信息保护条例等措施来保障平台企业尽职做好信用安全审查，平台企业通过与政府数据分享，建立科学的安全管理体系，推动分享经济的延伸拓展，促进就业惠及民生。

生活类

滴滴出行：大数据驱动分享出行

企业名称：滴滴出行科技有限公司

成立时间：2012年

总部所在地：北京

企业格言：全球智能交通技术引领者

今天全人类共同的问题就是：一方面面临资源匮乏的瓶颈，比如清新的空气、食物、水、土地；另一方面随着人民生活水平的提高，对美好生活的向往越来越强烈，这永远是一个博弈和平衡的过程。分享经济的最终目标就是解决资源短缺的问题，实现两个目标的协调。

CHAPTER 04
实践篇

滴滴以大数据驱动分享出行的模式解决了困扰我国亿万名城市居民数十年的打车难问题，创造了 1500 万个灵活就业和增收的机会，孵化出众多围绕平台的创业公司和创业个体，为稳增长、促就业、惠民生都做出了积极贡献。

一、滴滴快速发展背后的"四个引擎"

滴滴的快速发展和未来都离不开背后的"四个引擎"。

第一个引擎是"互联网+交通"带来的效率提升。滴滴通过将所有交通工具和用户连接到线上，利用移动互联网、大数据技术和司乘信用体系的建设，解决了原来出租行业一直没能解决的信息不对称和随机交易的问题。更重要的是，滴滴通过人工智能不断优化算法，学习城市的出行规律，得以对整个城市交通资源做效应最大化的调度。目前，北京每分钟有上万单需求，滴滴通过算法每天覆盖北京道路 300 遍，交通成为实时动态大数据，滴滴大脑一直在学习城市出行需求，现在对 15 分钟后需求预测准确率超过了 85%，算法促成每天超过 200 万人通过拼车上下班。

第二个引擎是兼职+全职的潮汐模式。因为出行是典型的潮汐需求，和春运黄金周一样，有高峰期和平峰期。只靠出租车和专业司机，高峰期会叫不到车，如果按照高峰期的需求匹配运力，平峰期就会大量闲置，没有人会投资。唯一解法就是专兼职的潮汐体系，根据平峰期需求投放专业运力，高峰期涨价吸引兼职司机。滴滴由近 20%全职司机和超过 80%兼职运力构成，潮汐理论让滴滴做到了 98%应答率。

199

第三个引擎是出租车行业改革。因为信息不对称和随机交易的特征，出租车的数量和价格一直在政府的管制之下。政府需要对行业补贴和维稳，出租车公司和司机的收入被价格管制和份子钱锁死，不能因为提高服务水平而获得更多收入，服务越来越差。同时，数量管制下的牌照制度使得利益被固化，内部没有改革动力，政府多次推动改革均不成功。滴滴在体系外摸索市场化的方式，互联网创新降低了打车的难度，将司机的服务好坏跟收入挂钩，注重用户体验，鼓励优质服务，这种新模式的生命力冲击传统出租车市场，行业改革也开始破冰。

第四个引擎是分享经济。把私人交通工具的运力调动起来为公众服务，在没有增加城市车辆保有量、没有增加道路资源消耗的同时提高运力，正中分享经济的核心——使大量的闲置资源与别人分享分享，实现共同获益。过去城镇化每个家庭都希望买一辆汽车，但随着人口越来越密集，这种发展模式越来越低效。买一辆车 3% 时间在用，97%闲置，城市要建大量停车场，路上跑的车大多数只坐一两人。低效的模式使得城市交通难以为继，全球 7 个限购限号城市中 6 个在中国。未来会从拥有汽车变成分享汽车，大家都不会像今天一样热衷于开车买车，只需为使用付费就好，无须拥有。根据滴滴调研的结果，现在已经有 70%滴滴的用户表示没有很强的意愿去买车或者换车。

二、大数据将对城市交通产生重大影响

仅有分享经济这个模式是不够的。因为即使人们有分享的意识

和需求，但没有有效的连接、调度和匹配依然分享不成。滴滴通过移动互联网将所有交通工具和用户连接到线上，同时发出需求，然后利用大数据技术在极短的瞬间实现海量用户、海量车辆、海量位置信息、海量路线拓扑信息的最优匹配，解决了司乘双方信息不对称的问题，让供给侧原来很高的门槛变得很低。同时，滴滴通过人工智能不断优化算法，学习城市的出行规律，可以对整个城市交通资源做效应最大化的调度。

目前平台每天新增数据超过 70TB 以上，每天计算次数达 90 亿次，高峰时段每分钟匹配就高达 200 万次。基于如此大的数据量，滴滴可以进行最大限度的数据挖掘，不断通过大数据和深度学习驱动的人工神经网络，实现精准的预测能力、智能的调配能力和动态的定价能力，以此来提高效率降低成本，实现最优的运力调度，如图 4.1 所示。

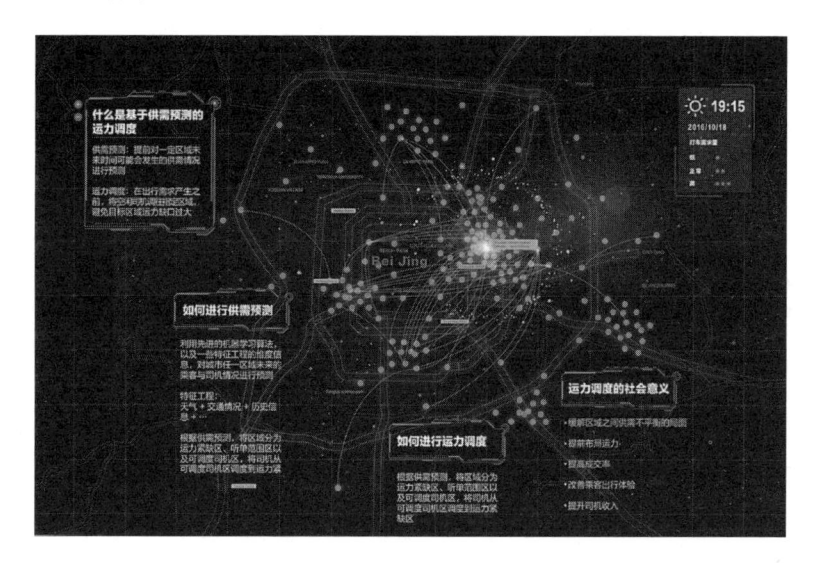

图 4.1　滴滴出行运力调度的要点

更重要的是，未来大数据一定能够帮助到城市交通。比如说这个城市的红绿灯应该怎么建设，它的持续时间将可以实现动态的调整，从而提高整个道路资源的使用效率，滴滴正在和许多城市的交通规划部门共同建设智能交通云，分享双方的海量数据和挖掘分析能力，从而让技术对整个城市长期的交通和建设规划发挥重要的作用。

我们有一个预见，10年以后，可能私家车会逐渐变为运营车，一方面车辆使用效率高，数量将大幅减少；另一方面到了夜间，运营车可以停在六环以外或者室内集中的停车场，不会占用过多的道路资源。整个交通产业的变革将会推动整个城市前行。

三、分享出行对环保和就业的价值

"唯GDP论英雄"的负面影响正在显现，环保和就业成为人们更加关注的焦点。因为在应对环境危机方面的贡献，滴滴出行入选了《财富》杂志"2016年改变世界50家公司"榜单，成为今年唯一上榜的中国企业。

目前，在滴滴平台每天有600万人次通过拼车和顺风车的方式出行。如果没有大数据技术和平台，如此海量的供需之间的信息匹配和出行习惯是无法实现和培养起来的。据滴滴测算，每天通过分享出行节省下来的能源换算成碳排放量，相当于1万亩树林的生态补给。相信这一切只是刚刚开始，随着规模不断变大、密度不断升高，拼车的概率会更高，体验更好，会有更多的人通过分享的方式完成出行。

同样重要的是，只有通过分享出行的方式，才能够真正推动电动车真正地普及。在电动车性价比还不够高的当下，老百姓并不愿意去买电动车，因为车开得少并不会节省很多油费。但是互联网平台会推动这一进程，因为在互联网平台上一天至少能够跑 20～30 单，节省的油费远远高于溢价，所以滴滴会是电动车普及最主要的推动力。

2015 年特斯拉在中国售卖的电动车中大概将近一半在滴滴平台上注册了快车、专车、顺风车还有试驾。中国的目标是到 2020 年有 500 万辆电动车，相信滴滴会占有很大的比例。

此外，滴滴为社会经济转型发挥了减震器和缓冲阀的作用。目前在滴滴平台上已经有 1500 万名注册的司机，这些司机里面有将近 400 万名是来自重工业和去产能行业的职工，还有很多退伍军人、因为出口和制造业不景气而转行的工人和私营企业主等，还有更多人把滴滴作为重要的第二份收入来源，来让自己和家人的生活过得更好。

摩拜单车：建设"物联网+"智慧城市，服务民生需求"最后一公里"

企业名称：北京摩拜科技有限公司

成立时间：2015年1月27日

总部所在地：北京

企业格言：骑行改变城市

截至2017年10月20日，摩拜单车已经进入全球9个国家180多个城市，运营着超过700万辆的智能共享单车；全球用户超过2亿，每天提供超过3000万次的骑行，是全球第一大互联网出行服务商。作为中国创新、中国智造的代表，摩拜单车的创新模式、创新产品受到海外各国的热烈欢迎。摩拜单车被《财富》杂志评为"2017年改变世界的50家公司"之一。

摩拜单车的目标是帮助每位城市人以可支付得起的价格更便捷地完成短途出行，让出行更绿色，并帮助减少交通拥堵，让城市生活更加智能。

分享单车和传统公共自行车相比，主要的优势是（见图4.2）：

（1）城市短途出行。随取随停，不需要定点还车，解决公共交通出行最大痛点。摆脱固定停车桩，随时随地借换车，避免了布线、建桩等政府在土地规划、城市建设方面的资金投入。

（2）互联网+出行，APP+网络定位，掌握时时车况。采用物联网技术，用户通过手机APP实时了解周围车辆信息，可以提前15分钟预约车辆，随时随地借换车，使用方便。有专门的运营团队，能够根据车辆内置GPS和数据芯片上报的信息，提供及时、高效的管理和干预，避免了政府在运营和人员上的管理投入和成本。

（3）扫码开锁，简便，提高出行效率，安全轻松支付。一扫即开的智能锁，用户使用简单，无须亲自到办理点办理，无须办卡，只需下载手机APP注册。

（4）提高社会效用：在一定程度上分享，缓解交通拥堵压力，是新型的出行方式。通过一车多用的分享经济模式，有效减少私家车出行比例，并大幅度降低自行车偷盗行为。

（5）摩拜全天候24小时使用，一定程度解决公共交通夜间覆盖的问题，有效弥补公交与地铁夜间空白期，为人们夜间出行增添选择。车身设计时尚新颖，科技感强，能够塑造时尚、创新的城市形象，提升城市魅力。

图 4.2　摩拜单车利用新技术实现建设"互联网+"智慧城市

目前摩拜单车涵盖 200 多项在申请专利，涉及范围基本覆盖全车，新型无链传动系统替代原始的链条传动，智能锁兼具实时定位与防盗报警功能，关锁结账的功能更是增加了用户单车使用的新体验，自行车的智能系统电量则来自骑行实现自给自足。

2017 年 4 月 12 日摩拜单车正式发布了行业首个大数据人工智能平台——"魔方"，称将大规模应用人工智能技术，能够整合地域、时间、天气、运力、车型、人群及其他数百个变量因子，精准预测未来任意时间、任意地点的分享单车骑行状态，并进行可视化展现，从而提升运营效率。"魔方"可谓物联网技术自诞生以来全球范围内最大规模的实际应用。摩拜单车的每一辆车都配备了独家自主研发的智能锁，支持"GPS+北斗+格洛纳斯"三模定位，定位速度更快，精度达到行业最高的亚米级；通过内置的物联网芯片，摩拜单车构建了全球最大的移动式物联网系统,每天产生超过20TB的出行数据。

一、大数据运算,科学规划车辆投放数量和投放点

摩拜单车作为第一个实时记录自行车骑行轨迹的科技公司,车辆投放选点和投放数量均依靠后台运营数据分析指导投放运营。车辆在工厂检测合格后,当晚将车辆投放到城市主城区的主要商圈、地铁站、居民区等地点,车辆随着用户需求在城区内流动。

二、物联网技术运营和管理车辆

车载GPS、数据通信模块与公司后台数据库连接,可以实时记录车辆状态信息、位置和出行轨迹。一旦出现车辆使用频次过低、异常移动、定位异常等情况,运营人员将及时根据上报位置到现场进行管理和干预(见图4.3)。2017年3月23日"摩拜红包车"上线,摩拜单车通过游戏的方式,鼓励用户更多地骑行摩拜单车,同时在骑行过程中,通过奖励政策激励用户积极参与到摩拜单车生态圈中。通过红包奖励鼓励用户骑行,让局部车辆供需失衡的情况得以改善,不再单纯依赖人力进行调度。

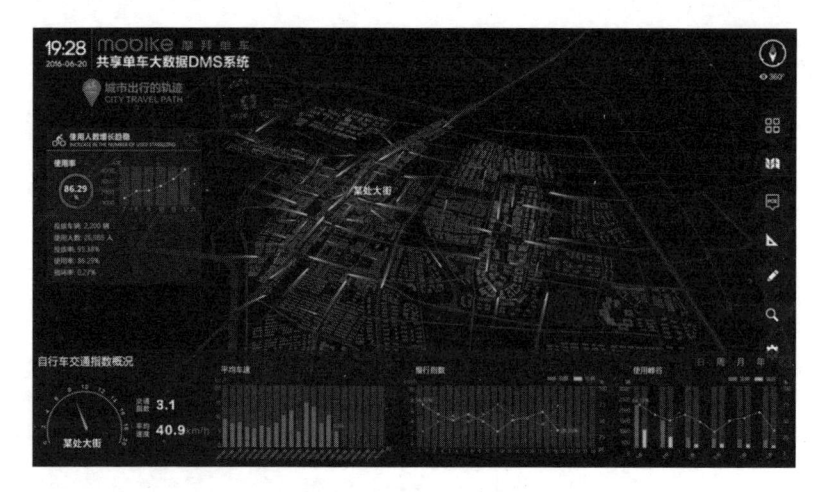

分享经济重构未来
HOW SHARING ECONOMY RESHAPES THE FUTURE

图 4.3 摩拜单车 DMS 系统

摩拜单车的意义：

1. 引领绿色出行、打造低碳节能新方式

减少雾霾，在短距离出行方面降低小汽车使用强度和频率，可以减少小汽车污染物排放，降低雾霾，促进建设生态城市。4 月 12 日，摩拜单车牵头发起成立了全球首个城市出行开放研究院，同时发布了全国首部《分享单车与城市发展白皮书》。在不到一年的时间里，全国摩拜用户累计骑行总距离超过 25 亿多公里，减少碳排放量 54 万吨，相当于减少 17 万辆小汽车一年的出行碳排放；相当于多种了 3000 万棵树，减少了 45 亿微克 PM2.5；相当于节约了 4.6 亿升汽油。

2. 缓解交通拥堵，解决"最后一公里"的出行问题

为市民解决"最后一公里"的出行提供一种便捷的选择，从资源占有的角度而言，分享单车平均占用 1 平方米地面，轿车占地超

过10平方米，少一个人驾车出行，就可以节约9平方米的路面，也是一种资源的节约和对停车场地的节省。

3．代替政府投入，节约社会公共开支

分享单车恰好填补了城市公共交通体系的不足，以市场化的手段成功完成了政府应该投资解决的交通微循环体系，节省了巨大的公共开支。

4．为建设智慧城市提供大数据支撑

通过互联网大数据技术的应用，摩拜单车是第一个将自行车骑行轨迹画在地图上的企业。通过骑行大数据分析，不仅可以为城市交通规划等提供有价值的参考数据，还可以创立"摩行指数"作为衡量城市文明程度的重要指标。

三、摩拜后续展望

2017年4月22日，摩拜单车在北京召开一周年庆典发布会，一年来单车投放量累计已达到365万辆，并正式推出更轻便好骑代号"风轻扬"的新款摩拜单车。摩拜单车总裁胡玮炜表示，过去一年间，以摩拜单车为代表的智能分享单车快速成长，使城市自行车出行占比从5.5%翻番至11.6%，成为继公交地铁、出租车之后的第三大城市出行方式。

2017年1月13日，中共中央政治局常委、国务院总理李克强召开座谈会，听取了对政府工作报告意见稿的建议，摩拜单车公司

创始人胡玮炜参加会议,并提出建议"望政府鼓励和支持科技创新,促进分享经济等新业态发展",并支持依托互联网和服务业带动制造业发展。总理推荐摩拜单车走出去,并在自行车普遍的国家带动中国自行车制造业走出去。

摩拜开发打造了摩拜智能推荐停放点(SMPL),现已进入后续落地阶段,后续将通过"魔方"平台全行业率先全面部署地理围栏技术,使车辆停放管理更加精准和高效;同时,借助"魔方"的深度学习图像识别技术,摩拜单车已经实现了对于违停举报的机器自行识别,准确度达 99.8%,在降低成本的同时大幅提高了管理效率。

世界上第一辆智能分享单车诞生在中国,这是以摩拜为代表的中国创新,将前沿的物联网技术与"中国制造 2025"紧密结合在一起,同时也是分享经济模式的代表,正如摩拜单车的创立初心所描述的"骑行让城市更美好"。

丁丁停车：从智能硬件切入停车分享经济

> 企业名称：北京同于道科技有限公司
>
> 成立时间：2014年7月
>
> 总部所在地：北京
>
> 企业格言：丁丁停车，一定有车位

停车的分享经济，也要遵循分享经济的本质，也即"闲置资源的再利用"和"以使用权代替所有权"。尤其在当前机动车数量远超泊位数量和中央要求"拆掉围墙"的大背景下，闲置停车位资源的再利用以供给社会急需。

回归到停车在分享经济中的独有特点，应当是"静态"与"开放"，这和大家熟知的滴滴约车模式有很大的区别。停车是静态交通，即车位资源是不会动的，受停车半径限制，人们一般可以接受的停车后步行距离也就两三百米，这和滴滴司机可以开几公里来接乘客有非常大的对资源的限制。所以停车的分享经济需要满足就近原则，那么对应停车位的需求数量就是动态分享经济的数倍之多，试想眼前每过十辆车就有一辆是分享经济的汽车，和周围走了十个停车场才有一个是分享经济的停车场的感受和区别。

而停车位"开放"的特点，和更注重使用权的分享经济有矛盾冲突之处。为什么深圳道边停车不仅要上地磁和电子车牌，还要通过立法规范，这就是因为停车位天生就是开放的，是让车辆来停放的，是使用权不明晰的，这也和汽车有门有钥匙可以明晰地辨认使用权有非常大的区别。所以界定对应停车位是否是公共设施很重要，公共设施是天生具备分享属性的，而只有那些使用权相对明晰的车位才有讨论分享经济的前提，也即整租整售的车位。

做实体物品分享经济，切入的"关键点"就是象征使用权的"钥匙"，关键点和钥匙的英文都是 Key。而追溯社会分享经济的原型，应该就是配钥匙这个行业。在高生产力的信息时代的大背景下，钥匙进化为线下的智能硬件和线上的网络授权。举两个例子，Airbnb 是分享房屋的使用权，智能手机获得了网络授权，就可以打开智能门磁；P2P 租车是分享车辆的使用权，同样也需要在车上安装智能 OBD 盒子，来实现手机开车门、启动车辆等功能。

丁丁停车，核心要解决车位使用权的表征问题，方式是通过智能硬件的车位分享器，即智能车位锁。车位锁，顾名思义，就是给车位上了锁以阻止其他车辆的停入，展现形式往往是一类高于车辆底盘的拦挡物。如何能通过与手机的互联互通，控制这个拦挡物的升起降下，就是解决车位使用权的智能硬件设计思路。拥有车位锁智能硬件的 5 项实用新型专利证书和 1 项发明专利的受理，作为交通停车行业的门外汉，靠技术切入到这个万亿级的大市场中（见图

4.4）。

图 4.4 企业拥获的国家权威专利

作为智能车位锁行业绝对的先行者，丁丁汽车在开发产品过程中，技术方案也经过了一系列的变化。最初车位锁是具备 SIM 卡的，可以实现在任意有信号的地方控制车位锁的能力。但考虑到三个因素，最终弃用了这个方案，这三个因素是续航、信号、安全。首先说续航，由于车位锁是独立安装的，对应机械部分的动作全靠车位锁中的电池，SIM 卡联网的方案难以达到我们要求的半年以上充一次电的需要。其次是信号，很多地下车库没有信号是既定的事实，我们不能放弃这些为数众多的"离线"车位。更重要的是安全，由于车位锁是有较大外部动作的机械装置，安装的车位时常也会有老人和孩子经过，我们不能接受在不可见范围内对于车位锁的控制。最终结合手机上主流的无线通信协议，采取的方案是低功耗蓝牙BLE，它具备超低功耗、手机直连、数十米通信距离的特点，解决了 SIM 卡方案的问题。

丁丁停车作为一家互联网创业公司，智能硬件是打通线上线下的重要环节，但他们把更大的精力放在了移动入口端，即 APP 和微信上展现的车位分享经济的产品逻辑。很多产品设计的细节，这里不一一列举，重点谈两点：业主出租时机、微信获客转化。为了便于理解，我们规范一下措辞，把自己车位租出去的人称为业主，来租用别人车位的人称为车主，管理停车场的人称为物业。

业主什么时候可以出租自己的车位，是个很简单但也很有意思的点。由于车辆对于车位是独占的，所以在分享经济的过程中，不存在提供方和消费方同时占用车位的情况。又由于业主每次离开车位的时间是不规律的，也不存在提前预设的情况。而对于车位而言，不存在上面有车同时车位锁升起的情况，也很少存在上面没车但车位锁降下的情况，因为这样会被其他车辆非授权占据。所以最终简单的做法，是在业主离开车位时，用手机控制车位锁升起后，软件自动跳出出租界面，业主只需确认预设的截止时间，即可将车位的使用权发布到丁丁停车的平台上，供他人购买获得了对应车位锁的蓝牙密钥，以此实现对车位空闲时段的租用。

微信获客转化，是一个线下运营促进线上产品升级的典型例子。对于在线下的车主，他们需要停车的时候往往手握着方向盘，这是人们耐心相对低的场景。如果这时告知车主需要下载一个 APP，才能控制对应的车位锁，获客的成本着实很高。而借助于微信硬件互联的技术，我们实现了用微信扫描二维码，就可以选择车位并控制车位锁升降的功能，大大降低了获客成本。车主停好车之后到了有 WiFi 的地方下载 APP，就变得容易了很多。因此，丁丁停车也很荣幸地成为微信官方推荐的硬件互联在停车行业的解决方案。

停车分享经济的运营，想清楚场景非常重要，要结合上面说到的停车"静态"的特点。不同于搞定商业停车场的出入口，分享经济下的停车，要解决供给方和需求方两方面的匹配。让车位的提供者能获得更好的收入，这是车位分享经济最核心的挑战。所以做好"常停"客户，这是丁丁停车的运营目标群体，而临时性地去陌生的地方停车，我们暂时认为那是做地图和导航的公司的事情。给车位的提供者装上车位锁，自然也就"锁定"了他的使用频率，形成了高频刚需的强入口。而努力去寻找分享车位周边的刚性停车需求，例如上班族，让他们"长租"下这些车位的分享时间，也就搞定了需求方的高频刚需。而选择什么样的地段进行分享车位的改造、如何去最优地服务供给方，如何让更多的需求方知道，这就是从业者能在行业中竞争的金刚钻了。

对于丁丁停车做停车分享经济的数据，需要提"三个坐标轴"的理念。这三个坐标轴是：深度、广度、密度。这里深度的概念是单体车位的价值，车位锁以 800 元售价卖出，每个月能给业主赚回 200 多元。广度指的是停车场的普适性，在北京三环以里的核心区，有近 200 个停车场安装了丁丁停车的智能车位锁。密度指的是小区域的覆盖率，在我们重点做的几十个样板停车场中，我们的车位锁的覆盖率可以达到 60%以上，形成了区域车主的集群入口。而这三个轴交织的面和体，我们期待携手更大的资本方和资源方共同实现。

分享，我不拥有，但我使用。丁丁停车不拥有任何一个车位的所有权，但希望能解决千万人的停车问题。交通，自停车始，以停车终。丁丁停车将更深入挖掘停车的真场景与源需求，交通至人心。

CHAPTER **04**
实践篇

途家：旅途中的家

企业名称：途家

成立时间：2011 年 12 月

总部所在地：北京

企业格言：途家，旅途中的家

途家，全球公寓民宿预订平台，于 2011 年 12 月 1 日正式上线，致力于为房客提供丰富、优质、更个性的出行住宿体验，又为房东提供高收益且有保障的闲置房屋分享平台。

途家现已覆盖国内 335 个目的地和海外 1018 个目的地，在线房源超过 45 万套，包含公寓、民宿、别墅等住宿产品及延展服务，可满足以"多人、多天、个性化、高覆盖"为特征的出行住宿需求，包括但不限于家庭出游、商务差旅、休闲度假、聚会团建和过渡性住宿等各类需求。用户可通过计算机、手机、微信、7×24 小时客服电话等多种渠道轻松预订，即刻体验当地人的生活，同时享受这一新兴住宿方式带来的温馨、舒适和便捷。途家提供的房屋全部实地验真，并为房客提供高达1000万元人民币的"安心租"先行赔付保障基金，确保消费者的每一次安心入住。

途家欢迎有闲置房屋的房东，来途家分享房源，探索全新的房屋分享收益模式和分享社交快乐。途家凭借旗下途家、蚂蚁短租、携程民宿、去哪儿民宿四大平台的海量用户入口，高效运营及贴心的服务，通过最简便高效的"途径"，使房东在免费发布房屋信息、轻松赚钱的同时，还可以与来自世界各地的房客相互交流分享。途家专业的房东保险保障计划及经营指导，免去房东们的后顾之忧，使分享赚钱更省心。

凭借创新的商业模式、强大的品牌优势和专业的运营能力，途家目前已与国内217个政府机构签约，并与TOP100的大部分房地产开发企业达成战略合作，签约管理资产超过1500亿元人民币，签约储备房源超80万套。

2015年8月3日，途家宣布完成D及D+轮融资。新一轮融资3亿美元，估值超10亿美元，正式进入代表"独角兽"互联网公司的10亿美元俱乐部。2016年6月6日，途家宣布战略并购蚂蚁短租，进一步强化住宿分享市场领导企业优势。2016年10月20日，途家宣布战略并购携程、去哪儿公寓民宿业务，正式形成"途家、蚂蚁短租、携程、去哪儿的公寓入口"四大平台的矩阵。

目前，途家通过自营加盟、RBO（个人房源自主经营）、RBA（专业代理经营）、途远等创新商业模型及游客预订、商户经营、房东管理等各类运营平台，完善住宿业从零级市场到三级市场的供应链布局；通过途礼、先途、途筑等平台完善服务链布局；通过无忧我房、小螺趣租、途家盛捷等"途家们"完善中长租、服务公寓等经营链布局；通过对蚂蚁短租、携程民宿、去哪儿民宿的收购，完成对住宿分享的产业布局。这一系列战略布局，已使途家在住宿分享领域的生态系统初步成形，未来将继续完善，如图4.5所示。

图4.5　途家官网（样图）

在市场占有率方面，根据劲旅网2016年发布的《中国在线旅游分享经济——住宿篇市场研究报告》，中国在线旅游分享住宿市场中，CR4（Concentration Ratio 4）企业的市场份额总计可达到70.5%，已处于高集中寡占型市场现状。而在CR4企业的整体交易规模中，途家网又占据了47.6%的份额，显示出在线旅游分享住宿行业的市场集中度水平较高。

携程网、去哪儿网将旗下的公寓民宿业务剥离给途家网，代表在线旅游巨头开始退出分享住宿这一非标准化、初始化住宿市场，小新企业在该领域存在更多机会，但也需建立在拥有差异化定位与独特优势的基础之上。

2017年3月23日，途家开放年战略发布会在北京举行，途家联合创始人兼CEO罗军详细阐述了途家2017年的"3+1"发展战略。他从消费者、经营者、置业者和区域化这四个纬度展开介绍了途家新一年的具体战略动作，其中包括聚焦用户体验的产品服务升级、基于经营者的多平台一键管理和途管家产品、基于可经营地产的两大解决方案、全域旅游导向的片区合作等多项内容被首度披露。

一、聚焦用户体验，三大产品升级

产品与服务是赢取用户的核心竞争力，这是途家2017年战略发布中率先被强调的内容。

消费升级引发了旅行体验升级，途家将聚焦更精准的用户画像——"多人、多天、个性化"，以满足差旅、家庭、过渡性等更多住宿消费场景。因此，途家将通过以下三大产品升级来服务旅行者。

第一项是尊重用户习惯，分享行业库存。通俗理解就是途家平台将精选更多库存，通过途家、蚂蚁短租、携程、艺龙、去哪儿等八个平台入口为消费者提供更丰富的房源，在保持原有习惯的基础上实现更便捷的预订、更优质的体验。

第二项是针对消费者，途家聚焦于完善用户入住前、中、后期的立体化服务。在这个部分，途家针对公寓民宿消费者最关心的安全、清洁、搜索、支付等具体需求都给出了对应的产品更新及迭代说明。

第三项是针对旅行者最关心的用户保障升级，途家的战略举措是——升级信用，无忧"安心住"。途家将通过房屋验真、途家优选、双向评价、携程信用、芝麻信用和先行赔付等立体组合，确保消费者每一次的放心预订和放心入住。

二、让天下没有难分享的房屋

作为住宿分享平台，途家的战略发展还需要解决供应端的升级迭代，让各类经营者的房源都可以通过途家旗下的平台进行更自由顺畅的分享。

在此次战略发布会上，罗军重点介绍了实现这一目标的四大创新举措——汇聚流量、统一标准、提升效率、整合碎片资源，解决经营者的普遍痛点。

在具体实施上，途家提供给经营者使用的APP"途径"将汇聚更多流量，实现"8合1"一键管理，包括途家、蚂蚁短租、携程、艺龙、去哪儿、58赶集、微信酒店和芝麻信用八个平台的房屋库存分享，实现一键管理。针对个人闲置房源分享难以标准化服务的普遍需求，途家推出了保洁、布草洗涤、智能门锁"三统一"的途管家产品，并已在 10 个城市试点运营。

在帮助经营者提升效率方面，途家通过运营培训、安全顾问、收益管理和服务支持让从业者更专业。以收益管理为例，熟练使用收益管理的经营者至少增收 10%。

此外，途家也将借助自营的斯维登旗舰店、途管家服务中心和品牌加盟店，整合碎片资源服务更多的分散式个人房源，让原本更多不可经营的房源变得可经营。

三、可经营性地产和区域化片区合作更落地

在住宿分享的供给侧，途家自创立以来一直重视与地产开发商和区域化片区合作，这次战略发布会依然是"3+1"发展战略的重要组成部分。

与开发商的合作，途家延续了包含管家+托管模式的途立方解决方案，从购销阶段开始介入，使"可经营性地产"真正落地，满足大众置业者的不动产保值增值需求，从而促进地产项目的动销，推动闲置不动产的去库存。

2016 年途家重磅推出的"途远"模式仍是 2017 年战略发布会被推荐的升级置业方案。经过一年的摸索，途远已在多个区域以不同产品组合开花结果，目前合作项目已遍布全国十余省。这次战略

发布，途远结合途礼，以乡村风情与乡村风物的组合方案来满足中产阶级的"庄园梦"。

在区域化片区合作层面，途家则以"让区域发展更具活力"为目标，与区域内政府及合作伙伴一起探索更深层次的合作，以全域旅游为导向，推动片区标杆运营、民宿综合服务、乡村旅游扶贫等。

住百家：一居一世界　百家百色彩

> 企业名称：深圳市住百家发展股份有限公司
>
> 成立时间：2012 年 3 月
>
> 总部所在地：深圳
>
> 企业格言：利国利民，改善国人生活

分享经济时代，没有一间房也可以开酒店，没有一辆车也可以开租车公司，没有一件商品也可以开商场。根据欧盟关于分享经济的报告，世界上有 10 亿辆汽车，其中有 7.4 亿辆属于个人独自拥有和支配，一间房子里有 3000 美元的物品是闲置无用的。

中国是全球规模最大的客源市场，已连续 4 年成为世界第一大出境旅游消费国，在世界旅游市场上发挥着至关重要的作用。据预计未来 5 年，中国出境旅游将达到 7 亿人次，令世界瞩目。而随着消费升级，中国用户对出境游的需求已向个性化、品质化转变。巨大的需求变化，使得中国旅游分享经济企业拥有广阔的发展空间。

成立于 2012 年的住百家已经成长为国内最大的海外出行短租平台，房源已经覆盖到了全世界 70 个国家 800 个城市，在欧美、澳大利亚、亚洲等区域的市场份额遥遥领先。同时还为国人出境游提供一站式高品质服务，比如代订机票、接送机、导游、旅行管家、海外安保等增值服务。住百家也是国内分享经济的代表企业，于 2016 年 4 月挂牌新三板，在全球范围内是第一个分享经济公众公司，同时成为首家入选美国密歇根大学罗斯商学院（全美排名前三的商学院）商业案例的中国分享经济企业。

2012 年至今，住百家的客户服务满意度 95% 以上。除了股东 Angelababy 外，众多一线明星如黄渤、林心如、Papi 酱、马苏、张天爱、小宋佳、华少、张歆艺、张钧甯、吴千语等入住后纷纷点赞。著名球星古利特、马特乌斯、皮雷斯、赫斯基、德科等都在 2016 年欧洲杯期间体验入住。

如果把 Airbnb 比作是"民宿分享领域的淘宝"，则住百家更像是"民宿分享领域的天猫"。住百家则更注重品控和服务，以分享住宿为核心切入点，逐渐将自身打造成为国人出境游的一站式高品质服务平台。住百家对欧美分享经济商业模式进行本地化创新，以"利国利民，改善国人生活"为企业发展使命，聚焦为国人服务的高品质深度出境游服务，为满足日益壮大的中国用户需求精耕细作。

住百家从一开始就把为国人提供适合的服务作为出发点，并把利国利民当做自己的使命。在住百家创始人张亨德看来，只有先成为一个有信仰的企业家，才有可能做成百年企业。利国，就是顺应国家趋势，符合国家鼓励的政策；利民，就是坚持市场为导向，实实在在地解决老百姓的消费痛点。随着企业的不断发展壮大，企业开始承担更多的社会责任。为了给用户提供更好的服务，住百家基于分享住宿，开始从三个方面着手。

其一，在房源品控上，住百家有一套严格的房源质控体系：每一套房源都要经过 70 多项的线下实地审核，并于行业首推结合线上 VR 实景看房技术，为用户体验提供保障。除了对房源进行审核，住百家对房东口碑也会进行一一筛查，确保房东靠谱。而在供给侧资源先发优势基础上，住百家建立了一套服务配套体系。提供 7×24 小时全天候中文客服，用户无须与房东接触，最长 48 小时，便可实现预订。

其二，在供给侧资源先发优势基础上，建立了一套服务配套体系：住百家除提供 7×24 小时全天候支援客服之外，在海外当地，还有以众包形式提供住宿为核心的当地华人管家支持服务，一方面，提供全方位的从预订选房到入住体验的全中文环境，帮助中国用户消除语言障碍和文化隔阂。另一方面，因为其他平台只提供住宿，而缺乏国人所需的住宿周边支持及旅行服务的需求满足。目前，住百家已推出接送机、租车、管家、导游、海外保镖等一站式旅行服务。

其三，住百家为了打造更好的服务，还朝着智能化的方向不断努力。通过借助大数据、人工智能等新科技的运用，努力为用户提供更为个性化、精准化的服务。2015 年，Angelababy 与黄晓明在巴黎订婚时选择了住百家的产品和服务，直观体验后赞不绝口，回国后经过调研，Angelababy 便直接成为住百家的投资人。

图 4.6　住百家官网（样图）

而这三方面的举措正是因为中国市场正处于用户消费不断升级的大环境，在消费升级的大趋势下，用户对于房屋品质的需求、对于短租服务的需求自然而然也就不断攀升，而这个却是 Airbnb 打进中国市场存在的不足，也是 Airbnb 表现出水土不服的重要原因。在中国的本土市场，通过 Airbnb 的 C2C "轻资产、轻运营"的轻模式也很难找到舒适的房源。

于是，在全民消费升级的大环境下，住百家选择了为国人提供海外出行住宿的一揽子服务。Airbnb 选择的是轻模式，追求速度和规模，住百家则选择了"轻资产、重运营"的独特模式，追求的是品控和服务质量，以此来满足国人的消费升级需求，进而成为国人出境游的首选。

因此住百家的核心竞争力正是其 C2B2C 商业模式中的品控和服务两方面（见图 4.7）。这两点也是市场上同类企业如国内的小猪短租、蚂蚁短租、途家网、国际巨头 Airbnb 的"盲点"，C2B2C

模式更好地保障供给侧质量，提升匹配效率。

图 4.7　住百家业务模式

正是基于这样的商业模式，住百家的赢利来源于两方面，除了海外短租服务收入外，周边旅游服务收入也是非常重要的一部分。住百家采用"旅行达人辅助决策，一站式量身定制方案"的售卖模式，形成了独创的可规模化拓展的社会化社群营销体系，确保行业内最佳的售卖转化能力。2016 年上半年周边旅游服务收入占比近44%，住百家认为还有更高的发展空间，将继续在分享经济基础上以非标住宿为核心提供一站式海外服务。

除了在商业模式和产品上的优势之外，住百家不断进行技术创新，提高用户体验感。2016 年住百家推出大数据平台——构建出用户喜欢的房源系列产品。通过细分类目抓取的房屋特征与用户的兴趣点相匹配，帮助用户快捷定位自己喜欢的房屋，做到精准营销。通过大数据减少用户房源匹配的时间成本，快速实现"千人千面"是住百家大数据平台的初衷。

房东端系统帮助海外房东快捷方便地发布和管理房源信息，深受房东好评。房东端操作界面简单易用，房东可以选择不同的语言和货币种类，录入信息后住百家会帮助审核和翻译房源信息。房东端的发布和使用极大提高了住百家对于线下房东和房源的管理效率。

住百家凭借自身的不断优化进步和超高的用户口碑，获得不少主流媒体青睐，曾获得《商界》2015年最佳商业模式中国峰会的新锐商业模式大奖、2015年十大令人惊艳的深圳创新创业公司、2016年中国最具投资价值公司百强榜、金融界2016年领航中国年度评选新三板优秀创新奖、执慧旅游龙雀奖"分享经济贡献奖"、2016年挖贝新三板"旅游度假领军企业"等荣誉。

随着消费升级与市场竞争加剧，中国用户在出境自由行的需求上趋向于更加高品质和个性化。如何拓展符合用户预期和需求的海外优质房源以及配套周边旅行服务，使得产品更加贴近市场需求，是公司需要面临的一个长期难题，且因为海外房源数量众多，非标准化程度高，如何利用技术开发手段提高用户匹配房源效率，缩短二次确认时间，保证用户体验，也是公司未来需要思考的一个重要课题。

目前，住百家的重心市场在欧洲、美洲、澳洲以及亚洲部分国家如日韩泰。但随着中国用户的消费升级，出境游呈现个性化和高品质化需求，对于中国用户有需求的目的地和房源服务，住百家在经过全面用户市场需求调研后，保证在现行品控标准之下开发更多的国家地区。未来住百家将继续深耕基于分享经济的中国人出境游的非标住宿旅行的一站式服务平台。

回家吃饭：创造新的生活方式

> 企业名称：回家吃饭
>
> 成立时间：2014 年 10 月
>
> 总部所在地：北京
>
> 企业格言：让吃变得更幸福

成立于 2014 年的回家吃饭，发掘了"吃"在中国的分享，创造出全新的供给形态和就餐体验：基于 3 公里的供给范围，家庭厨房入驻回家吃饭平台，向用户提供自己家庭生产的特色家常菜。用户通过回家吃饭下单，通过物流配送拿到家厨做的饭菜；亦可与家厨沟通，串门自行取餐。

回家吃饭的创始人唐万里是个地道的湖南人，曾在阿里巴巴供职超过 6 年，在 2014 年来到北京之后，他发现分享经济的种子正在这片土地上蓬勃生长，国外有 Airbnb，国内有滴滴，唐万里沿着"衣食住行"的思路，很自然就想到了吃。他希望这个平台能有更多的人情味。"如果你上班到中午，有个邻居做好饭叫你去吃，你愿不愿意？我们觉得答案是肯定的。这个市场比较大，又能提高社会效率。"

一、吃的分享是未来的生活方式之一

根据 2017 年发布的分享经济发展报告，未来几年，中国的分享经济将保持年均 40%左右的高速增长，到 2025 年分享经济规模占 GDP 比重将攀升到 20%左右。李克强总理也在 2017 年政府工作报告与两会上表示，"双创"不仅带动了大量就业，也创造了像分享经济这样的新生产模式，它适应了市场的需求，适应了消费者个性化、多样化的要求。

唐万里认为，在中国发展"吃"的分享经济正当时：中国有接近 5 亿个家庭，每个家庭中都有一个家庭厨房，如果让这些产能闲置的家庭厨房为他人所用，其潜在的价值创造空间将会很大。而现在餐馆和已有的餐饮提供者很难满足用户的多样化餐饮的需求。回家吃饭希望把已有的家庭厨房的生产或者是烹饪的大厨大妈、太太们，把她们号召起来，分享给邻居，这是未来的生活方式。把未来带到当下，分享给大家，这是回家吃饭的愿景。

回家吃饭上的用户，都叫做"饭友"。饭友小雪和男友同居已有一年时间，两人都有一份收入稳定的工作。尽管偶尔也会自己做饭，但平时还是网上订餐居多，毕竟每天上班回到家中，一身疲惫，实在难以打起精神起来做饭。小雪平均每周会和男友在回家吃饭上订餐 4～5 次，她认为回家吃饭上的菜品分量大，很像父母做的家常便饭，菜系区分明显，即使在北京也能吃到正宗的家乡菜，而且和男友一起订餐，可以有效控制每月的消费预算，最重要的是围着一桌家常菜，有种家庭的温馨感。

二、吃的分享经济能创造巨大的社会价值

回家吃饭作为分享经济的典型代表，以吃的分享形式在分享经济体系中占据了重要的一席之地。迄今为止，已经有超过200万名用户通过回家吃饭解决日常用餐问题，回家吃饭也通过平台充分利用了社会闲置资源与生产能力。作为大众创业、万众创新的一分子，回家吃饭正在跟着蓬勃发展的双创，打通中国经济血脉，助力中国经济在更高水平上吐故纳新、积蓄内力。

国务院在2017年的常务会议中指出，要通过十三五，以大众创业、万众创新和新动能培育带动就业。分享经济的快速成长改变了传统的就业方式，创造了庞大的灵活就业机会。预计到2020年分享经济领域的提供服务人数有望超过1亿人，将有效对冲经济增速放缓、技术进步带来的就业挤压效应。

像回家吃饭这样创新的产业形态和商业模式，让原先无法参与经济活动与经济流通的生产生活资源，方便、快捷、即时地投入到经济活动与经济流通中，重新产生经济价值与社会效益。在过去2年，回家吃饭平台上吸收接纳了超过18万名家厨。其中有退休的大叔大妈、全职太太、陪儿女城漂族、美食爱好者，也不乏充满创造力与生产力的年轻人，在家分享厨艺分享美食、参与社会工作，也为饭友提供安心家里好味道。为社会富余劳动力创造了大量新的就业机会和价值。

家厨游子是江西人，米粉的忠实爱好者，到北京后，尝试了

30多家，却都不尽如人意，于是索性让妈妈从老家寄来了各种食材和调料，自己做！一次偶然的机会，她知道了回家吃饭，在回家吃饭上，游子用自己研制的米粉收获了大票粉丝，甚至有的人跨越整个北京城慕名上门来找她。她已经成为回家吃饭APP上的明星家厨，就凭借一款牛腩粉，月收入2万~3万元。她原是一支英文乐队的主唱，已计划拿着自己的所有积蓄去进修。凭借在回家吃饭的收入，她已经有了更多的学习基金，而且也在回家吃饭上认识了很多朋友，这些人帮助她去伯克利音乐学院上学，连租的房子都是回家吃饭的饭友帮忙找的。如今她已经学成归来，继续着在回家吃饭的事业。

三、吃的分享要把控好安全大关

分享经济将个人的力量有效地组织起来，把经营体最小化到了个人，为参与者带来幸福感。回家吃饭上的家厨，有的之前连智能手机都没接触过，但是现在可以通过APP去分享美食、去挣钱。组织形式从以往的公司变成了个人，公司信用也变成个人信用。

回家吃饭自创立以来，就将食品安全作为平台发展的重中之重。作为平台本身，回家吃饭通过平台的监管措施，建立饭友对回家吃饭的信任（见图4.8）。严格把控家厨准入体系，认真筛选每一位入驻的家厨，对新家厨进行经营、食安培训，提升家厨服务水平和食安意识；基于互联网平台大数据分析、监控，建立完善的信用保障体系，为家厨、饭友搭建信任的基础；规范管理平台餐品食材、物料供应链，从源头把控食安风险；成立平台食安委员会和食安上门小组，完善平台食安管理机制，上门回访并辅导家厨改善厨房、菜品卫生；同中国人民保险合作，投保食品安全责任险，让饭友用餐更安心。

图 4.8　回家吃饭十大安心保障

在 2017 年，回家吃饭还在其用户端上线了"厨房食品安全记录"功能，将平台对厨房的记录透明化、公开化。在食安记录中，你可以查看厨房食安等级（分为合格和优秀两个等级）、厨房全方位无死角照片、家厨健康证，以及其他用户上门监督记录。

四、用户端食品安全记录展示（见图4.9）

吃的分享经济，尤其是家庭美食外送这种商业模式，相比于已经很成熟的出行分享和相对成熟的住宿分享，还有很长的路要走，可挖掘的潜力也非常大。对于很多用户来说，不知道或者不了解回家吃饭的商业模式，接受新事物总需要一个过程，对此回家吃饭充满信心。

图 4.9　用户端食品安全记录展示

五、工作人员上门检验评分系统后台

吃的分享经济，类似于出行、住宿行业，还未到达其爆发式增长的拐点。在当前如此激烈的竞争环境之下，外卖平台巨头的供给和服务变得越来越好，且割据的态势已经形成，如何能在这样的形式之下为用户提供差异化的优质服务，获取更多的用户，服务好更多的用户，留下更多的用户，寻求可持续的增长是回家吃饭目前最大的挑战。

接下来的发展方向，在经营区域上，回家吃饭依然将专注于现在所覆盖的城市，提升用户体验。在商业模式上，将更加注重商业本质。专注于服务好家厨，帮助家厨提升经营技能，给他们提供更智能的工具，提升家厨行业的效率，帮助家厨更加高效地服务饭友用户，回归商业本质。只有能提升行业的效率的商业模式或者企业，才能创造用户价值，才有更可持续性的发展。

生产类

猪八戒网：一站式企业全生命周期服务平台

> 企业名称：重庆猪八戒网络有限公司
>
> 成立时间：2005 年
>
> 总部所在地：重庆市渝北区金开大道西段 106 号 猪八戒总部大厦
>
> 企业格言：为创业者服务/找专业人做专业事

一、市场领先独角兽

猪八戒网作为分享经济在创意服务领域的杰出代表，有着自身独特的发展历程。

2016 年 5 月 5 日，《互联网周刊》发布了《2016 未来独角兽企业 TOP 150》，该榜单涵盖金融、本地生活、汽车交通、电子商务、房产服务等行业的 150 家知名企业，猪八戒网名列第 20 名。自 2006 年成立以来，猪八戒网累积至今已经拥有中外雇主超过 600 万家，服务商 1300 万家，2015 年平台交易额 75 亿元，每分钟就有 15 笔订单，市场占有率已经超过 80%，C 轮融资 26 亿元后的猪八戒网，最新估值 110 亿元人民币以上，已然成为名副其实的"独角兽"。

猪八戒网之所以能走到这么成功，"以万变应不变"、主动"拥抱变化"是猪八戒网在万变的环境中始终坚持创新、突破求变的写照。

11 年来猪八戒网在公司使命和商业模式等多方面探索尝试，最终趟出一条适合自身发展的道路。

二、全心服务创业者

（一）猪八戒网的公司使命就是为创业者服务

猪八戒网从最早的 LOGO 设计开始，逐步扩展到企业取名、品牌设计、工业设计、营销推广、软件开发等更加广泛的创意服务领域。猪八戒网这样一个创意服务平台的出现，让亿万有着专业服务技能的个人或小微企业富余、闲置的知识服务技能有了极大的发挥空间，而对创意服务有碎片但不间断需求的企业也能在上面找到适合自己的创意服务，而不用大量长期雇用专业的创意服务人员。

现在，这种服务贯穿于创业企业的全生命周期，服务涵盖平面设计、开发建站、营销推广、文案策划、动画视频、工业设计、建筑设计，八大主打类目，六百细分品类，为创业者提供一站式的企业全生命周期服务。

（二）打通线上与线下的服务平台

为了更好地服务于创意服务工作者，猪八戒网在线下建立园区，打通线上线下的整个服务体系。

2015年6月，紧乘国家创业创新战略东风，猪八戒网决定打造"百城双创服务平台"——开启100个区域子站、100个创客空间、100个孵化器、100只创业基金等"4个100"布局。

猪八戒网打造的百城双创示范基地，就是针对一个城市区域的O2O服务综合体，不仅为当地的中小微企业提供创业平台、技能培训以及资金支持，还能为大家带来来自全国的订单，足不出户就能学到技能，赚取真金白银。第一个启动"八戒城市"项目的南川区，依托猪八戒网众包平台，开展了新一轮城市营销，向全球网友征集南川旅游宣传语、标志和金佛山自驾游主题曲。

猪八戒网将与120座城市进行洽谈，挑选36座城市进行落地。截止到2016年底，猪八戒网已经横向签约23个园区，落地开园8个园区。

三、创新求变战略升

在发展的过程中，除了产品和平台架构的创新，猪八戒网一直在进行适合自身的商业模式探索。

如何让雇主、服务商、平台三方共赢，而且持续地共赢，商业模式的设计就变得尤为重要，而且在适当的时机要进行战略升级。

（一）免佣痛变，掘金商业模式

2015 年 6 月之前猪八戒网赢利方式就是抽佣，这也是当时同类网站的主流模式。买家出需求，卖家做出方案，交易成功了，猪八戒网站抽取其中 20%的佣金。"看上去很美的佣金其实是'有毒'的。"创始人朱明跃很快发现抽佣存在着严重的瓶颈，但交易规模是其整个商业模式的逻辑起点。雁过拔毛的佣金让买卖双方"绕开收费站"，规模上不去，就被卡住了喉咙。

在痛苦的思索过程中，猪八戒网通过研究发现，在猪八戒网上设计 LOGO 的公司大部分都要去注册商标，一个 LOGO 代表一个企业，必须注册商标，不然就没有保护，这是刚需。因此猪八戒网在 2014 年注册了商标公司。

6 个月后，商标注册业务为公司带来了近亿元的收入，猪八戒网成为中国最大的知识产权代理公司。当新的商业模式得到市场的检验之后，猪八戒网的估值也在短短一年内翻了约 10 倍。

同时，朱明跃宣布，猪八戒网佣金全免——这是一项原本一年 6000 万元的收入来源，但是新业务带来的无穷想象力，让这笔钱不再重要了。猪八戒网犹如在水下潜行多年的人，终于找到了通往新大陆的出口。2015 年底的时候，朱明跃在公司内部开会，称为"数据海洋+钻井平台"战略。

通过做交易积累数据，获得数据的海洋，然后在这个数据的海洋里面去开通知识产权、财税、印刷等一个个的钻井平台，从而获得更多的收入。

（二）品质提升，天蓬出世

十年沉淀，猪八戒网累积了海量交易数据，并不断完善服务生态体系。为了全面提升服务质量与升级品牌形象，2015年7月15日正式上线旗下高端服务众包平台——天蓬网。这样既保留了猪八戒网的海量、大众、有趣，又能作为中小服务商的孵化平台，实现为天蓬网传导流量、提升转化率的目的。打造丰富多元的猪八戒网和品牌品质的天蓬网，满足雇主和服务商的多方需求，提升服务行业平台交易效率。天蓬网针对互联网主流服务市场，对设计、开发、营销优质服务商资源进行整合，涵盖年度品牌全案、品牌整合营销全案、品牌设计、APP开发、微信开发等共八大类目50多个品类服务，满足雇主的碎片化需求或综合解决方案需求，为广大高端雇主与顶尖服务商提供最优质的服务交易平台。

2017年3月8日天蓬网全新亮相，产品精雕细琢，服务标准品质打造，运营工作细致入微，在售服务精挑细选，交易流程优中选优，以全新姿态汇聚天下服务，为企业赋能。

四、生态共赢的产业圈

（一）扶植万千创业者共同成长

带着创业者一起飞、能够和猪八戒网上成千上万的创业者共同成长，是猪八戒网一直追求的目标。

以下两个就是平台上年收入过千万创业者，成为大众创业、万众创新的先行者代表。

（1）艺点品牌设计巩书凯，年收入超过1300万元。

2012年入驻猪八戒网。一个山村里来的穷小子，依靠自己的努力，仅用两年时间便完成了从公务员到设计师、再到团队管理者的蜕变，成为了北京2022年冬奥会以及众多知名品牌的品牌战略合作伙伴。

（2）泽楷推广，周子聪，年收入超过1100万元。

2009年入驻猪八戒网，以一个200元起名的任务起家，如今25岁的周子聪拥有23名员工，服务了众多知名品牌和初创企业，如北汽、美的和中国好声音等。

（二）产业互联网推动者

猪八戒网通过线上线下聚合海量专业技术人才和机构之后，正在沉淀成为农业、旅游等行业和政府服务阳光采购提供解决方案，推动互联网时代企业可持续发展、产业和区域经济转型升级。

因此，从 2017 年开始进入第二个十年创业期，猪八戒网立志成为中国产业互联网推动者和产业升级的助推器。过去 BAT 所主导的互联网上半场，更多面向 C 端消费者，而猪八戒网深耕产业是在为 B 端的企业和政府服务。

（三）社会价值与商业价值和谐统一

猪八戒网创始人朱明跃认为："一家公司如果只有商业价值没有社会价值，这是生意人干的事儿；如果只有社会价值没有商业价值，这是政府为人民服务。而猪八戒网，就是要将商业价值与社会价值完美地结合在一起。这值得我们猪八戒网团队去为之努力、为之奋斗。"

猪八戒网通过完善中小微企业的创业生态，完成了社会价值的呈现。未来猪八戒网将会继续提升社会价值，关注更多的个人自由职业者、家庭主妇，以及残疾人等兼职就业群体和弱势群体，让他们有机会实现更多的人生价值。

因为猪八戒网相信，每个平凡人都可以创造不平凡的故事！

分享经济重构未来
HOW SHARING ECONOMY RESHAPES THE FUTURE

迈迪网：实现工业互联，分享制造资源

> 企业名称：迈迪信息技术有限公司
>
> 成立时间：2015年4月
>
> 总部所在地：浙江省杭州市下城区白石路318号
>
> 企业格言：构建工业互联体系，创新协同工作模式，助力中国制造转型升级

近年来，工业互联网已经被越来越多的人所重视，基于工业互联网的物联网、大数据、云计算甚至智能制造，新概念层出不穷，新技术不断被推向市场，在工业界产生了一个又一个新方向、新趋势、新应用，推动着制造业持续升级，很多传统模式不断被打破。事实上，基于传统装备制造业的企业间的互联，即使没有互联网，企业间的供应链关系也是存在的，只不过受制于地理位置、信息来源、工作经验等的限制，连接的资源比较有限，企业信息不开放，获取信息难度比较大，加上企业分享意识比较差、缺乏有效手段、

没有相关平台，因此不具备分享条件，无法形成分享社会化基础。

随着互联网的兴起、发展和普及，建立一个通用的工业互联资源平台，融合企业之间涉及产品、装备、业务流程的海量信息，有效将企业闲置资源信息收集起来，盘活企业资产，实现全社会分享共利，也将是在"互联网+"工业化应用方面的一项重要内容。

一、建立统一的工业互联网应用平台，分享设计资源

在装备制造业领域，研发设计始终是所有业务流程中最早需要外部资源信息相互协作支持的，外购零部件选型、外协厂家协作、工业服务商支持，都离不开产业链之间的技术协同，尤其是近年来三维设计技术的普遍采用，原来传统的绘图式设计模式越来越让设计师感觉浪费精力，大量宝贵的设计时间被用在了重复绘制各种零部件厂家提供的纸质样本图形上，既造成了设计效率低下、影响制造周期，又容易绘制错误，导致后续加工出错。因此，建立一个基于工业互联网的统一设计平台，将尽可能多的零部件供应商纸质样本全部收集起来，通过统一标准将所有零部件的三维数字样本提前绘制完成，放在这个平台上作为公共资源，在全国设计师之间分享，所有工程师在选型过程中，只需要选择适用的厂家，直接下载生成该厂家的三维模型到自己的图纸空间中即可，不需要每个人再重画一次，这样既节省了大量社会时间，又可以在数据源头控制住零部件参数的准确性，为设计师的工作带来了极大便利。

迈迪网，就是一个典型的设计资源分享平台，逐渐将国内国外众多零部件供应商的产品全部收集到平台上，转化为可用的三维图纸，供设计师随时通过迈迪设计宝软件客户端下载使用（见图4.10、图4.11），目前，国内绝大部分设计师都在这个平台上进行设计工作，产生了巨大的社会效益。

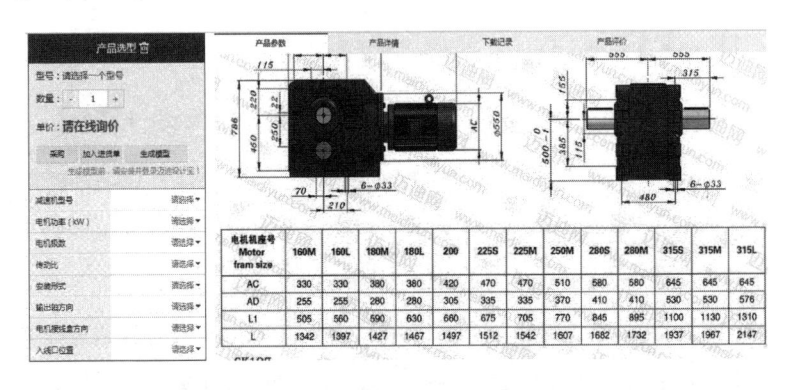

图4.10　迈迪网产品选型界面

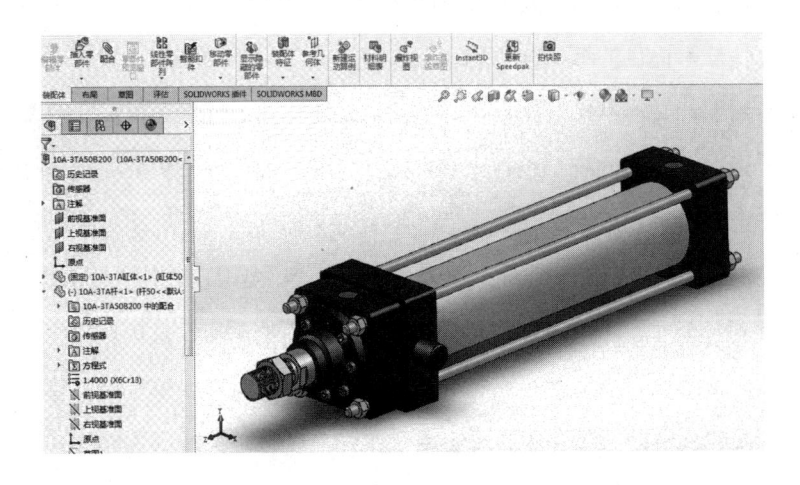

图4.11　官网产品三维图纸

二、建立统一的工业品标识体系，分享产品信息资源

传统的消费领域，已经基本建立起了产品标识体系，无论是条形码还是二维码，都开始在消费品中逐步普及应用，但是，有别于消费领域，工业品往往都是比较耐用的，生命周期较长，涉及很多业务流程，会进入不同企业使用，由于企业之间尚没有建立起通用的产品信息统一平台，各个企业都有自成体系的标识系统，所以至今工业品没有一个通行的制造标识体系被所有企业承认，导致工业品尤其是各种零部件在企业之间不能实现信息互通分享，只好通过手工方式，将零部件信息一遍遍重复录入，费力费时还容易出错。因此，建立统一的工业品标识体系，以便使整个工业领域实现产品信息资源分享，简化工作流程，提高信息交换效率，成为当下基于互联网技术在工业界的典型应用需求。

迈迪网针对工业产品的跨企业信息分享、售后管理和产品不断技术改进问题，创造性地开发并应用了"迈迪通用物联码交互识别信息系统"，统一在迈迪网的工业互联网平台上，分享产品信息，有效管控工业品流向，监控产品状态，以极低的成本帮助企业在信息物联网的应用上体现价值，实现产品信息传递、追溯、防伪，有效管控产品品牌。目前，已经有越来越多的企业，包括零配件制造企业和整机生产企业，在全面采用"迈迪通用物联码"标准，分享产品信息，管理服务流程，追踪产品流向。

由于众多企业的支持和使用，目前，迈迪网所构建的网络协同设计与制造平台，在整个装备制造业领域中占得了先机，形成了大

量高黏性的用户群，具备了行业先进性基础条件，通过不断的探索和长期的技术研发投入，迈迪网处于国内综合协同制造平台前沿位置，整个应用体系完整，企业应用效果明显。

三、建立统一的加工装备数据库资源，分享社会加工能力

当前，我国装备制造业的发展遇到了一些瓶颈，产能过剩的矛盾比较突出，社会存量装备数量巨大，尤其是机床行业，经过几十年的高速发展，企业里现存的加工设备越来越多，但是普遍利用率不高。另外，很多企业需要加工某些特殊要求的零部件时，却又找不到合适的机床，自己购买并不划算，加工装备的信息没有统一的专业互联网平台实时查询，给企业造成了很大不便。在目前互联网无所不在的环境下，构建一个存量装备信息互动平台，尤其是针对机床行业的社会化调剂统一平台，成为工业界比较迫切的需求。

迈迪网基于上述考虑，经过数年的准备，逐步建立起了基于互联网与移动互联网技术应用的装备综合信息体系，通过迈迪通用物联码，对企业的每一台设备进行编码和认证定位，编订设备参数，完善加工案例，描述设备状况，将设备的真实情况记录下来，根据企业的需要，上传到迈迪云端，企业设置好是否允许对外展示的权限后，即可向社会开放自己的装备资源。当设备处于闲置时，加工工程师可用手机直接扫描迈迪通用物联码，标定设备处于闲置状态，该设备将立即在迈迪网上对外公开，允许其他企业付费使用，

这样，整个行业的闲置设备可以得到最大化的利用，整体提高社会化制造协同能力，节约社会资源，方便企业之间的互利合作，如图 4.12 所示。

图 4.12　迈迪网综合信息体系

另外，如果设备损坏或者需要维修，工程师还可以通过扫码标定设备状态，对外寻求全社会维修服务，企业就可以根据实际情况，不需要自己专门保留维修队伍，利用社会化协作解决设备维修改造方面的问题，既节省了大量维修维护费用，又进一步推动了分享经济的发展，极大地提高了企业的市场应变能力。当然，如果设备需要出售，也可以通过扫码标定该设备进入二手交易市场，需要的人或者企业可以直接在线进行交流，去掉中间层，更加方便快捷，为交易双方带来明显收益。

当前，迈迪网正在创建工业界统一的产品标识信息系统，完善通用的产品标识识别工具，建立工业企业统一工作服务平台，搭建三维零配件通用选型环境，构建装备统一信息互动平台，为制造业建立完整的生态体系不断努力，长期致力于中国装备制造业企业信息化应用与技术支持，为工业企业创建专业的互联网平台，为制造业上下游的信息沟通和设计研发、生产制造、采购销售、售后服务、产品追踪、装备分享搭建起稳定的大数据基础。今后，随着工业互联网的深度应用，迈迪网将继续为我国的装备制造业互联互通、资源分享做出自己的贡献。

海创汇：开放的分享式创业平台

> 企业名称：海尔海创汇
>
> 成立时间：2014年5月
>
> 总部所在地：青岛
>
> 企业格言：以大企业的创业带动全社会的就业

按照全国"大众创业、万众创新"的战略要求，依托海尔集团产业链上下游综合优势，海尔集团于2014年5月成立了"海创汇"创业孵化平台，是海尔从制造产品到孵化创客转型的承接平台，也是一个开放的分享式创业平台。

海创汇最初面向平台企业内部员工开放，随着资源的整合与发展，目前面向全球所有创业者。截至目前，集团内部创业项目238个，对外引入风投47个；对社会开放方面，线上平台注册项目1623个，实体孵化器项目211个。在全球创客面前，海创汇已经做到全面开放，且不遗余力地孵化创客，吸引全球创客来平台创业，将成熟的创业孵化模式运用于外部创客，成功使全球创客创业加速发展。

作为分享经济下典型的分享式创业平台，海创汇有三大特点：

一、将企业产业资源全面开放

海创汇全面开放海尔的研发、供应链、销售网络、物流、服务等资源，为创客提供全面的产业资源对接服务，如海尔开放供应链资源，如激光测距仪、扫地机器人等项目，为创客降低至少30%的成本；海尔开放线上、线下销售渠道（3万家实体店、30万家线上微店），为创客迅速抢占市场；海尔开放目前已具备的24小时送达全国的物流网络能力，为创业者提供实时准确的物流服务；海尔开放遍布到户的服务网点，为创业企业提供零等待的上门服务。

二、分享

（一）建立政府、企业、高校创业资源多方分享共赢生态圈

海创汇致力于建立政府、企业、高校创业资源多方分享共赢生态圈，目前已与16个地方政府、1333只基金和56所高校建立战略合作及密切联系。海创汇与青岛市李沧区政府、青岛大学共同打造的智慧医疗大健康众创空间，面积2.1万平方米（一期），目前已经孵化包括生物医疗、医疗器械、医用机器人、新型材料等领域估值过亿项目4个，未来3年内预计引入创新企业不低于80家，未

来 5 年可上市企业不低于 10 家。海创汇与清华控股建立全面战略合作关系，共同建立科技产业化孵化平台，目前正在共同孵化的项目有 20 多个。

（二）探索出众创、众包、众筹、众扶的孵化模式

众创就是海创汇为全球创业者建立线上和线下众创平台，在线上开放海尔产业资源、投融资等服务，在线下全球布局创业空间，为创业者创业提供全方位服务。

众包就是打造创客产品实现的开放服务平台，为创客提供全流程产品工程解决方案，提供包括产品设计、模具开发、3D 打印、测试验证、生产组装等服务，开放海尔产业生态资源，提供人力、技术支持、商务咨询、供应链、市场渠道、物流等专业服务。

众筹就是打造管理千亿资产的"投资+孵化"平台，投资管理 1 只母基金和 7 只基金（已成立基金规模 120 亿元，其中风险基金 20 亿元），以金融为工具建立 9 大金融创业平台，围绕美好家庭生活的核心，布局智能硬件、家装、物流、医疗等生态领域。

众扶就是通过对高校创客交互数据的收集、归类、匹配等，对接创意、项目、投融资及企业等资源，促进新生代创客的连接互动。海创汇已在北大、清华、山东大学等全国 56 所高校建立创客实验室，有 1000 多个创意产品，典型项目如：老人坐浴椅（2 万台销售）\咕咚洗衣机二代（10 万台）\免清洗洗衣机（80 万台）等。

（三）形成了低成本、高效益、全要素的创业产业链，为创业者提供三大类、九大项的孵化服务

海创汇目前已经形成低成本、高效益、全要素的创业产业链，为创业者提供三大类、九大项的孵化服务。其中三大类为产业服务、分享服务、生活服务；九大项为创客学院、创客金融、创客空间、创客服务、创新技术、创客工厂、创客渠道、创客营销、创客生活。基于海创汇全要素产业链吸引，全球创客逐步集聚海创汇平台，海创汇为其链接全球要素，助力创客全面发展壮大。

三、创业的模式

海创汇目前的创业模式主要有三大类，即企业内部创业、创业带动就业（农民、大学生、合作方创业）、分享式创业。海创汇创业者的类型主要有四种，即企业家创业、高校科研人员创业、海归创业、草根创业。其中，就企业家创业来讲，目前有 23 个企业家在海尔平台创业，如高德红外董事长黄立，在海创汇平台创业的普宙无人机项目，利用海尔的渠道资源和供应链资源，迅速获得指数级增长，2017 年销售目标 10 亿元，成本降低 30%以上。就高校科研人员创业来讲，目前海创汇已经和北京大学、清华大学、山东大学等全国 56 所大学建立科研成果转化合作，例如，清华大学已经有 26 个科研项目在海尔平台进行转化。就海归创业来讲，海创汇主要帮助有海外背景的创业者回国创业，目前已经有 15 个海归创业项目，例如天来科技，其创始人郎焘利用美国 MR 技术，通过海

创汇平台建立全球首家基于混合现实的医疗教育平台，该平台迅速被青岛大学医学院采纳并即将推向全国20个医学院；意大利海归荣滋东利用专利技术研发出基于AR射击的芯片，成功在海创汇的帮助下应用于军工（已与三家军工企业合作）、体育竞技和电子游戏领域，可6分钟训练一名士兵掌握射击技术。就草根创业来讲，海创汇平台已孵化41个草根创业项目，如美佳量房项目，海创汇帮助创业团队从一个idea开始创业，协助团队对接销售资源和供应链资源，为其销售产品破万台，降低成本超过30%，当年实现收入超过600万元。

四、海创汇的规划

海创汇计划利用3年时间，建设创客学院、创客智慧空间、创客工厂、创业服务平台、创新资源平台5个子平台项目，带动形成从创客培养、创客之家、产品孵化、服务支持，到全球创新资源支撑的一整套支持创新创业的全链条式制度体系和管理体系，全力打造"海创汇"品牌，建设全球一流资源开放分享的创业基地。

其中创客学院，计划3年内累计培养6万余人次；每年组织36期公开课、4期创业训练营；建设高校创客实验室60所。创客空间和孵化加速器，力争3年后具备年孵化500家以上创业公司的能力，建设创客空间20万平方米，孵化项目总估值超千亿元。创客工厂，计划3年内孵化模具和设计创客小微公司19个，创客产品月产能8万台。创业服务，设立双创基金，为创客企业提供高效配送路线4200

条，具备可孵化全国99%以上人口24小时送达服务的能力。创新资源，每年有效创意转化超过600项，为创客提供技术服务类型不少于180项，具备每年为1000个创客项目对接技术资源的能力。

　　海创汇全球布局20个创新创业基地，目标是实现全球创业者和全球创业资源互联互通，共赢分享。目前已经运营11个孵化器，正在筹备中的有4个，计划布局的有5个。其中青岛作为创客基地总部，北上广深作为创业重点城市，其他城市结合当地产业优势和特色建立产业孵化基地，如利用杭州在互联网方面的资源优势在当地建立"互联网+"创业基地；利用以色列在技术创新领域的优势，在以色列建立高科技创新成果孵化基地；利用硅谷作为全球创新技术高地优势，在硅谷建立TMT及医疗领域跨境项目孵化基地。

硬蛋：以分享经济模式让创新回归制造

> 企业名称：硬蛋（英文名称：IngDan）
>
> 成立时间：2014 年
>
> 总部所在地：深圳
>
> 企业格言：中国最大的智能硬件创新创业平台

硬蛋是中国最大的智能硬件创新创业平台，提供以智能硬件供应链为核心的服务，帮助把创意变成产品，致力打造一个全球最大的智能硬件产业生态系统。2014 年成立至今，硬蛋平台已经汇聚了 24 100 个智能硬件项目，近 1.5 万家供应商，2000 万粉丝，且仍在快速增长。

一、硬蛋分享模式

硬蛋引入分享经济（Uber 为典范）的模式，以供应链数据为基础，向创新创业企业提供软件、云、供应链金融、营销等一站式企业服务，建立完整的闭环生态系统。

硬蛋致力于连接世界智造与深圳大制造。依托科通芯城这个中国最大的电子制造业"企业采购"O2O服务平台，硬蛋已成为中国最大的智能硬件创新创业平台，服务物联网领域的创新创业型小微企业乃至个人创客。

【IOT超市】硬蛋IOT超市是硬蛋面向全球IOT创新创业者推出的专业智能硬件产品研发相关部件的资源以及采购平台，创新创业者不仅能询价、采购自己所需要的元器件、模块、中间件及方案等，还能免费申请试用样品，如图4.13所示。

图4.13　IOT超市

【硬蛋Link】硬蛋Link是硬蛋面向全球IOT创新者推出的供应链O2O服务，帮助后者对接方案设计、PCB、模具、测试组装、零部件等合适的供应链厂商。创新者线上（Online）提交需求，硬蛋专家线下（Offline）提供咨询与资源对接服务，如图4.14所示。

CHAPTER 04
实践篇

创新者	需求内容	日期	对接进度
dan_fta517361e68	成熟产品电子线路克隆复制，产品详情http://www.crytransiator.com/	2017-05-23	提出需求
众康云	产品需要做内衬材料，类似EVA这种材料的供应商	2017-05-23	提出需求
众康云	平板方案厂家	2017-05-23	提出需求
众康云	产品设计即将完成，寻找模具制造厂	2017-05-23	提出需求
vlintech	寻找一家专业PCB抄板的公司	2017-05-22	推荐供应商
徐先生	寻找耳套代工厂，寻找外包仓储；	2017-05-22	提出需求

图 4.14　硬蛋 Link

硬蛋以深圳为总部，已经把 O2O 企业服务平台推广到北京、上海、重庆等城市，成为国内多个城市智能硬件创新创业的第一平台。同时，硬蛋也在把服务推向美国硅谷、以色列、意大利、韩国、中国香港等地，打造一个全球的头脑和中国制造的连接平台，成为企业服务分享经济的典范。

2016 年，硬蛋推进变现策略，并以"在线导流"和"线下服务"变现模式构成。在线导流方面，在线平台为科通芯城及硬蛋带来了大量的客户、需求和数据。硬蛋变现模式目前主要有三部分，第一部分是靠科通芯城 IC 元器件交易变现，第二部分是通过其他非 IC 元器件供应链交易变现，第三部分是通过其他企业服务的交易变现。在 2016 年，硬蛋变现已取得较大进步。硬蛋于 2016 年为科通芯城带来了共 51.847 亿元的 GMV，占科通芯城全年总 GMV 的约 24.0%。

二、硬蛋"理念":创始人康敬伟先生访谈录

Q：2013 年底，你创建了硬蛋平台。当时，你对硬蛋的规划是？

康敬伟：我创立硬蛋这个平台最初的规划是，打造一个分享的制造平台，是让"硬件制造"开放、民主化的一个过程。什么叫硬件民主，就是让每个有创意的人、每个有创意的小企业和小创客都能享受到世界 500 强才有的制造服务。比如说你老罗造锤子，你来到硬蛋这家开放、民主的制造平台，就只要提创意就好，制造的事情你就交给硬蛋。

这种开放分享的制造平台，在制造强国德国是有雏形的，埃隆·马斯克造汽车、火箭也是得益于美国具备开放分享的制造环境。

随着平台规模的扩张，2016 年开始我们发现一个很有趣的现象，有大量传统企业加入硬蛋平台，比如说：一家在顺德做微波炉的企业，它转型做智能微波炉；一家做冰箱的企业，他转型做智能冰箱、智能家居……这些需求特别多。硬蛋已经从帮助创新创业企业的平台，演变成为帮助中国传统制造业转型、升级智能制造的平台。

从 2013 年底创立至今，硬蛋已汇集了超过 16 000 个智能硬件创新项目、14 000 家供应商，以及 1600 万硬件粉丝。这些智能硬件创新项目中，80%来自中国，20%来自海外。把硬蛋打造成全球最大的互联网平台，去连接中国和全世界的创新、制造业企业，这就是硬蛋更大的使命。

Q：你说要发展中国智造，最终的目标是做成制造业界的阿里巴巴，实现分享经济。目前分享经济在国内诸多领域已经取得了很好成效，制造业的分享经济有哪些不同？

康敬伟：2016年是消费领域分享经济大爆发的一年。我看好所有那些盘活闲置资源的分享平台。制造业的分享经济跟消费领域的分享经济如果说有不同，就是ToB（企业级服务）的分享经济市场更大，算法更复杂。

我们现在想想未来的公司形态是什么样？如果我们把很多企业服务通过分享经济的方式来实现，那么未来"小而美"的公司将作为主流，那些大而不倒的企业将逐渐绝迹。一个典型案例，对我们非常有启发意义。埃隆·马斯克的太空探索公司SpaceX，这家企业只有500个人，他们用这些人干出NASA几十万人干的事情。这说明，在美国已经有一个完整的做航天飞机的生态产业链，它既能服务于NASA，也能服务于小公司。

如果我们今天能够把每个行业的核心产业链，通过互联网、通过分享经济模式都分享出来，明天你坐在家里设计飞机、设计汽车就不是天方夜谭的事情，这是硬蛋的梦想，更是全球分享制造的梦想。

Q：硬蛋平台通过哪些方式实现分享经济？

康敬伟：早在2013年底硬蛋科技就以"制造业分享经济平台"的价值定位率先将"分享经济"理念引入国内制造业领域，致力于打造一站式企业服务平台。硬蛋依托科通在电子制造业20年的深厚积累，整合珠三角地区电子产品制造产能，分享给下游客户和创新创业企业，为他们提供以供应链为核心的服务。自成立以来，硬蛋就以智能硬件作为切入口，凭借"硬件+软件+云服务"的模式创新从机器人生态、智能汽车、大健康医疗、智能家居、新材料五大垂直业务构建价值体系，从生产设计制造、品牌营销、推广销售、融投资等方面有效连接创新创业企业、供应链厂商、智能硬件粉丝，从而打造 B2B2C 的生态闭环。

在我们看来，物联网、智能硬件的制造业，将是下一代整个制造业的入口，硬蛋通过打造这样一个平台，抓住下一代制造业的入口。

Q：2016 年想明白的一件事？

康敬伟：2016 年，我始终在想，怎样在制造业里维持每年 50% 的高成长。我看到一本书《零售的本质》，讲 7—11 创始人铃木敏文在"便利店成长停滞"的低迷气氛中如何通过创新零售，维持 7—11 并保持连续多年高成长。这些年，中国的制造业同样也面临着"停滞与不景气"的评价。我相信，只有不断地创新，才是中国制造的机会。

三、硬蛋愿景

硬蛋在把母公司科通芯城的供应链资源提供给硬蛋客户的基础上，还努力实现大数据分享。同时，硬蛋通过捕获"创新"智能硬件企业的制造大数据，将成为互联网生态公司。目前硬蛋已经建立了智能汽车生态、智能家居生态、大健康医疗生态、机器人生态和材料生态五大生态。

其中，硬蛋已向百亿级 AI+平台迈进，在人工智能领域正建立一个庞大的供应链生态系统，吸引正在转型的传统企业成为客户。硬蛋与中国云知声为代表的众多智能家居企业携手合作共建"中国智能家居创新产业生态"，同时，硬蛋启动"AI+万物"计划，加大 AI+应用的投入，整合人工智能产业上下游资源，打造中国最大的 AI+创新产业生态。

随着中国"互联网+"浪潮的兴起，硬蛋将努力推动中国整个电子制造业向高端智能转型。

运满满：分享经济改变传统物流

企业名称：运满满
成立时间：2013年5月
总部所在地：南京
企业格言：让公路物流更美好

在中国，物流业一度以"小、散、乱、差"著称："小"，是指经营主体规模小、数量多；"散"，指经营运作处于散乱状态，90%以上的运力分散在个体运营司机手中；"乱"，指的是市场秩序混乱，经营中时常出现不规范的竞争行为，诚信体系也常年缺失。"差"，指的是服务质量差、从业人员的经营效益差。我国公路物流业较发达国家落后近20年，车辆空驶率曾达40%以上，对环境、能耗、交通基础设施等的负面影响巨大。

2013年，国内移动互联网发展达到巅峰时期，同时也推动了分享经济进入高速成长的阶段。部分领域的代表性企业体量和影响力迅速扩大，分享经济的影响进一步扩大，更多的传统领域出现了"分享经济+"的创新商业模式。当时，滴滴天使投资人王刚得知交通运输监管部门希望物流领域也出现一个类似于滴滴的车货匹配平台，由此判断货运界将迎来拐点。他随即找到了在阿里巴巴时的老部下张晖。经过王刚的启发，张晖第一次意识到，移动互联网已在衣食住行领域得到广泛应用和渗透，而在纷繁复杂的货运物流行业，互联网还未真正接入。物流行业由于信息不对等，货车空载问题突出，物流效率十分低下。张晖畅想，如果将分享经济引入传统物流，通过平台的搭建，其效率必将得到提升，货运行业也将迎来新的增长。并且货和车的匹配是个长尾市场，体量达万亿级别，对于货主和司机来说都是刚需且高频的。当时行业缺少大平台，其中隐藏的机会更是巨大。

同年11月，国内首家基于移动互联网、云计算、大数据和人工智能技术的货运调度平台运满满诞生，开创了"互联网+物流"的先河，并且在上线之初就获得了由天使投资人王刚所投的数百万元人民币天使轮投资。运满满帮助全国货源及运力通过线上方式实时分享与匹配，行业中信息不对称的痛点及车货匹配过程中空间时间的局限得到解决，凭借积累的大量交易习惯和货运数据，运用云计算，通过大数据为公路运输提供高效、精准的管车配货工具，如图4.15所示。

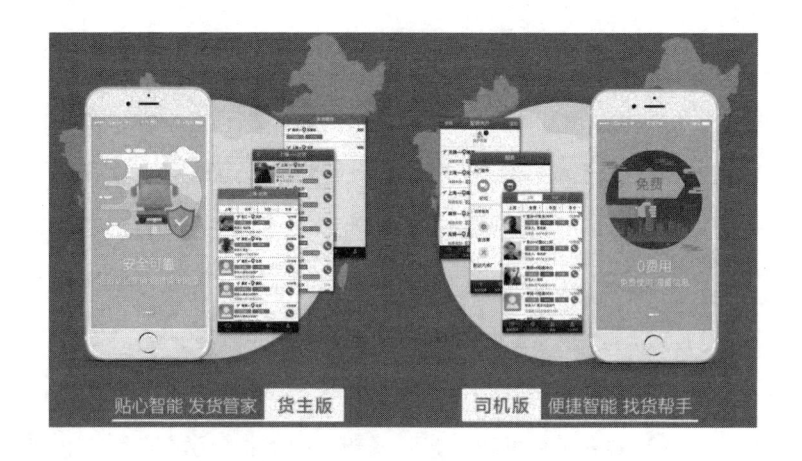

图 4.15 运满满主版 VS 运满满司机版

在创立初期，面对一群对于互联网接受程度并不高的受众，运满满地推团队不畏风霜雨雪，奋斗在远在郊区的物流园与停车场。怀揣着升级中国货运行业的梦想，凭借他们的热血与冲劲，开拓出了"互联网+物流"的新天地。2014 年初春，地推开始发挥威力，"分享"的理念和便捷高效的车货匹配服务吸引了广大卡车司机与货主。随后，口碑的影响力开始发酵，运满满平台用户数迅速增长并牢牢占据垂直领域市场份额领先位置。2015 年 6 月，平台用户突破百万，运满满因此成为全国最大的整车运力调度平台。

截至 2016 年，运满满已汇聚了全国 95%的货物信息和 78%的重卡司机。平台上司机的月行驶里数由 9000 公里提高到 12 000 公里，平均找货时间从 2.27 天降低为 0.38 天，节省柴油费用 1300 亿元，减少碳排放量 7000 万吨，实现了降本增效经济效益和节能减排社会效益的双丰收。

除了利用移动互联网改变传统物流之外,运满满在应用科技领域也不断进行着探索创新。公司拥有近300名技术研发人员和大数据专家,超过60%的资金投入到产品研发和科技成果转化中,每月更产生100TB级别的海量数据。在上一年的第三届世界互联网大会上,运满满在国内首次发布了基于人工智能的"全国干线物流调度系统"(牛魔王),与阿里云专家团队深度合作,依托中国最大的干线物流数据库,运用先进的大数据算法模型,实现了车货匹配、实时调度、标准报价、地图寻迹的智能化,带领公路物流进入了"AI新纪元"。

分享经济作为新生事物,利国利民的同时也常伴随着个人诚信体系不健全、信息基础配套不完善等问题。加之我国传统货运行业的运营秩序本就十分混乱,货主与司机更是由于其职业的特殊性,传统机构很难依托传统的征信模型对货车司机进行全面评估,致使用户群体信用数据严重缺失。如何通过分享经济规范行业准则、建设货运行业的诚信体系,也成为运满满关注的重点。为解决司机们因信用数据不全导致的贷款难问题,运满满借助自身平台积累的用户交易数据和行为数据,对每个用户沉淀在平台的数据做了大量的分析,计算出信用积分,与平安产险达成战略合作,在把控风险水平的同时,更加高效便捷地为用户提供金融服务支持。除此之外,为进一步推动平台的诚信建设,运满满在用户审核、平台交易、黑名单等各方面也都严加把控,使得行业纠纷率大大降低。

诚信体系的建设,一方面保障了用户的权益,另一方面更促进金融服务走入这群物流从业人员的工作与生活。这对于司机和货主经营规模的扩大、经营收益的提高，乃至整个物流的效率提升，都有着十分重要的意义。

成立三年以来，运满满一方面全面升级物流从业者的生产和生活方式，有效提升他们的收入水平；另一方面也积极履行社会责任，参与公益事业，为困难司机家庭和农村留守儿童献爱心。越来越多的物流工作者享受到了移动互联网及分享经济带来的红利和更加广泛的社会关注。

面对这些成果，运满满创始人兼 CEO 张晖并不满足于此。跨界合作的大幕已经拉开，运满满筹划中的物流新生态也正在稳步推进，未来将引入更多元的服务，在线上为供应商提供接口，纳入更多合作伙伴。在线下，运满满还计划在全国各地设立公路运输数字化"驿站"，利用分享思维，为往来司机提供一站式服务，打造更美好的公路物流。运满满希望用生态的思维去改善整个行业的秩序，协同所有的生态决策共同推动行业的发展。

运满满致力于构建基于全生命周期和公路物流全产业链服务的生态体系，打造物流领域千亿级企业，开创有序、诚信、高效、智能的新公路物流商业文明。

CHAPTER 04
实践篇

京东达达：本地即时众包物流信息服务平台

> 企业名称：达达
>
> 成立时间：2014 年 11 月
>
> 总部所在地：上海
>
> 企业格言：达达一下，专业速达

一、互联网革命到底改变了什么

互联网到底是什么？又会给人们的生活带来哪些改变？

互联网其实是一场真正的革命，改变的不仅仅是人们的思维方式，更是人们的生活方式。随着互联网的不断升级，大家的认识也逐渐清晰，于是就提出了"互联网+"的概念。

这场关于互联网的集体性探索，1983 年出生的蒯佳祺也深入其中，并提交了自己的思考和答卷。这份答卷，就是 2014 年成立的达达。

二、分享经济下的众包物流

随着互联网与传统行业深度融合，互联网开放经济成为"互联网+"时代的重要形态。众包物流，是指一个公司或机构把过去由员工执行的物流任务，利用互联网将工作分配出去，以自由自愿的形式转交给企业外的社会大众群体来完成。

相对于劳动密集型的传统物流模式，众包物流具有充分整合了社会闲置劳动力资源，具有极大人力优势、速度优势和个性化服务等众多优势。

三、达达又在做什么：达达一下，专业速达

在 2014 年的时候，许多人其实已经看到了互联网是一场生活方式的革命，问题是在哪个领域改？如何把互联网切实引入人们的生活，打通线上和线下的壁垒，构建有效的顺畅的 O2O 渠道？这是蒯佳祺关注之所在。

在创立达达之前，蒯佳祺曾是易传媒和安居客的创始团队成员和高管，并拥有美国麻省理工学院的物流工程硕士学位。凭借丰富的互联网业内经验和不断的思索沉淀，他终于敏锐地找到了一个可以进入的切口：建立一个广泛的 O2O 众包平台，将社会上闲散的

社会人力、物力资源充分聚合，高效配置。

达达众包平台随着互联网发展趋势应运而生，将互联网与本地即时物流配送相结合，达达平台整合需要配送的商户的订单信息，利用大数据分析及技术整合，将这些订单信息统一发布在平台，供有接单需求和闲暇时间的众包配送员自主选择。

中国有那么多中小企业和商品零售商，但之前这些中小企业和商品零售商就像经济海洋中的一个又一个孤岛，彼此之间既没有联系，自身又无法投入太多成本去改善自己的配送服务。而客户之前网购的商品大多都是一些保质期较长的商品，诸如蔬菜、水果、生鲜等即时性商品，只能自己去周边的菜市场或水果店购买。在城市周边居民区中，大约每3公里具有一个集中的规模超市和菜市场，然而这说长不长说短不短的距离，却成了商户与客户之间无法解决的尴尬痛点。

如果通过互联网平台工具，能够把这些分散的商户与客户连接起来，并且由平台通过移动信息服务克服这3公里的距离，那么一次完整的交易效率必然会得到极大的提高。

打通商户与客户之间的这最后3公里，正是达达用力之所在。如果我们把商户与客户之间的交易行为比喻成一个电路的话，之前这3公里即便不是绝缘的，至少也是接触不良的低效电路，而达达的出现，则扮演了超导体的角色，让交易顺利流畅地进行。

四、达达对商户和众包配送员带来的改变

达达平台的出现，极大地降低了商户的运营成本，如果商家自建配送团队，不但管理成本高，而且效率低。以送外卖为例，中午、晚上高峰期需要很多人，到了下午人都闲着。与此同时，有许多人愿意将闲置的时间拿出来赚更多的钱。达达的众包模式为 B 端商家解决了末端配送这个最大的物流痛点。高效的配送方式，也促进了商户订单的增长，为它们带来更多的利润。

达达平台的出现，同样为众包配送员撑起了一片蓝天，让他们能够通过自己的劳动充分实现自身的价值，带来前所未有的自豪感。

达达平台通过技术设置，弥补人的精力、视野和认知的局限性，通过机器和大数据，分析起点、终点距离，方向角度，订单价格，时间地点等要素，选择逻辑回归、决策树、GBDT、神经网络等技术模型，兼顾效率和订单费用进行订单合并，系统根据订单的发货、收货地址，订单的类型，订单发出的时长等因素来合并订单。商家发布订单后，系统通过对周边配送员的用户画像数据进行分析，通过算法计算出附近适合配送订单的配送员，以此通过该系统提升配送员的配送效率、计算所有订单的配送路线，并且能够降低系统的压力。简单说用户画像可以理解为用户的标签，是根据用户的社会属性、生活习惯和消费行为等信息抽象出的一个标签化的用户模型。比如 A 商家和 B 商家都在正大广场，同时分别发出了一个收货

地址为东方明珠的订单，系统会将这两个订单合并为一个，由一个配送员来负责配送，以此来提高配送员的配送效率和收入，同时降低平台的成本。让模型发挥出最佳效果，从而让达达骑士在最短的时间内能够自主选择更多的订单，获取更多的收入。

老谢是北京一名工作近3年的达达骑士，时常穿梭在北京国贸的各个办公楼里进行配送，"我每天都要来这里的写字楼配送，有时候觉得自己才是这里的主人。做配送这半年多，有的公司前台都换了两三个了，我还一直在，现在整栋楼的人我都很熟。"老谢在说这句话的时候，脸上充满自豪。

让老谢更自豪的，还是通过自己的努力让家人过上了好的生活。今年春节，老谢给父母一人换了一台新的手机，给妻子买了金首饰，给孩子买了最新型的学习机。"现在这一行发展得好，虽然辛苦一点但赚得也不少"，父母拿着新手机在面对亲戚的时候显得很欣慰，说儿子在北京做达达配送赚了钱。看着家人的笑容，老谢更加为自己的工作感到骄傲，他说："亲戚朋友问我在北京做什么，我都会告诉他们做达达配送，我觉得脸上挺光彩的。"

现在，城市生活越来越离不开达达骑士了，APP上满屏幕的订单便是最好的证明。忙忙碌碌的配送工作给达达骑士带来了越来越多的收入，也带来了越来越好的生活，看着家人满足的笑容，听着顾客的一声"谢谢"，那种感觉令人自豪。

五、积跬步而致千里

　　泰山不辞抔土，方能成其大；江海不拒细流，方能就其深。正如一切雄伟的建筑都是通过一砖一瓦的不断累积，达达自身的准确定位以及互联网科技的巨大力量，让达达生机无限，蓬勃发展。短短3年的时间，达达就一跃成为中国遥遥领先的本地即时物流平台。

　　达达平台之所以发展如此迅速，在于它自始至终一丝不苟、精益求精的谨慎态度。每一个注册使用达达平台的众包配送员都需要按照要求上传身份证件、健康证，通过平台审核并接受相关法律法规的培训后方可接单，从而能够切实保障用户财产、人身及信息隐私安全。

　　达达的出现，为"互联网+"的概念增添了具体鲜活的内容，让互联网经济的根系和福利更加深入到每一个家庭的方方面面，为人们的生活带来切实的便利。目前，达达业务已经覆盖全国350多个重要城市，拥有300多万众包配送员，服务超过60多万家商户。日均配送过200万单，其中98%的订单在一小时之内即可配送完成，更有85%的订单在30分钟之内完成了配送。

　　然而，达达所取得的辉煌成就远远不是停下脚步的理由，达达正众志成城、全力以赴，打造最出色的平台产品，把最可靠优质的物流服务提供给全中国的商户，成为O2O时代的水、电、煤，让天下O2O没有难做的生意。

优客工场：分享经济推动大众创业、万众创新

> 企业名称：优客工场（北京）创业投资有限公司
>
> 成立时间：2015年4月
>
> 总部所在地：北京
>
> 企业格言：让平行世界的人相互遇见

一、关于优客工厂

优客工场（北京）创业投资有限公司成立于2015年4月，是中国最具影响力的分享办公空间之一。

优客工场的企业使命是"让创业简单，让生命精彩"，不但面向各类人群提供分享办公空间，还提供高品质和完善的办公配套服务与创业指导培训"加速器"等服务，并借助线上线下的社群系统为入驻企业提供广泛的社交和资源整合渠道，降低创业者的创业门

槛，加速孵化进程，提高创新成功率。

2017年4月，优客工场与洪泰创新空间完成战略合并。交易完成后公司2017年布局全球24个城市近100个场地，包括北京、上海、广州、深圳、台北及新加坡、纽约、伦敦等城市，未来将坚持全球化战略布局，计划3年内在全球35个城市设立150个场地，为创新企业提供10万个工位，总办公面积预计达50万~60万平方米，为近万家企业提供平台化服务，全面打造国际化创新型分享办公产品。

目前，优客工场拥有近450家第三方服务提供方，为入驻的创业企业提供人力、财务、法务和投融资等服务。

联合办公社群生态圈优客工场一直在打造以分享办公空间为基调的联合办公社群生态圈。

（一）搭建"互联网+"企业服务平台

优客工场搭建企业服务平台，主要是按照开放性和资源分享性原则，依靠互联网、移动互联网云计算等信息技术手段，为区域和行业中小企业提供更多服务的载体，也是中小企业服务体系有效运行的依托。企业服务平台一般由各行业中小企业、服务机构、中介服务组织及相关企业等组成。

（二）助力中小微企业提速发展

优客工场在发展线下实体办公空间规模的同时，构建了"互联网+"企业服务平台，并提出实施"帮助中小微企业发展的加速模式",其内容主要由优客工场和洪泰 AA 加速器共同发展实施,具体的方式:通过初步筛选、深度筛选、导师参与、获取融资的四大步骤,让中小微企业理顺商业模式,加强产品能力,拓展市场资源,获取产业资金,从而达到加速的目的。

(三)大数据运营推动创业企业良性发展

数字化运营可提供区别于其他创客服务企业的服务能力和服务内容,实现传统服务项目的及时化、精准化、标准化、可衡量化、低成本和高质量化的服务能力;通过基于数字化运营的大数据分析和图形化的及时展示,判断企业运营和发展的健康度,实现关键问题的提前预警;可实现协助创业企业少走弯路,更好地发展。数字化运营可推动创客群体社群化发展,促进粉丝经济的繁荣;数据资产是撮合交易的基础;数字化运营是征信平台运营的保障。

(四)搭建国际科技成果转化撮合平台

科技成果转化属于综合性系统工程,涉及众多创新要素的动态配置与整合。

首先,优客工场已与中国工程院、清华大学(深圳)研究生院、北京大学产业研究院、北京协同创新研究院等十余所高校院所建立了战略合作关系。

其次,发挥全国性产业网络优势,实现科研成果与产业的高效对接。以湖北襄阳为例,优客通过与东风汽车的合作,把科技创新与传统产业改造相结合,打造出中国第一家"汽车科技孵化器"。

此外，优客工场还积极开展国际合作，吸引国际优秀科技成果落地，与以色列驻中国大使馆商务处签署了合作备忘录，双方将共同推进以色列有关科技企业在中国的落地与发展等合作项目。

成立至今，优客工场已经帮助包括轻客智慧电单车、小觅机器人在内的入驻中小微企业实现突破性发展。

（五）优客工场投融资服务成功案例

为了给入驻企业提供更好的发展路径和更宽松的创业环境，优客工场建立了投融资直通车服务平台，接洽投资机构。该平台建立后，优客工场为入驻企业提供了360度无死角的投融资服务。

该平台开通后，先后为多家入驻企业提供了投融资服务。北京康壹国际健康科技有限责任公司是其中代表性较强的企业。通过优客工场投融资直通车服务平台，康壹科技目前已经获得融资 1100 万元人民币，市场估值约 1.14 亿元人民币，市场用户量达到 100 万人次。

二、多元化商业触角

（一）社群生态闭环

目前，优客工场的社群生态闭环已基本形成。

包括优客商学院、长江商业评论、AA 加速器、优客里邻传播、泛优人力咨询、优博恒深投资、优和维尔健康管理、互联网大数据和政务、财务咨询平台在内的多家企业在社群生态上呈现互补、互惠、互动的闭环格局。

一系列生态链接点围绕着入驻优客工场的入驻企业，服务于他们，同时在他们互相之间提供链接。

（二）资源吸附与品牌溢价

通过社群生态的搭建与维护，优客工场已经实现了资源吸附，每个依附于优客工场的品牌，也在这种生态环境下迅速成长，最终实现品牌的溢价。

这种溢价体现在六个维度：获得更高性价比的服务，吸附更加优质的企业，增加入驻企业的生态黏性，与具备强大资源的合作方深度合作，取得更有区位优势的项目，获得更有力的宣传平台和媒介。

（三）互联网平台的线上生态

优客工场的线上生态是由多种模式构建的一个互联网平台。

我们的互联网平台提供无限种可能的办公服务，包括虚拟办公、线上社交、大数据平台、撮合交易平台、移动办公平台、租赁服务等。

（四）与商业地产合作

在优客工场的布局策略中，各大城市中的优质写字楼是目标，核心商圈的人气商业地产同样是我们的合作对象。顶级商业地产中，空置的面积完全可以被打造成分享办公空间。

目前，优客工场已经在北京、天津、武汉尝试这种合作模式。在北京和武汉，优客工场与鸿坤地产和凯德置地合作的商业地产项目均已投入良好运营。

三、关于未来发展

优客工场计划 3 年内在全球 35 个城市设立 150 个场地，为创新企业提供 10 万个工位，总办公面积预计达 50 万～60 万平方米。

目前包括 Soho、万科、绿地、龙湖、远洋等知名开发商在内，市场参与者都开始积极尝试分享办公这一新模式。优客工场创始人毛大庆曾表示：做开发商和分享办公并不割裂，而且有一定优势，开发商把原来盖房的地，变成了生产资料，把这个产业链继续下去，它本身是在传统业务上的一种创新与突破。

与国内其他较小的分享办公企业不同，除了收纳创业企业外，优客工场还入驻了一些相对成熟的中小企业和某些大企业的分部。比如在上海陆家嘴的优客工场，方正证券、某些知名私募基金等的入驻就形成了优质的成熟金融企业社群，因此优客工场的目标不仅是创业企业的服务平台，而且是中小企业、大公司分部的服务平台。

CHAPTER 04
实践篇

民生类

春雨医生：医疗分享的机遇与挑战

> 企业名称：北京春雨天下软件有限公司
>
> 成立时间：2011 年 7 月
>
> 总部所在地：北京海淀区学院路甲五号 768 创意园
>
> 企业格言：身体不适问春雨，随时随地看医生

一、关于春雨

春雨医生是中国排名前列的医生资源分享平台。2011 年 7 月，国内首个利用智能手机平台实现医患随时随地沟通的 APP——春雨

医生——应运而生，因其突破了传统就医方式地域与时间的局限，受到了用户与医药行业的广泛关注。

目前，春雨医生平台已汇集全国 50 万名执业医师、1 亿名用户，每日平均解决超过 33 万个健康问题，覆盖了儿科、皮肤科等 17 个常见科室，春雨医生平台上的用户可以选择免费随机或者付费指定的方式与医生取得联系，通过文字、语音、图片甚至电话、视频的方式与医生沟通，便捷快速地获得医生的解答。

同时，春雨医生与医疗产业各环节的企事业单位进行了深度合作，包括地方政府、医疗机构、垂直类健康平台、健康产品厂商、医药电商平台等，成为一个大型医疗服务平台，打造"防病—看病—治病—报销"的全环节产业链。

二、春雨医生创新医疗服务商业模式

众所周知，我国长期存在着"看病难"的医疗难题，而医疗资源分布不均、分级诊疗难以真正落实是主要原因之一。春雨医生借助移动互联网技术，找到了解决这些问题的有效途径——吸引医生在闲置时间提供医疗服务，将有限且无法在短时间内增多的医疗服务能力最大化。

春雨医生致力于提升互联网医疗的可及性、可信度和可靠性。通过手机 APP 提供医疗信息服务的方式，解决了在线寻医问药服务的可及性问题；采取实名制医生实时问答的方式，解决了信息的可信度的问题；平台的开放性和客观的反馈机制，则保证了服务在质和量两个维度上的可靠性问题。

（一）技术创新——大数据医疗辅助系统

春雨医生从一诞生，就基于百万级的病历数据库，构建了初步的智能自诊系统，用户可以依据数据分析沉淀的结果，用春雨医生APP实现健康自我诊断。同时，依靠春雨医生开发的标准化的用户健康档案系统，春雨医生在过去5年多时间里积累了上亿条健康数据，包括医生诊断、治疗方法、用药情况、化验结果以及用户使用第三方可穿戴设备所采集的数据。

基于由累积的自诊和问诊数据形成的大数据库，春雨医生提供了国内领先的智能辅助诊疗系统。具体应用表现在三个方面：一是众包抢答体系，基于强大的大数据分析能力，春雨医生能在三分钟内为提问用户匹配到合适科室的医生；二是辅助诊断体系，系统能根据用户提供的信息，给医生提供相应的自动追问、症状辅助诊断等服务；三是医学人工智能体系，在特定科室已经有了初步的机器人诊断系统，比如皮肤科、眼科和影像科。

春雨公司还于2015年5月联合中国科学院大学成立健康大数据实验室，将在四个方向开展研究和实际应用。实验室希望利用春雨平台实现高度智能和自动化的慢病管理，实现线上医疗大数据的有效利用，让技术创新造福于用户。

（二）服务模式创新——在线问诊随时问医生

"免费提问+众包抢答"的模式，是春雨医生进行在线问诊业务的基本模式。这一模式开创于 2011 年 11 月，患者通过手机 APP 直接提问，后台将问题分发给医生抢答，使医疗不再局限于医院，通过手机即可找到合适的医生，使医患即时沟通成为可能。在线问诊模式，迄今仍是移动医疗领域健康咨询的主要形式之一。

在"轻问诊"的基础上，春雨医生不断深化发展这一模式，开创了用户可付费选择指定医生的"空中诊所"、指定专属"私人医生"等更深层次的在线问诊服务，成为移动医疗最为重要的服务模式。

（三）渠道创新——多方位联结用户需求

春雨医生提供的联结医患的渠道正在不断扩宽。2016 年 8 月，春雨医生上线"在线问诊开放平台"，将在线问诊服务向所有平台免费开放，凡是有需求的其他平台，诸如医药电商、硬件厂商、搜索平台、保险公司等，均可以免费申请多种方式的在线问诊服务接入。

随着开放平台接入的第三方平台越来越多，今后，春雨医生的用户无需再下载登录春雨医生 APP，便可在各种各样出现需求的场景中接入到春雨的服务。它也可能消除现阶段移动互联网使用 APP 方式进行服务的技术门槛，不同年龄、职业和地域的人都有可能通过熟悉的方式联系到春雨平台上的医生，真正使得"随处问医生"成为可能。

春雨强力吸引优秀医生资源到春雨医生平台上，被用来换取经济收益的并非物质实体，而是医生提供的综合了闲置时间与闲置智力的医疗服务。

目前，春雨医生平台上汇集了 50 万名执业医师——占我国医生群体的近 1/6，在近年来的第三方研究机构的调查中，春雨平台上的医生群体日均打开频次、使用时间均领先行业，春雨医生之所以能够广泛地调动起医生提供在线服务的积极性，主要包括两点：

1. 对医生提供服务的价值认可

春雨医生平台帮助医生实现医疗服务市场化。在这里，医生可以根据自身情况，选择免费或者收费为患者提供服务。如果免费，春雨医生将向医生提供补贴。如果收费，医生可将每项服务明码标价，收取相应费用。

2. 对医生个人品牌的有力推动

随着社交网络兴起，"急诊科女超人于莺"、"烧伤超人阿宝"、"协和张羽"等一批医生走红网络。越来越多的医务工作者发现，网络能够带来大批量的粉丝、极高的媒体关注度，从而塑造良好的个人品牌，为个人职业发展提供更多的可能性。

除了帮助医生获得经济收益，春雨医生还注重帮助医生打造个人品牌。平台拥有近亿注册用户，为医生提供了施展职业技能的最大平台。春雨医生在首页定期推出各个科室明星医生，并为医生提供发布科普文章、运营粉丝群等一系列服务。

在取得了初步发展后，春雨医生及整个移动医疗领域仍然面临着一些方面的难题，阻碍着分享经济在医疗领域的进一步应用发展。医疗行业本身的特殊性，也使得医疗分享经济本身机遇与挑战并存。

医疗分享经济，本质上是通过互联网的方式，对医疗行业各个生产要素进行重新配置，相比出行、住宿、餐饮等分享经济发展成熟的领域，复杂性和不确定性都要大得多。典型的包括行业准入门槛高（医生资质、医疗机构资质、药品器械生产和流通资质等，都存在严格准入，作为分享主体的自主性不高）、参与主体多样化（医院、诊所、检测机构、医生、药师、护士、专业技师等，都可能是参与分享的机构或者个体）、服务内容非标准化（科室、症状、用户的不同，决定了医疗服务的内容是个性化而非标准化的）、流程的随机化（"问诊—挂号—分诊—面诊—检查—复诊—诊断—开药/住院—治疗—陪护"等流程，每个环节都有可能产生分享经济的机会，不同环节之间的组合，也会产生更多种可能，但同时也带来更多的挑战）。

当然，随着对原有医疗资源的优化配置，医疗分享带来的便利化、高效率日益得到认可、鼓励。银川卫计委率先大规模发展"互联网医院"、北京卫计委将"互联网+医疗"作为推动社会办医的重点方向……我们相信，在政府的推动与监管、企业的探索与坚守下，医疗分享，必将大有作为。

阿姨来了：阿姨资源最大化和谐化交互利用

> 企业名称：北京嘉乐会家政服务有限公司
>
> 成立时间：2007 年
>
> 总部所在地：北京朝阳区远洋商务楼
>
> 企业格言：家政改变中国，我们改变家政

家政服务与外卖本质上都是"上门服务"的类型，需要直接与顾客建立联系。分享平台的作用就在于让更多的"阿姨"、技师等家政人员，在依赖传统家政公司之外，还可以通过平台获得工作，成为自由职业者。而且随着我国社会老龄化进程的加快和计划生育政策的放开，家政服务市场的需求正在日益扩大。据估算，2017年我国家政服务市场总规模预计突破2万亿元。在此背景下，家政服务领域的创业公司不断涌现。

阿姨来了（嘉乐会）成立于 2007 年，致力于打造温暖的阿姨社群及家庭照料平台，是我国家政经纪服务的开创者。目前，已在

全国20个城市设立了超过60个分支机构和线下网点，拥有300多名经纪人、八万多名家政人员和超过15万的客户，建立了覆盖全国的"阿姨大学"培训体系。

作为民生服务的重要内容，家政服务类分享平台一直致力于解决许多社会问题。

第一，进一步解决了弱势群体的就业问题，提高了从业人员的收入。分享经济为家政服务业这一刚需市场提供了更透明、更高效的供需匹配平台，LBS技术和数据平台支持，更充分地利用了家政从业人员的闲暇、待工时间，为"阿姨"们创收。以阿姨来了平台为例，在社会经济整体增长较缓的2015年，在全社会的薪酬增幅仅为7%的背景下，该平台上的"阿姨"平均薪资比上一年提升了12%。月嫂收入更是提升了18.5%。平台在帮助劳动者提高收入的同时，也提升了其职业认同感和劳动尊严。

第二，分享模式下的家政服务业解决了新的人口形势下的新问题。随着人口老龄化的进程加快，以及"二胎"政策的全面开放，许多正值壮年需要坚守在工作岗位上的夫妇面临着照顾两个孩子和四位老人的重担。然而随着服务业薪金水平的上涨，对于大部分工薪家庭来说，雇用一个及以上全职保姆的负担较重，而且也并不是所有时段都需要，这也造成了人力资源的浪费。分享平台促成了家政行业的"分享经济"，多个家庭共同雇用一个"阿姨"，或在需要的时间雇用小时工上门服务，不仅可以最大化利用更多的家庭服务资源，更减轻了每个家庭的负担。

第三，分享平台促使家政行业这一"非标产品"不断标准化，**提高服务水平和用户体验**。平台不仅有效对接供需，也为市场建立了更加透明的良性机制，并且通过筛选和培训，为家政人员提供包括督导、培训、心理疏导等在内的各种服务保障和支持。阿姨来了聚焦长期固定用工，专注于月嫂、育儿嫂、老年护理等刚需品类的培训，以及高附加值的服务领域，为从业人员提供持续培训，保证服务质量。在该平台上，月嫂持专业证书比例达60%，育儿嫂持证比例达48%。家政服务日益专业化、标准化，深入挖掘市场需求，提高了匹配用工需求的效率。

互联网方式解决行业痛点

阿姨来了家政经纪平台是为解决找保姆难的痛点而产生的。保姆难找的原因，一是因为供需信息不对称，目前各家公司各自为政，很难形成家政服务人员的有效供给。二是因为家政人员流动性大，家政是彻头彻尾的网络经济，单店经营有很多弊端，基本是客户资源带动阿姨资源的分享和流动，单店经营就会出现阿姨多、没有客户，或者有客户没有阿姨的情况，阿姨不能及时上岗，就流失，客户不能及时匹配，也会流失，这就需要一个网络，来进行互联互通，让资源流动起来，这就是阿姨来了平台建立的初衷。

家政跟房屋中介、人才中介的平台有一定相似的地方，房源、客源通过网络就能产生收益，离开了网络，生存也不是不可以，但是发展就受到了局限。因此，家政的本质是依赖网络来进行阿姨、客户的交互，获得资源的最大化。

但仅仅搭建一个互联网平台，并不能从根本上解决阿姨难找的原因。于是，依托阿姨来了平台出现了"家政经纪人"。阿姨来了目前有八万个阿姨，每个阿姨的情况都不一样，背后又有十几万个雇主，每个雇主的需求又都不一样，如何让每个人都满意，这就需要家政经纪人去协调，平衡好雇主和阿姨之间的关系。也就是说，雇主提出自己对于阿姨的要求，再由家政经纪人筛选出符合条件的阿姨，而后安排雇主对阿姨的面试，雇主满意后即可确认签约。家政经纪人背后庞大的阿姨数据库，可以供经纪人筛选出最适合雇主需求的阿姨。

家政经纪人服务于雇主与阿姨签约的全过程，雇主与阿姨之间出现摩擦、人员变更等问题，家政经纪人都要去解决、调和，使服务顺利进行下去。

目前，多数家政公司和阿姨之间仅仅是委托关系，而阿姨最大的特点在于流动性较大，这给公司的人员管理带来了很大的难度。阿姨来了的家政经纪人制度则是采用经纪人管理阿姨，再由公司管理经纪人的方式，如此一来就很好地解决了管理上的难题。同时，家政经纪人制将家政经纪人和公司做了最大限度的利益捆绑，从而加强他们在服务上的监督和督促力度。由此，传统家政行业中的"撬行"和"私签"两大难题在阿姨来了也得到了缓解，如图4.16所示。

CHAPTER 04
实践篇

图 4.16 活力满满的团队

阿姨来了的家政经纪人与家政平台签订合作协议，平台为经纪人提供发票、财务、风险管理，职业培训，法律事务服务，售后服务等一系列保障，而经纪人佣金提成比例达到 30%。家政行业是以人为主导的行业，发展的瓶颈在人，突破点也在人。高提成可以吸引高素质的人群加入，高提成可以对经纪人的个人信用进行考核管理，整个家政服务行业通过经纪人进行管理才有可能做大、做强。

互联网手段提升客户体验

阿姨来了家政经纪平台利用云计算来提供阿姨身份证认证及 100%自动购买保险，并对阿姨实行 14 项审核，对雇主承诺"偷一赔二"及"合同期内无限换人"，确保服务安全，运作高效，让雇主放心用人。

平台在线上线下都在努力靠近消费者，60个门店很多选址在社区、学校、地铁周边，方便消费者；从2007年开始坚持在线上投入技术研发，自主研发了网站、平台、APP、微信H5等，我们建立用户关系管理系统，记录与管理用户信息，利用信息技术协调企业与顾客间的关系，提升用户体验，吸引新客户，留住老客户，增加市场份额。建立与优化雇主端网络，方便雇主获取阿姨信息，便捷下单，开通点评系统，通过雇主对阿姨与经纪人的服务表现点评，逐步建立行业诚信机制。消费者足不出户也能随时通过互联网体验阿姨来了的专业服务。

目前平台运营顺畅，提升了用户体验，增加了客户黏性，促进了业务量增长，显著降低了门店管理和运营成本，扩展了管理跨度，为线下六十多个门店（其中北京30个）提供了便捷的管理支撑平台，同比增长95%。家政经纪人制的探索与家政服务云平台的建成，有利于打破传统家政行业的信息壁垒，促进市场资源优化配置，提升居民生活品质，加快生活性服务业的发展。

芝麻信用：信用助力分享经济发展

> 企业名称：蚂蚁金融服务集团
>
> 成立时间：2014年10月
>
> 总部所在地：浙江杭州黄龙时代广场
>
> 企业格言：为世界带来微小而美好的改变

一、信用+法院：联合惩戒效果初步显现

（一）背景

信用机制是分享经济的基础，需要形成采信、评信、用信的闭环。芝麻信用，在用户授权的前提下，收集个人和信用相关的信息，进行科学、客观的评价，通过场景的连接，将信用应用到生活、金融等领域。通过这一系列动作，放大失信成本，让失信者受到惩罚，督促其履行义务；也让守信者获得便利，形成良性循环。

2015年7月24日，蚂蚁金融服务集团旗下的第三方征信机构芝麻信用和最高人民法院签署了《对失信被执行人信用惩戒的合作备忘录》，协助最高法惩戒"老赖"。这项合作的实质，是利用信用机制，通过"采信—评信—用信"对"老赖"进行惩戒，放大其失信成本。

最高法通过专线向芝麻信用提供"老赖"的信息，芝麻信用在同步数据后，向"老赖"做负面信息提示，并通过降低其芝麻信用评分以及对其在芝麻信用各种合作伙伴服务场景下的限制，增加其失信成本，促使其履约。如此，芝麻信用通过从最高法"老赖"数据库采信、对"老赖"评信、限制"老赖"用信，打通了"采信—评信—用信"的链条，放大了"老赖"的失信成本。

案例1：在与网络租房平台"自如"的合作中，用户可以申请利用信用租住心仪的房屋并在网络上挑选下单。江西省进贤县某失信被执行人刘某在进行申请时，被告知由于从芝麻信用处同步过来的信息显示其是失信被执行人，所以自如平台拒绝对其提供服务。无法租到心仪的房屋使刘某精心安排的租房计划无法实现，生活质量受到严重影响。刘某致电芝麻信用，被告知芝麻信用和最高法已经进行了数据同步，不仅将其芝麻信用分降到了456分，还将依照相关法律规定和最高法要求对其进行信用惩戒。刘某一时间找不到住处，只能借住在朋友家，并谎称太忙没时间找房子。经过这次狼狈不堪的教训，刘某充分认识到失信行为对自身生活的巨大影响，抓紧联系执行法院于2015年12月完成偿债履约。之后，刘某多次致电芝麻信用询问:"我的信用分什么时候可以恢复?我的执行案件已经履行完毕了,这条记录什么时候可以消除影响?"

(二)芝麻信用惩戒"老赖"的效果

截至 2016 年底,芝麻信用已经惩戒"老赖"约 72 万名,其中履约的老赖为 12.8 万,履约比为 17.74%,比未开通芝麻信用的"老赖"的履约比高出约 5 个百分点,惩戒效果初步显现。

为了从总量上考察芝麻信用对"老赖"的惩戒效果,我们设计了"老赖"履约比和"老赖"履约时长两个指标,通过对比开通芝麻信用下履约比以及履约时长在是否的差异,了解芝麻信用的效果。

1. 开通芝麻信用与不开通芝麻信用的"老赖"履约情况对比

我们将"'老赖'履约比"定义为某个范围内履约"老赖"的人数占该范围内全部老赖人数的比例。截至 2016 年 12 月底,全国共有 326 万"老赖",其中有 43.6 万"老赖"已履约,而开通芝麻信用并履约的"老赖"为 12.8 万,具体情况见表 4.1。从表 4.1 可以看到,全国范围内的"老赖"履约比为 13.35%,未开通芝麻信用的"老赖"履约比为 12.11%,低于全国范围内的履约比;而开通芝麻信用的老赖履约比为 17.74%,比未开通芝麻信用的"老赖"履约比提高了 5 个百分点。这个数据可以从总体上反映芝麻信用对"老赖"履约的确存在一定约束力。

表 4.1　"老赖"履约总体情况

是否开通芝麻信用	履约（人）	未履约（人）	总计（人）	履约比（%）
开通芝麻信用	127 883	592 960	720 843	17.74
未开通芝麻信用	307 870	2 234 689	2 542 559	12.11
总计	435 753	2 827 649	3 263 402	13.35

资料来源：芝麻信用。

2. 履约"老赖"失信时长

已经履约的"老赖"，其失信时长也不一样。失信时长是指他们被最高法确定为"老赖"到履行还款义务所经历的时间，失信时长可以反映老赖履约的效率，失信时长越短，老赖履约越快。如图 4.17、图 4.18 所示，总体上来看，开通芝麻信用的履约"老赖"平均失信时长为 9.35 个月，未开通芝麻信用的履约"老赖"平均失信时长为 10.04 个月。对比两图可以发现，在 0~3 个月和 4~6 个月两个区间内，开通芝麻信用的履约"老赖"人数占比都比未开通芝麻信用的要高，其中前者两个区间共占比 40.67%，后者为 35.71%；而在 6 个月以上的区间，开通芝麻信用的履约"老赖"人数占比则都比未开通芝麻信用的要低。以上数据说明芝麻信用能够在一定程度上促使"老赖"尽快履约，整体使"老赖"失信时长缩短。

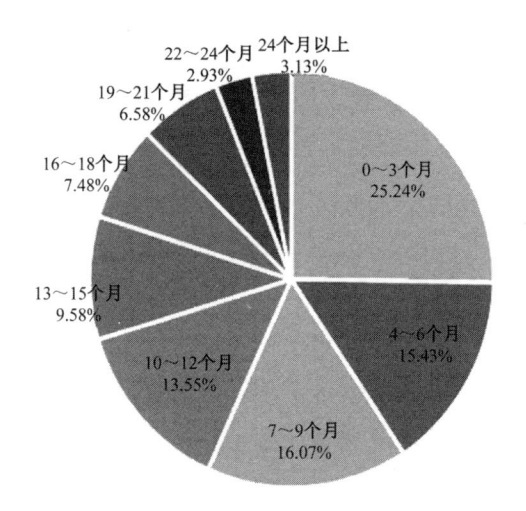

图 4.17　开通芝麻信用的履约"老赖"失信时长

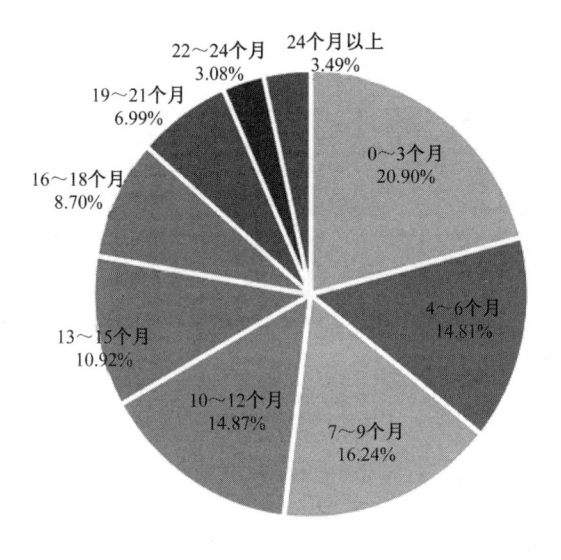

图 4.18　未开通芝麻信用的履约"老赖"失信时长

二、信用+金融：普惠效应已初步显现，助力金融行业控制风险

芝麻信用便利了用户获得信用服务，推动金融普惠。主要体现在以下四个方面：

（1）广泛接入，弥补了传统征信服务不足：持牌金融机构、互金平台、传统金融机构已经开始接入芝麻信用反欺诈、身份核实和风险管理等产品和服务。

（2）重新定义消费金融行业用户体验：审批时间从 7～14 天缩短到 5 分钟，批核率提高 30%（见图 4.19）。

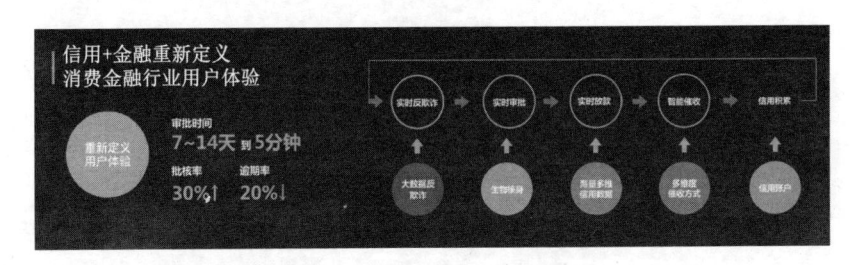

图 4.19 "互联网+"重新定义消费金融行业用户体验

（3）便利用户获得金融服务：芝麻信用已经为用户提供信用查询和服务便利超过 10 亿人次，超过 2500 万用户因此获得了金融机构的授信，其中消费金融授信总额超过 1200 亿元。众多蓝领、刚毕业的大学生、进城务工人员开始享受信用便利。

（4）帮助机构降低风险，显著减少欺诈损失：识别各类互联网金融欺诈行为超过 1500 万人次，若按每人次 3000 元的诈骗金额计算，减少损失不少于 450 亿元。

三、信用+生活：带来民生便利，助推分享经济

除了在金融领域的使用外，芝麻信用在商业信用和社会信用领域也应用得越来越广。通过在不同生活场景中接入芝麻信用，取代一切需要押金的模式，将传统的"先付款，后享受"模式重新定义为"先享受，后付费"的消费模式（见图 4.20）。

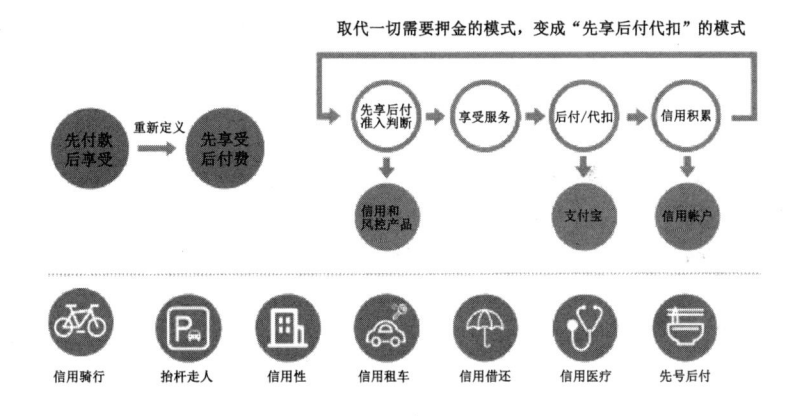

图 4.20　信用+生活重新定义消费模式

（一）信用+住宿：免押金，免查房，免排队

目前有超过 5 万家酒店接入了芝麻信用的信用住服务，极大地提高了用户体验（见图 4.21）。用户办理入住时间由原来的平均 10

分钟左右缩短至 45 秒，用户办理退房时间由原来的平均 5 分钟左右减小到 18 秒，为用户免除押金累计 90 亿元。

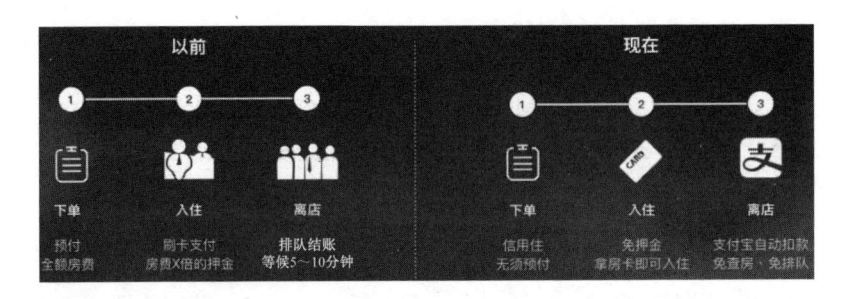

图 4.21　信用住前后流程对比

（二）信用+医疗：先诊疗后付费，减少患者排队时间

目前已有超过 1 万名患者体验了医疗先享后付服务，缩短用户 3/4 的诊疗时间（见图 4.22），改善医疗体验和医患关系。

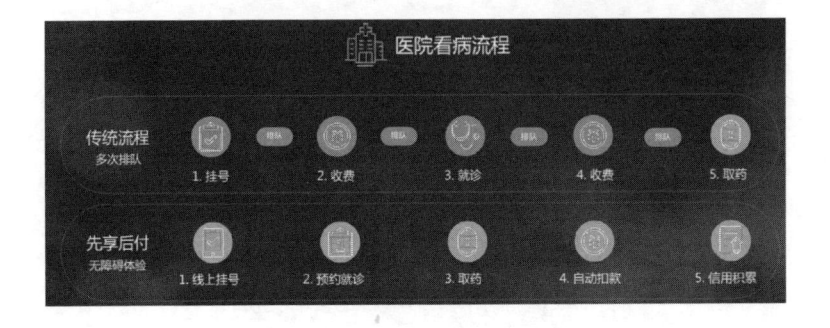

图 4.22　信用+医疗前后流程对比

（三）信用+出行：提升服务效率，降低违约比率

（1）信用骑行：在免押金骑行方面，大大简化了之前复杂的骑

行流程（见图4.23），且引入了信用足迹和履约提醒服务，提高了用户履约意识，引发了分享单车的规模化发展。目前覆盖超过90个城市，累计服务用户超过1亿人次，日信用免押金骑行150万单，用户租车违约数只有100例。

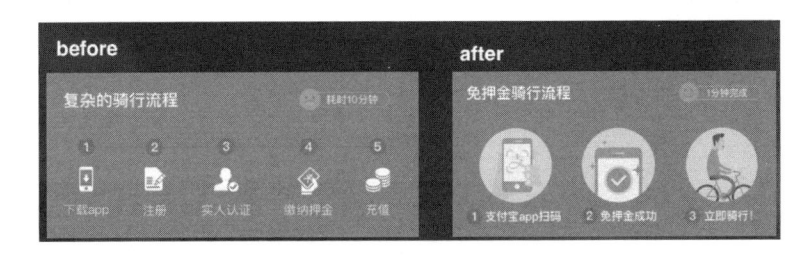

图4.23 免押金使用分享单车前后流程对比

（2）信用租车：在免押金租汽车方面，降低用户下单门槛，减少用户资金占用。不仅缩短了用户60%~80%的租车时间，还将租金欠款率下降了52%，违章罚款欠款率下降了27%，丢车比率下降了46%（见图4.24）。

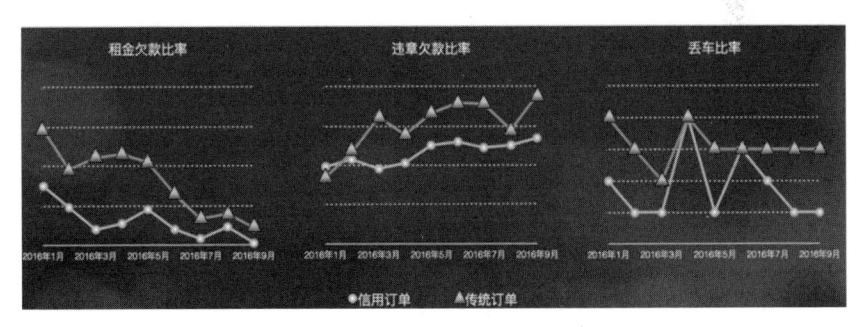

图4.24 免押金租车前后效果对比

（四）信用+借还：信用场景拓展至小额高频生活服务分享领域

信用借图书，信用借雨伞，充电宝信用租借，服装信用租借……仅信用雨伞已覆盖全国 110 个城市，拥有 5000 个接还点，12 万人享受服务；信用租借充电宝服务覆盖超过 60 个城市，拥有 1000 个网点，超过 100 万用户享受便利付费服务。

在行&分答：通过链接人高效链接知识

> 企业名称：北京我最在行信息技术有限公司
>
> 成立时间：2015 年 8 月 27 日
>
> 总部所在地：北京市朝阳区郎家园 6 号院 3 号楼 2 层
>
> 企业格言："在行"，行家指路，少走弯路。
>
> "分答"，为每个人提供专家服务。

北京我最在行信息技术有限公司（以下简称在行公司），由果壳网创始人兼 CEO 嵇晓华（笔名姬十三）于 2015 年 8 月创立，被评为中国最佳创新公司 TOP50 之一。

在行公司于 2016 年 6 月获 2500 万美元 A 轮投资，由元璟资本、红杉资本中国基金领投，估值超 1 亿美元，2016 年底完成来自腾讯的 A+ 轮投资，累计融资额超过 2 亿元人民币。

从 2012 年，分享经济自出行和住房领域开始变得火热。到 2015

年，分享经济从这些领域开始延伸到技能、时间分享领域，知识分享经济开始出现。2015年在行公司创办，迄今共推出两款产品，2015年3月推出知识与技能分享平台在行，2016年5月15日上线付费语音问答平台分答，两者围绕"知识分享与服务"形成了完整生态。

一、在行&分答共建"知识分享与服务"生态系统

（一）在行——知识技能分享平台

在行最初的想法来自创始人姬十三（原名嵇晓华，果壳网&在行分答创始人），在深入大学调研后了解到，即使是清华大学的学生，毕业后也会陷入迷惘，如果能有过来人指点迷津，则能让他们少走很多弯路。于是，姬十三决定做一个分认知盈余的分享平台来解决这些问题。于是，在行应运而生，它被媒体称作"私人智库"、"头脑商店"。

在行的模式是在线帮助用户找到对的人，并促成线下约见，针对性地交流一小时。这种方式很有想象力，更符合人与人之间求教的习惯，并且通常发生咖啡馆这种比较闲适的场所，双方都能够较为放松地去深入交流和沟通，从而一对一解决个性化问题（使用在行约见行家流程请见图4.25）。

CHAPTER 04
实践篇

图 4.25 在行约见行家流程

在行目前开通了九座城市，包括北京、上海、深圳、广州、杭州、成都、西安、武汉和宁波；各领域行家里手入驻已超过万名，包括创投专家、职场大咖、心理咨询师、摄影师、企业领袖、知名学者等；拥有百万名注册用户，已经帮助数十万人改变了他们的工作与生活。

（二）分答——为每个人提供专家服务

1. 低调上线却刷爆朋友圈，引爆互联网圈层

分答最初的设想来自对于更轻量级的、更灵活的知识变现模式的思考。它的初衷在于通过更小颗粒度、更轻便的方式分享一部分人的认知盈余，为另一部分人提供知识服务。分答也是国内最早提

出"为知识付费"的知识内容服务平台，汇集全国房产、理财、健康、育儿、职场、法律、科普等行业 40 万名知识精英，针对用户在工作、生活中遇到的实际问题，提供实用方法和经验。

分答上线后迅速刷爆朋友圈，6 周时间内，产生了 1000 多万个授权访问，100 多万个付费用户，33 万人开通了答主页面，产生了 50 万条语音问答，1800 万元的总订单额，复购率达到 43%，每日付款笔数超过 19 万次。

2. 分答三大核心功能，提供多种颗粒度知识服务

经过一年多的迭代，截至目前，分答已经形成了以"问答"、"轻课程"（小讲）、"付费社区"为核心服务场景的三角结构。

【问答】找到对的人提问，少走弯路

40 万名专家答主，覆盖超过 40 个垂直领域，可以快速检索、直接提问，得到针对性的解答。

平台云集各领域大咖，如刘慈欣、杨澜、马东、章子怡、马薇薇、崔玉涛……用户尽可以向他们发问，听听他们亲口说。还有升级版本"快问"，针对健康、法律、情感等不同场景下的小问题，有问必答，快速解决。

【小讲】30 分钟语音干货

我们邀请到各行业卓有建树的牛人作为课程主讲，由他们将满腹经验浓缩成 15~30 分钟的结构化语音小课，帮助用户快速获取一个具体知识点，掌握实操方法。小讲一键购买，永久可听，还可以在"小讲圈"中留言发问，与主讲以及其他同学一起高效互动。

CHAPTER 04
实践篇

【付费社区】牛人的私密知识圈

这个板块，我们请来最具影响力的意见领袖，为用户打造专属私密社区，订阅大咖的独家内容，享受高质量的陪伴式学习体验。社区独创用户-助讲晋级体系，活跃订阅者可以从普通听众升级为助讲，让自己飞扬的智慧为更多人所见。

分答详情使用界面如图 4.26 所示。

分答问答
找到对的人提问，少走弯路

分答小讲
30分钟精品语音干货

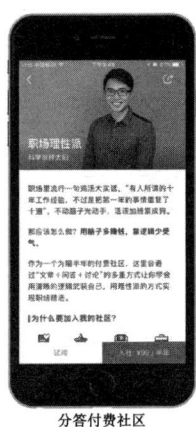

分答付费社区
大咖的私人知识圈

图 4.26　分答使用界面示例

二、在行&分答模式创新，引领知识分享新风向

（一）以人为核心

人是链接知识、传递信息最高效的介质，分答、在行的共同理念就是通过链接人高效地链接知识，两个产品的核心都是做人的运

307

营,在知识的传播过程中将人的价值发挥到最大。

(二)用付费建立仪式感

用付费的形式建立一种仪式感,当学员付了费用来咨询,他就会很认真地对待这件事情。同样"行家"、"答主"收到费用也能够给学员提供更好的服务,树立个人品牌。在行、分答用最简单的付费方式也节省了不必要的人情债,省去了委托朋友帮忙搭线的时间和精力,用最快速的时间找到对的人向他咨询请教。

(三)音频的价值被重新挖掘

从分答开始,音频在知识付费领域中的价值更多地被重视和挖掘。首先,音频比视频生产门槛相对低。大量的知识分发者,让他面对一个直播视频去侃侃而谈是有压力的,但是在音频中很多人就可以放松地表达。其次,音频某种意义上来讲营造了一种亲密感、与人真实的交流和交付感。当在手机上去播放一个音频,好像就是一个人在桌子的对面跟你娓娓道来,这种知识交付形式也更易让人接受。

(四)按需提供不同颗粒度的知识服务

每个人遇到的问题通常都基于某种场景、有特定需求,比如一个将要进入传媒行业的人想要了解节目制作是怎么回事、一位应届毕业生拿到了几家企业的入职通知不知道该如何抉择等,这些时候他们需要找到拥有相关经验的从业者给予一些专业建议和行业背景知识等。分答付费社区邀请名人大咖为用户打造专属社区,订阅半年到一年的独家内容，实现用户与大咖的高质量连接。在行提供一个小时的线下约见，创造真实的交流场景，针对性地解决问题；分答小讲提供 20～30 分钟的语音轻课，可以帮助用户快速获取一个领域的知识干货，掌握实用方法；而分答的底层服务可以是一分钟语音问答，它的颗粒度更小，通过一分钟的问答给予有效答案。

（五）在行公司愿景

在行公司凭借在行和分答两款产品已经积累了明显的先发优势。未来在行公司要做的是"人的淘宝"。在未来，每个人的命运都会彼此关联，一部分人的汲汲渴求，就是另一部分人的力所能及。每一个人都可以通过"人的淘宝"平台，获得触手可及的帮助，随时取用专家大牛的知识、经验，甚至是技能服务，它可能会成为你未来生活的一部分。在行希望通过提供按需知识服务实现人与人的连接，从而帮助人们穿越固化的社交关系，实现真正意义上的意识互联和终生学习。

WiFi万能钥匙：抓住分享经济的机遇成就9亿用户

> 企业名称：上海连尚网络科技有限公司
>
> 成立时间：2013年
>
> 总部所在地：上海
>
> 企业格言：数据至上，厚积薄发，有爱感恩，担责守信

全球9亿名用户，月活跃用户5.2亿名，连尚网络旗下产品WiFi万能钥匙已经把一桩"免费"的生意做到了全世界。

这一用户数，可与微信、Facebook等全世界范围内最受欢迎的超级APP比肩。WiFi万能钥匙在短短4年内取得这样的成就，很大一部分原因，是抓住了"分享经济"的发展契机。

作为一款免费上网工具，WiFi万能钥匙是分享经济最早的践行者。WiFi万能钥匙联合创始人、全球轮值总裁张发有表示，"分享经济一个很重要的优势就在于，通过每个人的努力让这个社会更好地运转"。

一、专注用户的联网刚需

为了能实现"覆盖全球的免费网络计划",谷歌在 2016 年将搭载着 6 颗谷歌卫星的运载火箭发射升空;Facebook 则已经在非洲的肯尼亚和赞比亚提供了免费 WiFi;国际巨头纷纷入场,免费 WiFi 市场的竞争比想象中更激烈,但 WiFi 万能钥匙在这样的环境中仍然取得了不错的成绩。

张发有认为,这应该归功于 WiFi 万能钥匙做对了两件事。

"WiFi 万能钥匙之所以聚拢全球 9 亿名用户,是因为运用分享理念对接了闲置 WiFi 资源和用户上网刚性需求,解决了用户免费连网的难题。"在张发有看来,在中国,大量用户此前从未接触互联网或者因资费原因导致在网时长非常短,在国际范围则更是如此。

2012 年,国内对分享经济概念的实际认知度还比较低,WiFi 万能钥匙就已经正式上线,WiFi 万能钥匙经历了分享经济在国内发展的大部分阶段。2015 年起,分享经济成为一个热词,开始爆发式发展,WiFi 万能钥匙见证了越来越多的优秀的分享经济企业出现。

张发有认为,WiFi 万能钥匙解决了联网的刚需,帮助很多过去未曾上网的人实现了联网,帮助很多上网时间短的人增加了上网时长。

除了解决了刚需,自身的专注也是不可或缺的。"专注"是支持连尚网络、支持 WiFi 万能钥匙这个产品走到今天的重要原因。"这四年的时间,我们把所有的精力都专注在'连接成功'这件事情上。这个东西被深挖下去之后，我们会在里面看到别人看不见的很多细节"。

张发有举了一个例子："联网这件事情，对别人来说就是一个函数，但是对 WiFi 万能钥匙团队而言，可以被拆成十几个细节来看。深入细致打磨细节的结果是，WiFi 万能钥匙的连接成功率在同样的情况下，就会比别人高；同样的热点，用别人的软件连就是没有我们的成功率高。"

成功率的提高，与竞争对手形成了差距，在张发有看来，这给 WiFi 万能钥匙带来的好处是超乎想象的，"用户觉得好，口碑相传，我们不需要打广告，用户会自己拉其他的用户来推广这个事情，好产品为我们树立了口碑，这就是 WiFi 万能钥匙足以致胜的原因"。

即使在 4G 网络不断普及的今天，WiFi 也仍然存在巨大的需求。"成本以及特性不同，导致流量和 WiFi 的使用场景不同，一个为动态环境使用，一个为静态环境使用，两者形成的更多是互补而非竞争。同时，尽管网络设施在不断发展，但互联网仍旧是稀缺资源，未来 WiFi 的需求仍旧会出现巨大缺口"。

国际电信联盟（ITU）最近发布的报告显示，到 2017 年底，发展中国家能用上网络的人群比例仅约为 41.3%，而在最不发达的国家互联网用户的普及率预计只有 17.5%。

像 WiFi 万能钥匙这样通过分享经济实现联网的 APP，能够在最快时间内帮助更多的人接入互联网，实现更好的生活。实际上，WiFi 万能钥匙通过分享经济的模式，已经覆盖了全球 223

个国家和地区。

在 2017 年的规划中，张发有强调，摆在第一位的仍然是"连接更多用户"，张发有说："第一件事，我们要帮助更多无法上网的人接入网络，享受上网的快乐。如上面所言，全世界范围内尤其是欠发达国家，仍有大量人口无法接入互联网。2017 年，我们也在积极寻找可以帮助更多用户的联网方式。"

二、场景化大数据

"积累到 9 亿名用户，才开始认真考虑赚钱的事情。"在用户量突破 9 亿的发布会上，WiFi 万能钥匙创始人兼 CEO 陈大年说。

上一年 6 月，WiFi 万能钥匙推出"位置广告"服务，能够实现基于场景的精准投放。举例来说，一个街边的美甲店，店主不可能负担得了户外广告或电视广告的成本。但是，店主可以通过 WiFi 万能钥匙向周边 5 公里以内的年轻女性精准投递促销信息。

在张发有看来，这种精准投放能实现，是因为人和场景的匹配提升了广告的投放效率，进而降低投放成本，最终激发大量的长尾需求。过去大家讨厌广告，因为广告是一个很无用的事情，但用户们对信息是有需求的，如果接收到的信息与他的需求相匹配，这条精准的广告会对商户和用户双方都产生价值。

张发有认为，充分利用"人与场景"的优势是能够让中小商户享受到高性价比的近距离广告服务。值得一提的是，场景化数据不仅能让移动营销变得更加精准，它还能应用于社会公益、影视营销等。过去一年，各个顶级 IP、影视剧、热门综艺等合作方，都选择 WiFi 万能钥匙作为战略合作伙伴。同时，WiFi 万能钥匙和薛之谦、安以轩、黄渤等艺人达成合作。

"尽管 WiFi 万能钥匙已有高达 9 亿的用户，但我们认为，现在上网用户并没有覆盖到中国每一个人，在世界范围内更是如此，WiFi 万能钥匙想要帮助更多的人使用网络，不仅通过 WiFi 分享的形式，也在积极寻找可以帮助更多用户的联网方式。"张发有说。

此外，WiFi 万能钥匙将进一步对 9 亿名用户的大数据进行挖掘和应用。目前，WiFi 万能钥匙每日的新增数据量高达 80TB，深度挖掘这些大数据，并应用于前沿领域是重要课题。以人工智能为例，现在人工智能已经在图像、视频、声音等领域取得了突破性的成绩，越来越多的场景未来都有被机器和算法替代的场景，目前来看，制约人工智能的发展关键点还在于大数据。

最后，张发有表示，构建场景化大数据是下一年的重要规划，"WiFi 万能钥匙立志于构建真正场景化的大数据，做更智能的人与场景生态。这种基于人和场景的精准广告，将会成为移动广告的趋势，对商户和用户双方都产生价值"。

人人实验：资源分享让科研更简单

> 企业名称：人人实验（北京）科技有限公司
>
> 成立时间：2015年10月
>
> 总部所在地：北京昌平腾讯众创空间
>
> 企业格言：互联网改变科研

受体制机制的影响，科技服务领域公共资源的分享一直还停留在局部区域或垂管部门自发推动分享的层面，各级政府主导或归口管理部门主导的管理平台也建设了一批，但几乎都没有能够释放其应有的效能。"互联网+"的提出为这个领域的发展带来了新的机遇，利用互联网平台将海量分散化的科技服务资源进行整合分享，面向广大资源侧和用户侧提供实时动态、精准高效的供需对接，正成为一种新生的科技服务力量，人人实验科研服务平台的出现也是顺势而为的一个必然结果。

人人实验是2015年底成立于北京的一家高科技互联网公司，

旨在用分享经济的模式和市场化手段，利用大数据+人工智能+BPM的技术方案，整合高等院校、大型央企、科研机构闲置仪器设备及检验检测服务资源，为中小微企业提供高效便捷的基础研发资源服务，支持中小企业及个人创新创业、降低企业研发成本，同时提高全社会科技资源的利用效率，如图 4.27 所示。

图 4.27 人人实验界面

大数据是互联网发展到现阶段的一种必然的表象和特征。人人实验作为一家技术驱动型的领先互联网公司，正紧随时代步伐，依托于现有的、丰富的、繁杂的大数据资源和领先的互联网技术，开创着一个崭新的科研时代。为了促进这一科研时代的早日到来，人人实验提出了以"云—链—端"为核心架构的大数据战略，即开发利用好"云"计算、"链"建设和"端"创新，构建新型科研数据模型，持续打造科研大数据分享平台。这种数据分享不仅仅是数据的分享，而是研究的聚合。不同领域的数据聚合可以产生新的知识，同一领域的数据聚合可以产生新的知识本体。数据分享带来了新的知识，也促使科学研究从独立走向了聚合。这种大数据的分享将会对新型科研项目评估、科创企业辅助决策，以及全社会科研事业的发展进步产生难以估量的影响。

人人实验的主体业务是提供丰富的、专业的且高效的科研服务，"多、快、好、省"是我们的终极目标。为了实现这一目标，我们提出了结合人工智能技术、计算机辅助运营的发展战略。一方面，我们可以降低信息沟通壁垒，为客户的模糊需求迅速匹配出精准专业的解决方案；另一方面，我们可以挖掘科研资源新的潜力，助力传统企业转型，实现传统与现代的链接。人工智能与大数据的完美结合，旨在为科研进步和社会发展挖掘出巨大价值的产品和服务。

同样是因为"多、快、好、省"，人人实验引入了业务流程管理，即BPM。这是一种以规范化的构造端到端的卓越业务流程为中心，以持续地提高组织业务绩效为目的的系统化方法。从业务流程管理技术的引入，到业务流程挖掘技术的应用，不仅仅能够提高人人实验本身的服务效率，同时也在改变并提升着科研行为自身的效率。

数据安全问题是互联网时代永恒的话题，人人实验不但不会回避这个话题，还非常重视这个话题。可以说，数据安全是我们的重中之重！为此，我们从当前数据中心面临的各种安全问题入手，提出了一种以基础架构安全为依托，以边界防护为框架，以深度检测为核心的安全数据中心解决方案，将安全的理念渗透到整个数据中心网络的设计、部署和运维中。

平台目前已与超过500家大型机构签署资源合作，主要是分布在全国的高校、科研机构、大型央企、实力较强的上市公司及中型企业（比如中国科学院下属各类研究所、中国航天科工/科技集团下属研究所、北京大学、北京航空航天大学、国家蛋白质中心、国家计量研究所、富士康检测中心等），上线仪器设备5万余台，各类型检验检测、认证、计量校准等服务项目5万余项。

除了广泛整合资源并进行标准化，人人实验平台核心的价值是面向用户进行便捷及时、专业化且商业化的服务，平台所有交易从咨询、下单、签订合同、支付、开票、售后服务等都是在线上自助完成，大大降低了用户的使用门槛。平台线业务开通以来，2个月内就有超过1000家企业及个人用户通过人人实验完成了近万项测试与实验服务项目。作为"互联网+"科技服务的全新模式，人人实验用互联网的方式，用分享经济的模式，用市场化的手段，立志于让投身科技创新的每个人，足不出户即可享受全国最顶级与优质的科技资源，如图4.28所示。

图4.28 人人实验三大业务优势

以下是平台上产生的几个典型案例：

（1）人人实验为海归团队提供创业环境：耶鲁大学的颉博士准备回国创业，但是研发必备的基因测序实验室建设成本前期需要投入数百万。颉博士经人推荐使用人人实验，通过人人实验平台半天之内就成功预订了所需全部仪器，这些仪器位于北京的三家不同单位，无需购置，每年只要投入十几万的租金就可以解决所有研发测试需求，轻松解决了归国创业团队面临的早期资金不足和需要快速启动的问题。

（2）为中小微企业提供更优选择：北京中关村生命科学园内某企业每年通过第三方解决一些测试需求，每样测试费用 120 元，合作的测试单位距离公司 40 公里，每次往返时间 2 小时，从送样到取报告大约需要 2 天。后来该企业的业务负责人使用了人人实验手机 APP，发现原来距离他 6 公里的北京农学院就有同样的服务能力，每样的测试费用只需 60 元，而且从送样到取报告只要 2 个小时。通过人人实验平台，企业所有产品的同类型测试每年都分别节省 20 天的研发时间和 1 万余元的测试费用，这对面临激烈市场竞争的中小企业来讲意义非常大。

（3）高校个人找到稀缺仪器：北京科技大学吴博士承担了很多重点课题，但让他苦恼的是开展某项课题过程中学校缺少高端 X 射线衍射，耽误了实验进度。他调动所有资源多方努力查找，不是说没有就是被婉拒。正在吴博士准备放弃改换其他课题时，他在朋友的推荐下登录了人人实验官网，轻松发现平台上北达燕园微构分析测试中心就有这台仪器，并可以直接下单，线上支付完成，费用也非常合理，于是课题得以继续，通过这件事，吴博士对这种科技服务领域内的信息不对称感慨万千。

人人实验平台作为科技服务领域分享经济的引领者，通过高效的资源配置降低了科研创新门槛，提升了企业研发效率。我们坚信，在科技服务领域，互联网分享的方式也将释放出巨大的能力，为双创提供强有力的支撑。

HOW SHARING ECONOMY RESHAPES THE FUTURE

趋 势 篇

CHAPTER 05

全球分享经济发展态势

国家信息中心信息化研究部　于凤霞　徐清源

随着互联网技术的不断进步，移动终端的高度普及，移动支付和社会征信体系的日益完善，社交网络的日益兴盛和实时通信技术的出现，以互联网降低交易成本、提高资源配置效率为特点的分享经济首先在美国、西欧等发达国家和地区兴起，并迅速渗透到全球诸多国家和地区。创新型商业模式层出不穷，平台企业持续增加，分享领域不断拓展，市场规模高速增长，涌现出一批"独角兽"企业，行业竞争愈发激烈，竞争格局快速变化。

一、北美地区率先领跑

据 Justpark 网站的统计，目前全球半数以上的分享经济企业集中在北美地区。尤其是作为分享经济的滥觞之地，美国在这股浪潮中独占鳌头。不论是践行分享经济理念还是开拓新兴商业模式，不管是谈及分享经济的发展水平或是对行业的渗透程度，美国都首屈一指。全球的分享经济企业中，有一半以上总部在美国，西海岸的旧金山更有"全球分享经济之都"的称谓，全球每六家分享企业中就有一家的总部设在这里；东岸的大都市纽约则位列第二，拥有全球 10%的分享企业。位于旧金山、纽约、波士顿和洛杉矶四个城市的分享经济企业总数，比整个欧洲的企业数量都要多。

从经济体量来看，据估算，美国分享经济市场规模约有 5100 亿美元，占其 GDP 的 3%。从企业规模来看，截至 2015 年末，全球 18 家分享经济"独角兽"企业中，美国占据 12 位。从资本关注度来看，据 Crowd Companies 统计，2010 年只有不到 20 家机构投资于分享经济，而到 2015 年 4 月底已增加到 198 家。从参与人数来看，2015 年美国有 2170 万名成年人使用过分享经济服务，预计 2019 年将增长至 3730 万名。以 Uber 为例，2015 年美国的 Uber 司机从 16 万增至 40 万人。近期的调查结果表明，每 5 个美国人当中就有 1 人是分享平台的服务提供者，而使用过平台服务的用户数量更是翻了一番（见图 5.1）。

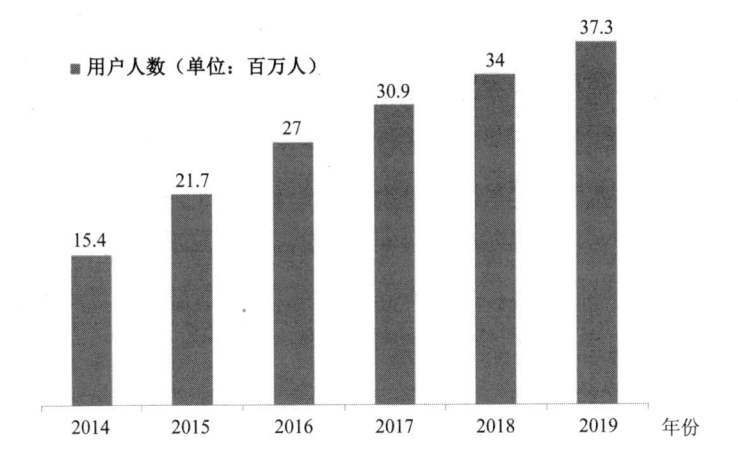

图 5.1 美国使用分享经济服务的成年人人数统计及预测

在加拿大，2015 年一项针对安大略省居民的民意调查显示，40%的 18 岁至 34 岁的年轻人参与了分享经济；45%的人表示愿意将自己的财产租借给别人，绝大部分人希望以此获取收入。该省居民通过 Airbnb 出租房屋每月平均获得 450 美元的额外收入。除了 Uber 等国外企业，加拿大本土企业也在私厨、借贷、职业平台等领域积极布局，如线上职业信息平台 Jobblis、个人借贷平台 Borowell、物品分享平台"厨具馆"和"工具箱"等。

二、欧洲国家不甘落后

欧洲是北美地区以外分享经济企业最为聚集的地区。有调查结果表明，欧洲南部国家的人最乐意参与分享经济，其次为北欧和东欧。

分享经济在欧盟呈飞速增长的趋势，2014 年到 2015 年分享平台的收入几乎翻了一番。根据 2016 年最新发布的欧盟《分享经济简报》统计数据，2015 年欧盟的分享平台创造了约 280 亿欧元的总收入。2016 年一项"欧盟晴雨表调查"显示，超过半数的欧盟公民听说过分享经济，有 1/6 的人是分享经济的参与者，约有 1/3 的分享经济平台用户曾有过一次以上的提供服务的经历，即超过 5%的欧盟人口已经在此类平台上提供过产品或者服务。从发展趋势上看，鉴于欧盟委员会对分享经济的积极态度，以及欧盟单一市场的政策与法律对各个欧盟国家的指导作用和约束效力，欧盟的成员国家都将在国内原有政策的基础上转变态度，或是加强支持的力度。

在英国，2014年政府就提出了将其打造成"分享经济全球中心"的计划，并从政策层面给予大力支持。伦敦也是欧洲国家中拥有最多分享经济企业的城市。根据英国商务部的数据，大约25%的英国成年人有过网上分享彼此财产、技能等闲置资源的经历，而如果分享经济实践层面能变得更加便捷，这一比例将上升到70%。普华永道的研究表明，目前英国的分享经济市场约为5亿英镑，预计到2025年可增长至90亿英镑。Nielson的一项有关共享社区的全球调查显示，在60个国家有超过3万受访者表示愿意参与分享经济活动，其中英国人占1/3。从企业发展的角度看，英国较强的分享经济企业主要集中在P2P借贷和融资、短期租赁与家政外包、在线雇佣、C2C租房、拼车、知识和技能共享等领域。如Funding Circle是全球第一家允许融资资金超过1亿英镑的股权融资网络平台。

在意大利，有超过25%的网民称已经使用过分享经济的服务，而有74%的民众表示今后乐意参与到分享经济之中。据意大利国会估算，目前可归于分享经济的国内生产总值约45亿欧元，而这一数字到2025年将增长逾20倍，总计达到900亿欧元。

在荷兰，据荷兰国际集团估算，荷兰分享经济年交易额为4000万~6000万欧元，大约有8%的家庭参与分享经济。从餐饮领域看，由于当地外卖种类少且价格昂贵，饮食行业的分享经济发展十分活跃。

在芬兰，金融领域的分享经济发展很快，主要因为当地的电子政务系统较为完善，很早便使用了电子身份认证，简化了在线借贷流程，为金融分享平台建设打下了良好基础。

在瑞士，德勤公司在 2015 年 3 月的调查表明，有 18%的消费者参与分享经济活动，还有 55%的人表示在未来一年中将参与分享经济活动。从发展领域看，交通和住宿的分享最受欢迎，占分享经济比重约 60%。

全球各地愿意参加到分享经济中的人们在线消费百分比如图 5.2 所示。

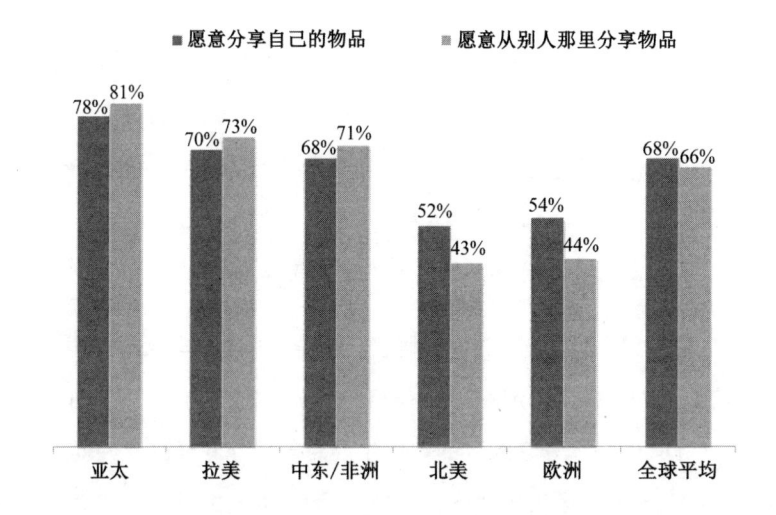

图 5.2 全球各地愿意参加到分享经济中的人们在线消费百分比

三、亚太地区你追我赶

Nielson 公司在 2013 年开展的一项由全球 3 万多名消费者参与的网络调查显示，有 68%的人愿意分享自己的物品，有 66%的人愿意从别人那里分享物品。其中亚太地区消费者的分享意愿更为强烈，有 78%的人愿意将自己的东西分享给别人，81%的人愿意从别处租赁使用物品，这一比例显著高于欧美国家。而且消费者中最有意愿参与到分享社会并充分利用他人物品和服务的国家中，中国以94%的赞同率在各国中排名第一，随后是印度尼西亚（87%）、斯洛文尼亚（86%）、菲律宾（85%）和泰国（84%）。除斯洛文尼亚外，其余四个均为亚洲国家。

在韩国，尽管分享经济发展起步较英美略晚，但发展迅速。据韩国产业商务资源部测算数据，2015年其分享经济规模约合4.25亿～6.58亿美元，占全球分享经济规模的2.8%～4.4%。预计到2025年将达到76.5亿～118.5亿美元。从发展领域上看，分享经济在韩国的汽车、住房、旅行、办公室、社交餐饮、知识技能和个人物品等多个领域都有较快的发展，最为活跃的是交通、住宿和二手物品交易等领域。

在日本，分享经济也已出现在住宿、拼车与停车、医疗、家政、物流等多个领域，并正在向时尚、动漫等领域渗透。矢野经济研究所的报告显示，2014年日本国内分享经济规模同比增长134.7%。可圈可点的是，业内翘楚的房屋分享企业Airbnb在日本市场迎来了最快速的增长，自从2014年5月Airbnb正式在日本进驻之后的一年时间里，在日本创造了2200多亿日元的经济效益，创造了两万余个工作岗位。2015年日本的房屋出租的房客人数是上一年的5.29倍，而线上列出的短租房源也增加到21 000间，是上一年度的3.73倍。2015年上半年，日本Airbnb的房东总收入88亿日元。

澳大利亚政府也在积极促进分享经济的发展。在新南威尔士州，澳大利亚首都地区和西澳大利亚州已经合法化分享汽车行程。

而汽车分享类软件类似 Uber，已经从澳大利亚出租车市场抢占了 5 亿美元的生意。在 2015 年 12 月，澳大利亚国家词典中心评选出的年度热词，正是"分享经济"。此外，在印度，据《华尔街日报》网络版报道，截至 2015 年 4 月，印度最大的打车服务提供商 Ola 已完成了 4 亿美元 E 轮融资，估值 25 亿美元。

四、非洲市场成为新的掘金地

非洲地区幅员广阔，人口稠密，蕴涵着丰富的市场机会，也有许多分享经济的掘金者们盯上了这一块未被充分开发的广袤大地。

以 Airbnb 为例，2015 年 7 月在南非举行的发布会上，布莱恩·切斯基便向当地媒体表达了进军非洲市场的野心。当时虽然该公司尚未正式进驻非洲，但是已经有许多非洲人在使用 Airbnb，仅在南非市场就有 9400 间房屋在线上可供出租，而一年之间，南非的线上房源增加了 1.38 倍，房客增加了 2.57 倍，市场潜力巨大。

以 P2P 融资平台为代表的资金分享在非洲也较为盛行。以南非为例，为了满足中小企业与个人创业的融资需求，2012 年 8 月当地最早的社交借贷平台 Rainfin 成立，在成立首月就批准了超过 54 万兰特的贷款申请。2014 年德国的 Lendico 和英国的 Wonga 也相继进入南非市场，形成了资金分享领域三足鼎立的局面。

五、风险资本热捧，竞争格局尚不稳定

对分享经济怀有信心和热情的不单是消费者，还有其背后最大的推手——风险投资者。从2002年以来，截至2015年9月17日，针对分享经济的市场融资总额已经达到330亿美元。有274家初创公司接受了投资，前后投资次数共计797次，涉及了13个行业领域。这14年来，平均每年就有53次投资事件，平均每个初创公司被投1.2亿美元。根据不完全统计，世界上目前共有约993个分享经济企业，有51个国家或地区已经有了自己的企业，约有半数以上（483个）集中在北美地区，其中美国是世界上拥有分享经济企业最多的国家，共有455个；欧洲有264个，亚洲有182个，是分享经济企业较为集中的区域。而在大洋洲、拉丁美洲和非洲，虽然当前企业数量有限（分别为24个、32个和8个），但也已有分享经济在本土生根发芽。

分享经济的崛起催生了大量市场估值超过10亿美元的"独角兽"企业。更重要的是，多数公司创业时间不到5年就达到数十亿甚至上百亿美元的市场估值，其中估值超过50亿美元的企业有7家。随着分享领域的拓展以及商业模式的不断创新，更多的巨无霸企业将接踵而来。

从实践中看，分享型企业之所以能实现快速的规模扩张，一是满足了大众群体的需求；二是所从事的业务不存在明显的文化和地域障碍，全球性市场潜力巨大；三是整合多方资源，多数具有轻资产特点；四是建立了良好的商业模式。

但从总体上看，全球分享经济仍处在起步阶段，竞争激烈，尚未形成稳定的格局。目前，只有在个别领域中的少数起步较早的企业获得了一定的先发优势，初步形成相当用户规模和较高市场占有率，开始建立起成形的赢利模式。一般而言，分享型企业的收入来源渠道主要有中介收费、搜索排名、流量广告、金融收益等。但对于更多的领域和初创企业而言，还处在探索过程中，尚未形成可持续发展能力。从地区发展的角度看，美国是分享经济发展的领头羊，但欧洲、亚洲各国的平台企业也在迅速崛起，全球竞争格局仍处在快速变化中。

分享经济：当前与未来

工业和信息化部电信研究院政策与经济研究所　何　霞

我们生存的自然与资源越来越少，而社会存量资源也越来越"多"，分享经济在全球汽车、房屋、医疗、教育等领域掀起一场资源分享革命，不仅具有极大的商业价值，还有极其深刻的社会意义，将使我们的社会变得更高效和环保。

一、共享经济的发展现状

透过 Zipcar 颠覆传统租车行业、Uber 改变城市交通现状、Airbnb 让陌生人住到你的家里来、DuoLingo 免费高效的语言指导、HelpAround 帮助病人避开危机、GoLoco 利用汽车中的剩余座位等典型案例，我们可以看到分享经济具有五个方面的特征：一是分享者拥有对某种东西多余的使用价值，并对使用权进行分享，分享范围包括汽车、房屋、图书等物质产品，也包括视频、知识等非物质产品，形成又一次产权的革命，这是分享经济存在的物质基础；二是利用互联网平台使交易或分享的成本降低，这是分享经济的技术基础，同时，借助平台实现网状点对点分享，使平台价值随着分享者的加入和分享活动增多呈指数级增长；三是分享者与被分享者之间是在平等与自愿的基础上撮合与成交、建立与解除，呈现出简单和合作的分享关系；四是分享经济将传统的"拥有"、"产权"，转变为资源的"使用"、"信任"与"合作"，形成了"存量资源+共享平台+人人参与"的新模式，使产品的分配不再是一次性，而是通过新型协作性消费关系的反复分配，臻至价值最大化。

近年来，我国分享经济规模快速增长，业态创新丰富，范围逐步延伸。仅以移动出行领域看，通过几年发展，网约车从小众的市场发展到大规模用户市场，从北上广深向二、三线迅速延伸，涌现出众多本土创新公司，如滴滴、易到、首汽约车等，新业态层出不穷，既有出租车软件，也有约车、顺风车、拼车、共享公交、代驾、分时租赁等多元化产品线，已成为"互联网+"中最具代表性、最具融合性和最具创新性的前沿领域。除此之外，在线短租、家政、餐饮、旅游等领域也发展迅速，形成了强劲的发展势头。

二、展望分享经济发展未来

据《中国分享经济发展报告 2016》预计，未来五年分享经济年均增长速度在 40% 左右，到 2020 年市场规模占 GDP 比重将达到 40%以上，并呈现出以下几个方面的趋势。

（一）现有网约车 1.0 将向 2.0、3.0 发展

2014~2016 年底是网约车的 1.0 时代。这段时期的基本特征是市场快速发展，业态不断创新，竞争格局初步构建。2016 年 7 月

28 日，交通运输部《网络预约出租汽车经营服务管理暂行办法》明确了网约车发展与监管的总体思路，地方也将在 11 月底出台管理细则，使网约车将进入全面规范监管阶段。因此，到 2017 年将进入网约车 2.0 时代，基本特征是品质竞争、生态竞争与价格竞争并存。大数据及云计算的发展，将不断创新商业模式和产业生态；2020 年开始，全球及我国自动驾驶的发展，将进入网约车的 3.0 时代，自动驾驶出租车（网约车）将逐渐成为主流，宝马、奔驰、福特、大众等汽车大佬们将汽车制造与服务对接，推动汽车全生命周期的服务。

（二）分享经济从汽车、住房等向教育、医疗等领域发展

中国与全球主要国家发展趋势同步，在移动出行和在线短租领域快速发展基础上，将在教育、医疗等领域延续这一趋势。一方面，教育、医疗是百姓的痛点和政府的难题，大量需求没有被满足；另一方面，医疗、教育领域有大量的医生、老师的碎片化时间和知识可以利用，因此，通过平台精准对接供需可快速提升用户体验，构建新的商业价值。因此，教育和医疗将成为分享经济的下一个风口，通过分享经济突破传统资源约束，精准对接，低成本地解决就医难、教育不公平等问题。

（三）分享经济主体从 C2C 向 B2B 延伸

从分享经济的供需双方参与主体看，迄今为止，主要是发生在个体之间，借助互联网平台实现供需匹配，如 Airbnb、滴滴出行、小猪短租等让司机与用户个人、房东与住客间供需对接（C2C），

激活社会资源，提供分享服务。从趋势看，分享经济将从 C2C 延伸到 B2B 发展，从公共服务领域向工业制造领域延伸，从个体资源的分享发展到工厂、车间与机器设备的分享，并将与工业 4.0 与智能制造相结合，推动制造业的服务化转型。国内沈阳机床厂改变过去制造出售数控机床的模式为在线租赁模式，从制造企业转身为系统解决方案提供商和工业制造服务商。通过建立智能工厂，提供从机床租赁到生产线设计等全流程服务。未来 10 年，相关工业领域有望出现多家巨无霸平台企业。

（四）分享经济将从国内向全球化资源对接发展

随着全球经济一体化的推进，企业的生产经营活动存在于相互依存、分工合作的全球化体系中，全球 70 多亿人也都将在相互依存、有共同需求的命运共同体中。分享经济发展空间将从区间内的供需匹配，到国内不同区域间的资源匹配，终将发展到全球不同国家间的精准匹配。这同时需要构建全球化的诚信环境、吸纳海量客户以及增进各国的开放力度，才能使分享经济在全球发展壮大。

（五）分享经济平台的竞争将是大数据和云计算能力竞争

分享经济是以互联网平台，通过大数据、云计算、物联网等新兴信息技术手段所创造的商业模式，实现与多样化需求的高效连接，重新产生经济价值。大数据、云计算和算法作为分享经济的技术支撑，可大幅提升相关海量数据的处理和分析能力，有利于快速实现用户和资源拥有者的背景分析、身份认证、信用评价等信息，并实现供需精准匹配、相互评价以及平台的服务管理与安全监控。

同时，帮助企业获取用户的社交网络信息、发现用户的活动规律和消费偏好、挖掘潜在需求、提高市场拓展能力。因此，未来的共享经济竞争是大数据、云计算等技术能力的竞争，谁能够用分享的方式建立社区、获取用户，聚集数据、精准计算，谁就将是胜出者。

三、分享经济是一把双刃剑，需要"发展+监管"

我们正步入分享经济的黄金时代，越来越多的人认识到分享过剩资源的意义与重要性，致力于努力挖掘平台与个人的重要价值，在这个过程中推动发展与规范监管同样重要。

（一）推动分享经济发展，助力业态创新和经济转型

我国正处于"三期叠带"关键时期，淘汰产能是地方经济转型、推动供给侧改革的关键，而分享经济的典型代表——网约车，作为疏解下岗就业的有效途径，起到了助力产业升级的作用。同时，以网约车为代表分享经济新业态将带动地方大数据及云计算、保险、通信、互联网、软件等高技术服务业的发展，为大众创业、万众创新带来成长空间。因此，政府要高度重视分享经济发展对经济增长的作用，发挥互联网面向个性化需求、响应及时、组织高效等特点，引导网约车、在线短租等业态发掘和满足用户潜在需求，拓展创业创新空间，为下岗职工提供就业途径，助力产业转型。

（二）规范监管，切实保护消费者的权益

一方面，维护消费者的权益。要建立明晰的产权保护和隐私权、

安全性保护，这是分享者愿意进行使用权分享的前提。同时，要将细化保险理赔、平台责任、个人信息保护作为重要工作来抓。另一方面，推进分类管理。要区分不同领域分享经济的特点，以及新业态与传统业态的区别，从发展定位出发，创新和探索适应各自特点的制度和管理方式，避免用现有传统经营的监管方式监管分享经济新业态。

CHAPTER 05
趋势篇

我国分享经济发展与展望

中国国际经济交流中心　张影强

在经济新常态下，为了盘活存量资源，提高市场供需双方配对效率，增加就业和居民收入，党和国家高度重视分享经济发展。习近平总书记在第二届世界互联网大会开幕式上指出，我国将发展分享经济，支持基于互联网的各类创新，提高发展质量和效益。李克强总理在 2015 年夏季达沃斯论坛上指出，分享经济是拉动经济增长的新路子。党的十八届五中全会指出，要实施"互联网+"行动计划，发展分享经济。2016 年，政府更是首次将分享经济写入政府工作报告，提出要推动新技术、新产业、新业态加快成长，以体制机制创新促进分享经济发展，建设共享平台，做大高技术产业、现代服务业等新兴产业集群，打造动力强劲的新引擎。然而，2016 年 10 月 1 日后，全国各地陆续发布网约车新政，给分享出行带来较大阻力，也给我国分享经济发展带来挑战。

一、分享经济是经济发展的新趋势

（一）分享经济是第四次工业革命的重要成果

历史经验表明，全球性经济危机往往催生重大科技创新突破和科技革命，技术群体性突破往往会带来产业革命。1857年的世界经济危机引发了以电气革命为标志的第二次技术革命，1929年的世界经济危机引发了第二次世界大战后以电子、航空航天和核能等技术突破为标志的第三次技术革命。当前，人类正在经历2008年金融危机后错综复杂的新形势，地缘政治冲突不断、南北发展差距加大、金融杠杆过高、地球变暖、老龄化加速，导致全球经济增长乏力，主要发达经济体仍没有摆脱世界金融危机的阴影，发展中国家转型发展的矛盾日益凸现。全球经济疲软呼唤技术创新和新的产业革命，第四次工业革命以新一代信息技术创新突破为主要特征，尤其是互联网技术的创新应用，缩短了技术创新的周期，对解决需求和供给的不匹配和不均衡，提高社会资源配置效率，正在发挥着重要积极作用。

随着信息技术发展，大数据、云计算、移动互联网等技术的创新突破能有效地和低成本地解决信息不对称问题，实现供给和需求的精准对接，有效解决供需矛盾。互联网已经成为创新驱动发展的先导力量，其发展和应用正以前所未有的广度和深度，全方位地影响着经济、社会、军事、外交、政府管理等领域，推动工业、服务业乃至农业的业态变革和产业升级。以互联网为基础的多方式广泛应用正在让全球数十亿人以近乎零边际成本的方式制作并分享音乐、视频、新闻、电子书乃至汽车、住房等。在这个过程中，很多人既是生产者，也是消费者。近零边际成本是对传统工业规模的突破，正引发第四次工业革命。

（二）分享经济是全球经济的新亮点

全球产出增长在 2008 年金融危机期间大幅下滑，自金融危机以来，许多经济体一直面临生产力增速放缓的局面。产出增长放缓很大一部分原因是世界经济潜在增长放慢，国际货币基金组织（IMF）研究表明，国际金融危机对发达经济体和新兴经济体潜在增长率的影响仍将持续。随着人口老龄化趋势加强，投资增速和全要素生产率增速放缓，低增长率已成为现实。IMF 预测，2015 年至 2020 年，发达经济体的潜在经济增长率将从金融危机后 6 年的 1.3% 回弹至 1.6%，但仍远低于危机前 2001 年至 2007 年 2.25% 的平均值。相比之下，新兴经济体的状况更加严峻。2015 年至 2020 年，新兴经济体的平均潜在增长率将从 2008 年至 2014 年的 6.5% 进一步下滑到 5.2%，比危机前水平下降近 2 个百分点。正当全球经济低迷之时，分享经济却一枝独秀。全球分享经济的领军企业美国的 Uber、Airbnb 的电子商务，最近几年均呈现了爆发式增长，并带动快递等行业的蓬勃发展，引发了分享经济模式在多个行业中的创业潮，在房屋租赁、交通出行、家政、酒店、餐饮等领域，国内外都诞生了很多基于分享经济的创新型公司。根据普华永道的估算，全球分享经济市场规模将由当前 150 亿美元左右，增加至 2025 年的 3350 亿美元。

（三）分享经济是我国经济转型升级的重要动力

过去 30 多年，我国发展主要依靠要素投入驱动，充分利用人口红利开拓国际市场,经济发展取得了举世瞩目的成就,成为全球仅有的进入10万亿美元经济规模的两个国家之一。然而,从2008年全球金融危机以来,全球市场萎缩,我国面临产能过剩、老龄化凸显和资源环境约束增强等方面的问题,经济下行压力加大,投资回报率降低,也造成了社会资源闲置浪费和产业结构失调。十八届五中全会提出的"创新、绿色、协调、开放、共享"成为"十三五"时期及未来更长时期内我国经济发展的基本理念,中央经济工作会议确定2016年主要任务是"去产能、去库存、去杠杆、降成本、补短板"。分享经济依托互联网技术,能有效减少供给和需求的信息不对称问题,在去产能、去库存和降成本等方面具有天然的优势。因此,分享经济尽管在中国起步较晚,在"大众创业、万众创新"的国家战略鼓舞下,在短短几年时间内就涌现了滴滴出行、途家、小猪短租、回家吃饭、陪爸妈等体现分享经济理念的企业。根据尼尔森发布的报告显示,94%的中国人有意愿进行分享,远远高于北美国家43%的比例。全球房屋租赁平台Airbnb联合创始人内森•布莱卡斯亚克表示,2015年中国出境游人群中,使用Airbnb平台的人数增长了700%,中国将是下一阶段体量最大、最受关注的市场。分享经济给我国经济转型升级带来新动力,也必将成为中国经济新的增长极。

(四)分享经济是供给侧和需求侧两端同时进行的革命

在经济新常态下,党中央审时度势,提出要"加强供给侧结构性改革",即用改革的办法推进结构调整,减少无效和低端供给,扩大有效和中高端供给,增强供给结构对需求变化的适应性和灵活性，提高全要素生产率。分享经济是供给侧和需求侧两端的革命。在供给侧，通过互联网平台可以实现社会大量闲置的资金、土地、技术和时间有效供给，解决当前我国资源紧张和大量闲置浪费并存的现象，将居民私有资源转化为社会的公共供给。比如，可以将赋闲的专业技术人才转化为社会的有效供给，缓解当前我国教育、医疗、养老等政府公共服务有效供给不足等问题。在需求侧，分享经济则能有效匹配消费者的需求，以最低的成本满足需求。消费者节省了大量的"搜寻成本"，能及时了解其他消费者对商品和服务的真实评价，提高了整个社会消费者的福利水平。

（五）分享经济集中体现"五大发展理念"

创新发展是分享经济的根本动力。当前分享经济的领头羊Airbnb和滴滴出行等公司，无一例外是互联网高科技公司。这些公司均搭建了互联网第三方平台，能精确地动态匹配闲置资源的供需双方，实现闲置资源使用权交易。分享经济模式为住宿、出行等传统行业存在已久的供求难题提出解决方案，打破了传统规则，本质上则是源于技术创新、制度创新和商业模式创新。分享经济是一种新的生产方式，能有效减少投入和节约成本，实现消费模式从"扔掉型"转变为"再利用型"，通过社会存量资产调整实现产品和服务的合理分配和资源及商品最大程度的利用。分享经济强调人人参与，互联网平台打破了地域、城乡、国别、性别等限制，对参与人平等开放。互联网的公平接入特性使得分享经济能有效地缩小城乡差距，就业和提供商品及服务的门槛降低了，边远和落后地区也能有同样的机会参与，减少了机会不平等，能提高弱势群体的收入水平。在移动互联网时代，分享经济更是减少了区域间的不均衡现象。分享经济使所有参与人共享财富，实现人人参与、人人分享的目标。共享应该是分享经济的落脚点和归宿，唯有多方受益，才能保证可持续发展。

二、2016年我国分享经济发展现状及存在的主要问题

（一）主要进展

2016年是我国分享经济快速发展的一年，也是从野蛮生产向规范发展的一年。分享经济从交通出行逐渐扩展到教育、医疗和制造等领域，同时也加快了与传统产业的融合发展，推动了我国传统产业转型升级。

一是产业规模快速增长，交通出行引领我国分享经济发展。国家信息中心发布的《中国分享经济发展报告 2016》显示，2015 年中国分享经济市场规模约为 1.96 万亿元（其中交易额 18 100 亿元，融资额 1460 亿元），预计未来 10 年将保持 40% 左右的高速增长。2016 年中国有三家分享经济企业进入全球前 20 家独角兽企业，包括滴滴出行、陆金所、联合办公，估值已经突破 600 亿美元。交通出行仍是 2016 年我国分享经济发展的主角，滴滴出行在短短 4 年时间里，依托中国市场迅速成为出行分享领域市场规模最大的企业。滴滴公司数据显示，2016 年滴滴出行每天订单峰值可以达到 2000 万单，GMV 超过 Uber 全球，订单量是其 3 倍。2016 年 8 月 1

日，滴滴出行收购了 Uber 中国，更是创造了中国互联网企业收购外资企业的先例。值得一提的是，2016 年是共享单车快速发展的一年，出现了一批优秀的共享单车企业。除了 OFO 是 2014 年成立、摩拜为 2015 年成立之外，2016 年还涌现了 15 家共享单车企业。截止到 2016 年 12 月 16 日，有机构统计，市场共享单车数量约为 20 万辆，有 20 余家投资机构进入共享单车领域。

二是分享经济从汽车、住房等向企业服务、教育、医疗等领域发展。2016 年，分享经济除了在交通出行领域快速发展以外，在企业服务、教育、医疗等领域也开始蓬勃发展。优客工场（北京）创业投资有限公司成立于 2015 年 4 月，是中国最具影响力的众创空间之一，截止到 2016 年底，已完成多次融资，估值近 55 亿元人民币。优客工场共签约 52 个场地，在全国 16 座城市布局，合计管理面积 19.2 万平方米，提供约 3 万个工位。已开业运营的场地共 26 个，运营面积 8.2 万平方米，可提供约 1.2 万个工位，已入驻企业用户 863 家，合计办公人数 10 743 人。2016 年底，优客工场旗下的联合办公共享社区平台将拥有 30 000 个工位，并形成完整的社群生态链。春雨医生是中国最早专注移动医疗（M-Health）和健康管理的互联网平台，目前已成为全球覆盖最广、知名度最高的医患实时交流平台。经过五年多的发展，春雨医生平台已汇集全国 50 万名执业医师，9200 万以上用户，每日平均解决超过 33 万个健康问题。在技能分享领域，也涌现出了一批优秀的企业，典型的企业有猪八戒网、在行、知乎等。猪八戒网上有 500 万家中外雇主，1000 万家服务商，2015 年平台交易额 75 亿元，市场占有率超过 80%。

三是分享经济从消费领域，开始向制造业领域渗透。生产能力分享指的是通过互联网平台，将不同企业闲置的生产能力整合，实现产品的需求方和生产的供应方最有效对接的新型生产模式。当前我国部分行业工厂设备利用率不超过60%，有一些不超过30%，监测设备只有10%，这都为未来分享经济的发展提供了巨大市场。分享经济正从消费领域向生产领域渗透，一批优秀的制造企业纷纷转型，加快布局分享经济商业模式。2016年5月，国务院发布了《关于深化制造业与互联网融合发展的指导意见》，其中提到了"推动中小企业制造资源与互联网平台全面对接，实现制造能力的在线发布、协同和交易"。2016年6月2日沈阳市政府办公厅发布了《关于支持沈阳机床集团i5战略计划的实施意见》，支持沈阳机床为中小企业提供服务。上海名匠是一家智能制造工厂的系统解决方案企业，正探索自己为客户建设智能工厂、客户可以按工厂加工产品的数量来收费的新模式，本质上是制造工厂所有权跟使用权的分离，是分享经济进入到制造环节的一种重要的探索。三一重工也尝试将已有的生产能力向社会开放，提供智能制造服务。深圳硬蛋科技，专门致力于智能制造领域的分享经济模式发展，为广大中小企业提供智能制造服务。

四是本土企业创新崛起，积极开拓国际市场。网络化的特质加上中国独特的优势，大大加快了中国分享经济企业从模仿到创新、从跟随到引领、从本土到全球的进程。从商业模式或涉及的领域看，中国早期分享经济平台多数都是从模仿国外的平台开始。但市场竞争压力不断加大也在倒逼企业走创新取胜的道路，一些创新已经走在了世界前列。比如在行利用分享经济的理念改善知识服务的效率，打造了一个社会化的个人智库。一些企业开始凭借成功的商业模式创新，积极拓展国际市场。比如，2015年5月WiFi万能钥匙正式开辟海外市场。截至2016年2月，已经在巴西、俄罗斯、墨西哥、泰国、中国香港等近50个国家和地区的Google Play工具榜上排名第一，用户遍及223个国家和地区，成为少数能覆盖全球用户的中国移动互联网应用之一。滴滴出行也加快了国际市场的布局，2015年年底，滴滴、Lyft、Grab、Ola四方曾联合对外宣布将通过建立共享出行全球合作框架，四方打通产品，为中国、美国、东南亚和印度的国际旅客群体提供无缝出行服务，覆盖全球50%的人口。

五是传统产业加速与新业态融合，推动传统产业转型升级。分享经济不仅催生了新业态的创新发展，新业态的快速发展也加快了与传统产业的融合发展，推动传统产业转型升级。随着我国承认网约车发展的合法性，越来越多的传统出租车加快了与网约车的融合发展。早在2015年，上海大众交通（集团）就推出了自己开发的APP，为市场提供约车服务。首汽集团和祥龙出租公司面向北京地区推出"首汽约车"APP，提供预约出租车服务。截至2016年6月，全国已有近20个城市上线了地方性叫车平台。除了自建平台的出租车公司外，还有一些出租车公司直接与现有的网约车平台对接。例如，2016年4月，上海海博出租公司的500辆出租车直接加入滴滴出行的约车平台。2016年8月31日，滴滴出行与近50家出租车公司合作，出租车也能接网约车订单。

六是政府发布行业指导意见，分享经济规范发展逐步增强。2016年7月28日，交通运输部《网络预约出租汽车经营服务管理暂行办法》明确了网约车发展与监管的总体思路，使网约车将进入全面规范监管阶段。我国是全球第一个从国家层面承认网约车合法性的国家，凸显了我国鼓励新业态创新发展的决心和勇气。截至2016年12月30日，全国共有北京、天津、上海、重庆、杭州、宁波、大连、成都、厦门、福州、广州、合肥、深圳、青岛等42个城市正式发布了网约车管理实施细则。另外，还有140余个城市已向社会公开征求了意见。2016年6月3日，国务院办公厅印发《关于加快培育和发展住房租赁市场的若干意见》（以下简称《意见》），全面部署加快培育和发展住房租赁市场工作，支持和规范个人出租住房，对依法登记备案的住房租赁企业、机构和个人，给予税收优惠政策支持；加快建设住房租赁信息服务与监管平台，推进部门间信息共享。2016年8月24日，国务院发布《网络借贷信息中介机构业务活动管理暂行办法》，规定网络信息中介平台，不得提供增信服务，不得设立资金池，不得非法集资，不得损害国家利益和社会公共利益，规范我国互联网金融发展。

七是行业组织成立，行业自律管理加强。2015年12月13日，中国互联网协会成立了分享经济工作委员会，成为国内首个推动分享经济发展的社团组织。2016年6月21日，中国互联网协会在京发布《中国互联网分享经济服务自律公约》（以下简称《公约》），滴滴出行、36氪、去哪儿等41家分享经济企业共同签署了《公约》，标志着分享经济行业在共同维护公平竞争市场环境、提高行业整体服务水平方面迈出了新的一步,必将为促进行业健康发展发挥积极的作用。

(二)主要问题

一是管理制度滞后。当前我国社会管理制度是建立在工业文明基础上,经济管理强调集权、层级管理、区域和条块分割等管理方式。而分享经济一半具有去中心化、跨区域和跨行业特征。当前我国分享经济诸多行业都游走在监管的灰色地带,比如在线教育、网络约车、互联网金融、住房租赁等行业仍有诸多制度障碍。多半分享型公司都属于互联网企业,但要从事教育、出行、医疗、金融等行业服务,常常被要求取得教育、运输、医疗和金融等牌照和资质,如果按照线下经营实体资格条件,很多平台型企业是无法取得相应的牌照,按照现有的管理规定,有可能随时被认为是"非法",面临被取缔的风险。

二是相关政策不利于分享经济发展。中央政府虽然高度重视分享经济发展,党和国家领导人在全球互联网大会、达沃斯论坛和政府工作报告都明确表示要发展分享经济,但有关部门实际政策确实不利于分享经济发展。虽然2016年7月28日,交通运输部公布了《网络预约出租汽车经营服务管理暂行办法》,承认了网约车的合法性。但是,各地方在实际的运营管理中,网约车具体管理办法不利于分享经济发展。从2016年11月开始,全国各地网约车新政陆续发布,北京、上海、深圳等大多数城市,提高网约车门槛,对车辆进行限排量、牌号,对驾驶员也要求本地户籍等,这将大大减少参与分享经济发展的人数。

三是信用体系不完善。分享经济是互联网经济发展到一定阶段的产物，尤其是随着移动互联网快速普及更加绿色、协调、共享和开放的新经济形态。信用是互联网经济的"硬通货"，尤其是完善的社会信用体系是分享经济发展的保障。当前，我国社会信用体系不健全，存在诸多突出问题，比如法律缺失、部门壁垒与中央地方"条块"分割严重、失信成本偏低、信用服务市场和机构发展缓慢和社会的信用观念和契约责任意识淡薄。社会信用供需失衡，社会信用资源浪费和社会信用资源不足并存，制约了我国分享经济的发展。

四是观念认识不到位。分享经济在我国还是一个新事物，政府和公众对此认识不到位甚至还存在诸多误解，主要包括分享经济是免费经济、分享经济是对传统行业的颠覆、分享经济不安全和分享经济造成新的社会不公。由于现有的管理制度、法律法规、监督体制等都还不适应分享经济发展，确实有部分不良企业和个人利用分享经济平台从事非法行为，包括有些司机利用虚假信息在网络约车平台上提供服务，导致有些乘客安全和利益受到威胁。还有些企业利用金融众筹平台，进行金融欺诈和非法集资，2015年我国e租宝的金融欺诈确实给投资人带来众多损失。实际上，分享经济通过高效利用海量社会闲置资源，更需要合理的利润回报推动行业可持续发展。分享经济通过大数据、精准定位和全程可视化管理等技术手段，实现了更高效、更安全和更公平的配置资源，实现了资源的优化配置。

五是基础设施能力不足。分享经济是互联网高度发达的产物，其需求广泛地存在于我国各地城乡之间。然而，我国网络基础设施建设还有待进一步提高。首先，我国互联网普及率虽然已增长至53.2%，但比发达国家80%以上的普及率仍有不小差距。其次，移动宽带4G/3G应用主要分布在经济发达地区，部分三、四线城市和农村地区发展不够理想。最后，上网的资费依然偏高，有进一步降低的空间。基础设施能力不足直接影响了13亿国民对分享经济的参与。

三、发达国家促进分享经济发展的经验借鉴

（一）从国家层面制定分享经济发展战略

目前，发达国家纷纷提出分享经济发展战略。韩国首尔市2012年提出建设分享城市计划，目前在公共设施共享、城市公共空间共享、分享经济平台建设、共享企业资金援助等多方面取得了引人瞩目的进展。英国2014年从国家层面提出要打造"分享经济全球中心"，进行了顶层设计，出台了一揽子政策，包括推行"分享城市"试点，修改房屋租赁方面的法律条例，信息分享、简化税制、建立数据收集和统计制度，开放政府身份核实系统和犯罪记录系统，建设中央和地方政府办公空间分享平台等。2015年澳大利亚将汽车使用分享列入"悉尼2030"年规划。2015年，美国全国城市联盟（NLC）对30个美国大型城市发展分享经济进行调查，有一半城市已经开始着手制定相应的政策和管制计划。加拿大安大略政府正拟制定一个新的框架体系和监管方法来应对持续、快速创新的分享经济。今年，欧盟也出台了"分享经济指南"，意在破除分享经济面临的法律政策壁垒。

（二）及时调整相关的法律法规适应分享经济发展

及时修改相关法律法规，是当前全球分享经济发展亟须解决的共性问题。发达国家已经开始行动，英国率先修改了税收政策，规定租金每年不超过 4250 英镑，就可以对分享出租的房间给予免税待遇。澳大利亚政府则确定了明确的分享经济劳动原则，规定各级政府都必须遵循分享经济劳动原则进行监管和扶持。美国旧金山市于 2015 年修改出台了相关法案，认可居民租房活动的合法性，业主或承租人有权在每个自然年度内将住房出租不超过 90 天；房主与房客合住的情况下，则可以全年出租房屋，并规定，所有网上出租的房主必须到相关部门登记，而且要收缴税金，并且购买责任保险。

（三）政策制定者与企业和消费者紧密合作，制定相应的监管政策

美国来福车公司通过与政府的密切合作，已有三十几个州改变了现行的交通法规，承认来福车公司在交通领域的合法运行。美国 Airbnb 公司通过与行业协会、法律工作者、房屋供给者和消费者一起参与政府决策，推动了个人房屋短租的合规性。

四、2017 年我国分享经济发展展望与政策建议

一是尽快制定和出台分享经济发展战略和行动指南。分享经济有利于我国经济发展方式转变和经济效率的提高。建议将发展分享经济作为推动"大众创业、万众创新"的重要抓手，作为解决困难群体再就业和提高低收入群体收入、防范大规模失业的稳定器，使

其成为抢占国际竞争制高点的重要方向。建议从国家层面制定分享经济发展战略，包括发展目标、重点任务、试点工程、保障措施。可以借鉴欧盟发布的《分享经济指南》，出台我国分享经济发展指南，普及分享经济概念，破除行业准入壁垒，鼓励各领域和各城市发展分享经济，在关键和领先领域予以较为宽松的发展环境，鼓励分享经济创新发展。

二是及时修改和调整网约车新政，继续鼓励网约车发展。 各地网约车新政实施以来，由于准入门槛过高，大量兼职司机退出网约车平台；并且网约车有关细则也涉及大量职业歧视，不利于扩大就业。相应地，打车费用快速上升、打车难问题依然存在。建议国家启动调整网约车新政，可考虑将有些大城市作为试点城市，评估网约车在节能减排、降低交通拥堵、减少出行成本等方面的作用，在总结试点城市的基础上，再推广相关经验和监管措施。

三是加快完善分享经济统计体系，科学评估分享经济对经济发展的贡献。 我国分享经济虽然起步时间不长，但发展速度较快，分享经济规模已位居世界前列，但至今没有合适的统计将分享经济纳入合适的位置。要适应分享经济发展特征，加快改革创新制度供给，积极完善统计体系、市场监管体系、法律标准，加快相关领域改革。将分享经济纳入国民经济核算体系，研究界定分享经济活动的定义和边界，完善形成符合分享经济发展模式的统计体系。科学评估分享经济对经济增长、资源节约、劳动就业、收入分配、税收等贡献，改变传统的基于抽样调查数据获取方式，加强与平台企业对接合作，运用大数据、云计算等信息技术手段收集数据，完善形成符合分享经济发展模式的统计体系，建立分享经济价值衡量体系。人力资源社会保障部门应加强与平台企业合作，共同搭建数据分享平台，及时发布平台型企业就业吸纳、劳动状况、收入水平、工作时间、劳动纠纷等数据。

四是重点解决政府与企业信息共享问题。2016 年，政府在网约车、互联网金融、租赁市场等领域出台了一系列的指导意见，要规范分享经济发展。政府与企业不分享数据、缺乏沟通已成为分享经济企业发展的门槛，同时也制约了政府提高市场监管的能力，要打破政府与企业数据共享的瓶颈，加快完善统一的社会信用信息平台。加强信用记录、风险预警、违法失信行为等信息资源的披露与分享，打通政府部门、企事业单位之间的数据壁垒，为分享经济参与者提供低成本的信用信息查询、企业网上身份证等服务，以信用监督倒逼行业自律降低执法成本。与此同时，也需要加强政府与企业数据共享，使政府能合理地监督企业经营，提高政府对分享经济企业的大数据监管能力。

五是启动相关法律法规修改，提高政策灵活性。现有的《劳动法》和社会保障政策等不适应分享经济的发展需要。应启动《劳动法》修改程序，平衡好灵活用工和非正规就业的劳动保护和企业生存发展之间的关系，鼓励企业采取多种形式用工，规范临时工、钟点工、兼职、劳务派遣等多种形式的法律关系；减少企业制度性用工成本，包括社会保障费用、用工和解雇成本。针对平台型企业的灵活就业人员的劳动关系、工作时间、岗位及收入不固定等特点，制定相应的个人申报登记办法、个人缴费办法和资格审核办法。构建符合"平台+个人"新型劳动关系，调整分享经济模式下的财税政策。可采用按小时缴纳社会保险，要求参与分享经济的个人和法人也依法纳税。加强商品和服务提供者的资质审查，涉及分享经济的民法、商法、合同法、保险法等相关法规也要考虑及时修改。

附　录

中国分享经济实践企业一览表

生活类	小猪短租、途家网、住百家、魔方公寓、Airbnb 中国、木鸟短租、游天下、大鱼网、去呼呼、自在客、一家民宿、一呆网、沙发客、共享睡眠仓 滴滴出行、接我巴士、小猪巴士、PP 租车、一嗨租车、途歌、零派乐享、丁丁停车、易到用车、AA 租车 摩拜、OFO、优拜、小蓝、骑呗 饿了么、回家吃饭
生产类	优客工场、众志好活、解放号、猪八戒、镖狮网、好活 硬蛋科技、航天云网、淘工厂 海创汇平台、迈迪网、沈阳机床、青岛酷特智能、美衫联、海思堡、长荣健豪、山东潍柴动力、美的集团开放创新平台、数码大方、易达软件 罗计物流、云鸟配送、货车帮、运满满、跑腿兔
民生类	挂号网、平安好医生、杏仁医生、微雨集团、春雨医生、就医 160、平安好医生、名医主刀、e 陪诊、贴心小护、医护到家、芯联达、卓健科技、轻问诊、健康微能量、丁香园、杏树林、快速问医生、好大夫在线、趣医院、妈咪知道、微医集团、宜生到家、小趣好护士 新美大、58 同城、赶集网、瓜子、新达达、众美窝窝、中商惠民、e 袋洗 知乎 Live、分答、问咖、值乎、得到、易科学、人人实验、虎嗅网 微影时代、合一集团、第一视频、喜马拉雅 FM YY、斗鱼、映客直播、花椒直播、9158、一直播 陆金所、融 360、搜易贷、芝麻信用、36 氪 阿姨来了、厅客 来电科技、小电科技、Hi 电、街电

有关说明：近年来，随着技术的创新、市场的发展，一些分享经济型企业如雨后春笋般涌现，形成了一种新兴商业模式，改变了

传统产业格局，开创了互联网经济的新业态。

为了使读者更直观地了解分享经济型企业，通过网上调研、市场分析、专家解读并参考《2017 中国分享经济发展报告》《2017 中国住房分享发展报告》《2017 中国医疗分享报告》等文献，汇总形成了"中国分享经济实践企业一览表"，作为《分享经济重构未来》的附录，以供读者参阅。

随着互联网产业的快速发展，更多的分享经济型企业正在快速发展、崛起。受资料来源渠道限制和企业战略布局以及市场竞争的影响，附录收集到的企业可能只是冰山一角，希望未来会有更多的企业加入，期待各位读者朋友们共同为分享经济的健康发展助一臂之力。

未经许可,不得以任何方式复制或抄袭本书之部分或全部内容。
版权所有,侵权必究。

图书在版编目(CIP)数据

分享经济重构未来 / 中国互联网协会编著. —北京:电子工业出版社,2018.2
ISBN 978-7-121-32695-0

Ⅰ. ①分⋯　Ⅱ. ①中⋯　Ⅲ. ①商业模式－研究　Ⅳ. ①F71

中国版本图书馆 CIP 数据核字(2017)第 225630 号

策划编辑:刘声峰　　黄　菲
责任编辑:刘声峰　　　　特约编辑:徐学锋
印　　刷:三河市鑫金马印装有限公司
装　　订:三河市鑫金马印装有限公司
出版发行:电子工业出版社
　　　　　北京市海淀区万寿路 173 信箱　邮编　100036
开　　本:720×1000　1/16　印张:23.25　字数:248 千字
版　　次:2018 年 2 月第 1 版
印　　次:2018 年 6 月第 2 次印刷
定　　价:75.00 元

凡所购买电子工业出版社图书有缺损问题,请向购买书店调换。若书店售缺,请与本社发行部联系,联系及邮购电话:(010)88254888,88258888。
质量投诉请发邮件至 zlts@phei.com.cn,盗版侵权举报请发邮件至 dbqq@phei.com.cn。
本书咨询联系方式:1024004410(QQ)。